KB053894

딱! 한 권

TOEIC 스타트

왕초보를 위한 토익 입문서

랭기지플러스

딱! 한권 TOEIC 스타트 RC

초판인쇄 2016년 9월 23일
초판발행 2016년 10월 7일

저자 염창범
펴낸이 엄태상
책임 편집 이효리, 장은혜, 김효은, 정유항
디자인 진지화
마케팅 이상호, 오원택, 이승욱, 김동현, 전한나, 박나연
온라인 마케팅 김마선, 정지혜, 심유미, 이유라

펴낸곳 랭기지플러스
주소 서울시 종로구 자하문로 300 시사빌딩
주문 및 교재 문의 1588-1582
팩스 (02)747-1945
홈페이지 www.sisabooks.com
이메일 sisabooks@naver.com
등록일자 2000년 8월 17일
등록번호 1-2718호

ISBN 978-89-5518-780-9 13740

이 책은 누군가에게는 '희망'입니다

- 600점.. 700점.. 이게 다 무슨 소리인가.. 나는 과연 토익을 시작할 수 있을까?
- 유명 교재로 진행하는 기본반이라는 수업을 두 번이나 들었다. 책꽂이에 기본서만 늘고 있다.
- 중고등학교 때도 영어를 안 했는데 이제 와서 영어라니..

토익, 그 첫걸음을 위하여

강의를 하다 보면 누군가는 700점 800점을 외치고 있지만, 사실 영어공부를 했던 기억조차 잘 나지 않아서 '과연 토익을 시작이나 할 수 있을까'라는 고민을 하는 학생들이 의외로 많이 있습니다. 시중에는 Basic이라는 이름은 달고 있지만 실제 그런 책들로 강의해보면 분량이 엄청나, 이 정도 다 해내면 Basic 수준이 아니라 700점은 나올 듯한 교재라는 생각이 들기도 합니다. 단지, 영어와 친숙하지 않다는 이유로 첫걸음부터 힘들어하는 학생들에게 오히려 부담이 되는 교재가 아닐까 생각이 들어 이 교재를 기획하게 되었습니다.

토익 기초와 기출 경향을 둘 다 반영

본 교재는 토익과 처음 만나는 학습자를 위한 기초 교재입니다. 오직 토익 기초를 위한 교재이기에, 그만큼 이 책의 기획과 출간은 많은 손이 가는 작업이었습니다. 누가 봐도 쉬운 내용이지만 그렇다고 기출 경향을 반영하지 않을 수 없기에, 많은 학생들에게 이 교재로 강의해보고, 그들의 의견도 들어가며 난이도를 조금 높여보기도 하며 책을 마무리했습니다. 마냥 쉽기만 한 교재는 또한 독이 될 수 있기에, 요즘 가장 대두되고 있는 독해는 실제 출제되는 유형 및 난이도를 맛볼 수 있도록 기획되었고, 매 단원 별 연습문제에는 실제 출제되는 어휘 문제들이 포함되어 있습니다. 기초 학습자임을 고려하여 아주 상세한 해설을 담았기에 큰 어려움 없이 문제 해결책을 찾고, 이 책을 끝까지 볼 수 있을 것입니다.

토익에 대한 용기와 자신감을 심어주는 책

이 책은 누군가에게는 '희망'입니다. 초보 학습자들을 위해 기획한 책이면서도, 조금은 노력해야 하는 맛을 살린 교재이기에 '사전과 함께 꾸준히'하는 정도의 마음이 있는 학습자라면 분명히 다음 단계의 교재 또는 강의로 넘어가는 '용기'를 가질 수 있게 될 것입니다.

마지막으로 이 책이 나오기까지 더 나은 교재가 되도록 많은 도움을 주신 랭기지플러스 관계자분들께 감사드립니다. 항상 롤모델이 되어주시는 YBM 강남 임정섭 선생님, YBM 종로 황장연 선생님께 진심으로 감사드립니다. 또한 직접 이 교재로 공부하며 편집에 도움을 준 토익 스푼 어학원 학생들, 학원 운영과 함께 집필 활동이 가능한 환경을 만들어 준 5mm, 수아, 김현영 연구원께 감사드립니다.

초보 여러분, 비법을 찾기보다는 진정한 실력을 함께 쌓아가길 바랍니다.
토익, 한 걸음만 내디디면 별것 아닙니다. 힘내세요!

저자 염 창 범

이 책의 구성과 특징

Grammar

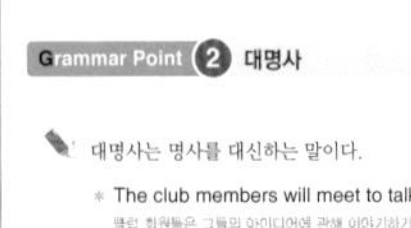
Grammar Point 2 대명사

대명사는 명사를 대신하는 말이다.

- The club members will meet to talk about th
- Mr. Moon is very diligent and I would like to

Grammar point 토익에 나오는 중요 문법 사항을 간략한 한글 해석과 짧고 간결한 예문을 통해 이해를 높일 수 있으며, 문법이 실제 문장에서 어떻게 적용되는지를 도식화하여 문법을 구조적으로 이해할 수 있습니다.

Practice TEST 본 단원에서 학습한 문법으로, 실제 토익 문제와 거의 동일한 문제이므로 문법 문제가 어떻게 출제되는지를 알 수 있습니다.

01 The booklet also contains expansive _______ on LG Electronics products with images.
(A) idea
(B) information
(C) description
(D) plan

02 The sales _______ showed an example of her new product.
(A) represent
(B) representation

07 The Remy store _______ customers to check their order status online.
(A) allows
(B) prohibits
(C) makes
(D) lets

08 By providing better service, we are trying to meet our _______ to our customers.
(A) remittance
(B) commitment

어휘문제 part 5 문제의 마지막 두 문제는 어휘 문제입니다. 영어를 비롯한 모든 언어는 결국 어휘입니다. 선택지의 어휘들까지 모두 학습해 두는 것이 큰 도움이 됩니다.

Part7

상품 광고의 구성

CUSTOM SPREADSHEET CREATION

The purpose of customized spreadsheets is based o need to eliminate those tedious, mathematical tasks th currently being done by hand. Our customized spreads are user friendly. You, as the user, do not really ne know anything about the mathematical formulas behin spreadsheet. All you will have to do is enter certain inform in particular fields. The spreadsheet will automatically cal the results. You will no longer have to calculate things scratch. Instead, you will be able to take what we have cr for you and modify it according to your needs.

We create Excel spreadsheets for any application, cus

지문 유형별 구성 유형별로 지문 구성을 이해하고 있다면 그것은 곧 독해 문제의 정답의 위치를 아는 것과 같습니다. 구성을 이해하며, 최소한 머릿속에 한 번씩 그려보도록 합시다.

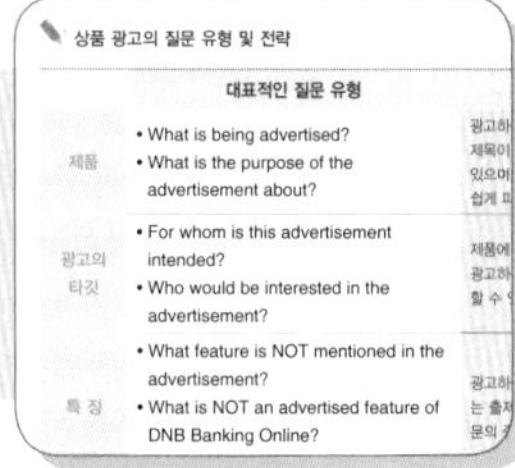
상품 광고의 질문 유형 및 전략

	대표적인 질문 유형
제품	• What is being advertised? • What is the purpose of the advertisement about?
광고의 타깃	• For whom is this advertisement intended? • Who would be interested in the advertisement?
특 징	• What feature is NOT mentioned in the advertisement? • What is NOT an advertised feature of DNB Banking Online?

질문 유형 및 전략 각 유형에 따라 잘 나오는 질문들을 모았습니다. 이 질문들의 범위를 크게 벗어나지 않으며 출제되므로 암기할 필요 없이 한 번 정도 정독하도록 합시다.

해설 해석/해설/어휘까지 기초 학습자임을 감안하여 되도록 상세한 해설을 담았습니다. 어휘 정리 부분은 반드시 암기하도록 합시다.

TOEIC 이란?

영어가 모국어가 아닌 사람들을 대상으로 언어 본래의 기능인 커뮤니케이션 능력에 중점을 두고 일상생활 또는 국제 업무 등에 필요한 실용영어 능력을 평가하는 글로벌 평가시험이다. 1979년 미국 ETS(Educational Testing Service)에 의해 개발된 이래 전 세계 120개 국가 10,000개의 기관에서 승진 또는 해외파견 인원 선발 등의 목적으로 널리 활용되고 있으며 우리나라에는 1982년 도입되어 입사 및 승진에 토익 성적이 반영되고 있다.

TOEIC의 구성

Listening			
구성	문제유형	문항 수	시간
Part1	사진묘사	6	45분
Part2	질의응답	25	
Part3	짧은 대화	39	
Part4	짧은 담화	30	
Reading			
Part5	단문 공란 채우기	30	75분
Part6	장문 공란 채우기	16	
Part7	독해(단일지문, 다중지문)	54	
Total	7개 파트	200	120분

TOEIC 시험

1. 접수하기

   한국 토익 위원회 웹사이트(www.toeic.co.kr)에서 시험 등록을 할 수 있다. 약 2개월 정도 앞서 등록을 하기 때문에 (추가 등록이 있지만 추가 비용이 든다), 실제 시험 날짜와 성적이 나오는 날(보통 2주 후)을 잘 알고 시험을 계획하자.

2. 시험 당일

   9시 20분까지 본인이 신청한 학교에 도착하여 이름과 고사실 번호를 확인하고 입실한다. 보통 9시 45분까지 오리엔테이션 및 답안지에 이름 및 수험번호 등을 적는 시간이 주어진다. 5분 정도 휴식을 가진 후 신분증 검사와 함께 10시 10분 시험 시작까지 대기한다. Listening(45분), Reading(75분)으로 총 120분간 쉬는 시간 없이 시험을 보게 되므로, 시험 전날 무리한 일정을 갖지 않도록 하는 것이 긴 시험 시간 동안 좋은 컨디션을 유지하는 하나의 방법이다.

3. 시간 안배

   Listening의 경우 스피커에서 음성이 나오는 대로 시험이 진행되므로 본인이 속도를 조절할 수 없지만, Listening 후 곧바로 이어지는 Reading에서는 75분 동안 속도를 잘 조절하여 마지막 문제를 다 풀지 못하는 일이 없도록 해야 한다. 보통 파트 5, 6은 20분, 파트 7은 50분 정도를 목표로 하여 풀고, 너무 어려운 문제는 나머지 문제가 밀리지 않도록, 일단 체크한 후 넘어가도록 하자.

4. 가장 중요한 것

   신분증이다. 신분증이 없는 경우 절대 시험을 볼 수 없으므로 신분증을 반드시 확인하자. 필통에는 연필과 지우개, 칼 등이 있는지 확인하고, 요즘에는 마킹용 샤프펜슬도 있으므로 하나 정도 구비하는 것도 좋은 방법이다.

TOEIC 문제 유형

Part 1 Photographs 사진 묘사 (1-6)

사진을 가장 잘 묘사하는 문장을 선택하는 파트이다. 문제지에는 대본 없이 사진만 있으며, 사진을 가장 잘 묘사하는 문장을 선택하면 된다.

한 남자가 운전대를 잡고 있는 사진

(A) He is holding the steering wheel. *
(B) He is getting out of the car.
(C) He is looking at a picture.
(D) He is sitting on the stairs.

Part 2 Question-Response 질의 응답 (7-31)

질문을 듣고 알맞은 응답을 선택하는 파트이다. 문제지에는 질문 및 선택지는 인쇄되어 있지 않으므로 질문을 잘 듣고 세 개의 선택지 중 가장 알맞은 응답을 선택하면 된다.

7 When will the bank open tomorrow?
(A) It's on Main Street.
(B) At nine o'clock.
(C) Yes, I'll close it.

Part 3 Short Conversations 짧은 대화 (32-70)

두 명 또는 세 명 이상의 대화를 듣고 문제지에 있는 세 개의 문제를 해결하는 파트이다. 대화 내용은 인쇄되어 있지 않으므로 잘 들으며 문제를 풀어나간다.

Question 32 through 34 refer to the following conversation.

M: Hello, Ms. Nakata. This is Tom from the front desk. Max Kato is here. He's says he's here for his 4 o'clock appointment.
W: Oh, he's a reporter from Metro Magazine. He's here to interview me for a story he's writing about our company. I'm surprised he's here already, though.
M: Should I ask him to wait or can you meet with him now?
W: I can see Mr. Kato now. Could you check and see which meeting room is available?

32 Who is Max Kato?
(A) A sales manager
(B) A prospective client
(C) A magazine reporter
(D) A job applicant

33 Why is the woman surprised?
(A) A visitor has arrived.
(B) An appointment was canceled.
(C) A business office is closed.
(D) A publication date has changed.

34 What is the receptionist asked to do?
(A) Speak to a manager
(B) Provide an application form
(C) Schedule an appointment
(D) Find an available room

Part 4 Short Talks 짧은 담화 (71-100)

담화를 듣고 문제지의 세 개의 문제를 해결하는 파트이다. 대본은 인쇄되어 있지 않으므로 잘 들으며 세 개의 문제를 풀어 나간다.

Question 71 through 73 refer to the following announcement.

Attention all passengers. Candem Airlines Flight 678 to Manila is now ready for boarding at Gate 10. All passengers should proceed to Gate 10 with their boarding passes ready. This flight was originally scheduled for departure at 11am but was delayed thirty minutes due to baggage problems. We apologize for the delay and change in departure time. Again, all passengers on flight 678 to Manila, should now report to Gate 10 for immediate boarding. Thank you.

71 Where most likely would the announcement be heard?
(A) At a train station
(B) At a bus terminal
(C) At an airport
(D) At a ferry dock

72 According to the announcement, what has been changed?
(A) The arrival area
(B) The departure time
(C) The baggage claim location
(D) The check-in procedures

73 What made the change necessary?
(A) Bad weather
(B) Heavy traffic
(C) Baggage problems
(D) Passenger complaints

Part 5 Incomplete Sentences 단문 공란 채우기 (101–130)

빈칸에 알맞은 단어를 넣어 가장 자연스러운 문장을 만드는 파트이다.

101 Conference rooms and media devices may be reserved _______ advance.

(A) of
(B) at
(C) for
(D) in

Part 6 Text Completion 장문 공란 채우기 (131–146)

한 개의 독해 지문 속에 파트 5 유형의 문제가 3개, 문맥에 맞는 문장 고르기 1개가 구성되어 있고, 총 4개의 지문(16문제)이 출제된다.

Questions 131-134 refer to the following notice.

Ruth Thompson

234 Franklin Street

Sioux Falls, Nebraska

Dear Ms. Thompson

Your appointment with Dr. Yang to complete your annual eye-test has been scheduled for November 6, at 10:30 A.M. If this time is not ------- **131** for you, please contact Dr. Yang's assistant, Ms. Davidson.

Please be aware that our phone number has changed. It is ------- **132** (608) 977-1221. Moreover, we have set up a clinic website where you can ask specific questions after the office has closed. Please visit www.cleareyes.com ------- **133** a message. ------- **134**.

Sincerely,

Laurie Kendriks

131 (A) responsible
(B) specific
(C) educational
(D) convenient

132 (A) here
(B) now
(C) still
(D) however

133 (A) post
(B) posted
(C) to post
(D) posting

134 (A) We will do our best to respond with accurate and timely advice.
(B) One of our representatives will graciously do that for you.
(C) Please see the enclosed list of centers for the one nearest you.
(D) This could be your lucky chance.

Part 7 Reading Comprehension 독해 -단일지문 (147-175), 이중지문 (176-185), 삼중지문 (186-200)

단일지문은 한 개의 지문을 읽고 2~5개의 문제를 해결하는 유형이다.

Questions 147-148 refer to the following notice.

Notice

To : All Staff Members
From : Charles Wagner, Information Technology
Date : September 15
Subject : New Software

Beginning in October, all staff will be required to download version 7.1Stonewall Antivirus software from the company website. Staff members will be provided with the ...

.
.
(중략)
.

147 When will this change go into effect?
(A) Tomorrow
(B) In two weeks
(C) In a month
(D) At the end of the year

148 What is requested in order to prevent a network problem?
(A) Study the manual thoroughly
(B) Update employees' computers frequently
(C) Hire professional network technicians
(D) Download software before a certain date

이중지문은 두 개의 독해 지문을 읽고 5문제를 해결하는 파트이다. 두 지문을 연계하여 해결해야 하는 문제가 있으므로 유의하자.

Questions 176-180 refer to the following e-mails.

Engineering Recruiting Event
Wednesday, August 10
9:00 A.M - 2:00 P.M
John Kennedy Building
421 Andrews Lane, Essex

The engineering recruiting event is for educational purposes and is therefore free of charge and accessible

.
.
(중략)
.

Dear Jennifer,
I was wondering whether you would be interested in acting on behalf of Normandy Company's in order to recruit attendees for this year. I had considered you for this role because you have energy, determination and good communication skills. This event would require you to travel to the vicinity of New England, which be comprised of visiting Buffalo and

.
.
(중략)
.

176 Who is the announcement directed to?
(A) Engineers in the Essex Area
(B) Residents of Springfield
(C) Recently graduated students in business
(D) Recruiters from local companies

177 What are the attendees of the event required to do?
(A) Arrive promptly at 9:00 AM
(B) Make an online reservation in advance
(C) Bring enough documents
(D) Dress in a professional manner

178 Why was the e-mail sent?
(A) To suggest that Normandy Company recruit civil engineers
(B) To request help with recruiting new employees
(C) To ask if a member of the company wants to go to a different company
(D) To ask whether an employee can attend a management meeting

179 Where is Ms. Lee most likely from?

(A) Buffalo
(B) Springfield
(C) Greenwich
(D) Essex

180 Who is James Lewinsky?

(A) An attending person at the career event
(B) A biological engineer
(C) An executive manager of Normandy Company
(D) A recruiting coordinator

삼중지문은 세 개의 독해 지문을 읽고 5 문제를 해결하는 파트이다. 두 지문 또는 세 지문을 연계하여 해결해야 하는 문제가 있으므로 유의하자.

Questions 196-200 refer to the following flyer, e-mail and letter.

Live Concert

Venue : Bayberry Music Store
Dates : Thursday, August 9 and Saturday, August 11
Time : 8 P.M.
Cost : $20 adults / $10 children under fifteen

For more information, please call 651-555-2647 or e-mail Joyce Benton at jbenton@bayberTymusicstore.com.

To : all Bayberry Music Store Members (allmembers@bayberry.com)
From : Bayberry Music Store (master@bayberry.com)

Dear Members :
Recording Artist Jeremiah Metinger will be performing live! Metinger will demonstrate that he can give a truly great performance even without his backup band.

.
.
(중략)
.

Joyce Benton
Bayberry Music Store
1204 Washburn St.
51. Paul, MN 55112

August 2

Dear Ms. Benton:

I was delighted to learn that Jeremiah Metinger will be performing at your store. I have been an enthusiastic fan of his for the past ten years and have always enjoyed seeing him play with his band. However, this will be the first time for me to see him perform solo.

(중략)

196 How must payment be made after August 8?

(A) In cash
(B) By money order
(C) By personal check
(D) On a credit card

197 In the flyer, the word "form" in line 12 is closest in meaning to

(A) figure
(B) location
(C) means
(D) shape

198 What is indicated in the flyer?

(A) Tickets are likely to sell out.
(B) Mr. Metinger will be performing alone.
(C) One performance will be in the afternoon.
(D) The performances will be held at a concert hall.

199 When does Mr. Vepody plan to attend the performance?

(A) On Monday
(B) On Wednesday
(C) On Thursday
(D) On Saturday

200 What is indicated about Mr. Vepody?

(A) He has never seen Mr. Metinger in concert.
(B) He has paid for the tickets by credit card.
(C) He will pick up his tickets on the day of the event.
(D) He will take someone with him to the concert.

목차

Chapter 01

문장의 구조와 품사

Unit 01 품사

Unit 02 구와 절

Unit 03 문장의 구성요소

Unit 01 품사

Grammar Point  명사

 명사는 사람이나, 사물 또는 장소의 이름을 말한다. 따라서 영어 문장에서 가장 많이 등장하는 것이 명사다.

* All **shareholders** should attend the annual **meeting**.
  모든 주주들은 연례 회의에 참석해야 한다.

* **Ms. Bradshaw** is a loyal **customer**.
  Bradshaw 씨는 단골 고객이다.

Grammar Point  대명사

 대명사는 명사를 대신하는 말이다.

* The club members will meet to talk about **their** ideas.
  클럽 회원들은 그들의 아이디어에 관해 이야기하기 위하여 만날 것이다.

* Mr. Moon is very diligent and **I** would like to hire **him**.
  Moon 씨는 매우 근면해서 나는 그를 고용하고 싶다.

Grammar Point 3 동사

동사는 동작이나 상태를 나타내는 말이다.

* The directors **decided** the pay raise.
  임원들은 임금 인상을 결정했다.

* The document **is** important.
  그 서류는 중요하다.

Grammar Point 4 형용사

형용사는 명사의 모양이나 상태·성질을 설명해 주는 말이다.

* This dictionary is **useful**.
  이 사전은 유용하다.

* Our office supplies are running **short**.
  우리 사무용품들이 부족하다.

Grammar Point 5 부사

부사는 동사, 형용사, 다른 부사 또는 문장 전체를 수식하여 의미를 강조하거나 의미를 더욱 풍부하게 해주는 말이다.

* The application was **personally** submitted.
  그 지원서는 직접 제출되었다.

* **Especially**, his last movie was impressive.
  특히, 그의 지난번 영화는 인상적이었다.

Grammar Point 6 접속사

접속사는 단어와 단어, 구와 구, 절과 절을 연결하는 역할을 한다.

* The restaurant can accommodate large groups **and** offers a variety of services.
  그 식당은 많은 그룹을 수용할 수 있고, 다양한 서비스를 제공해 준다.

* **When** you make a speech, you should speak clearly.
  당신이 연설을 할 때, 또렷하게 말해야 한다.

Grammar Point 7 전치사

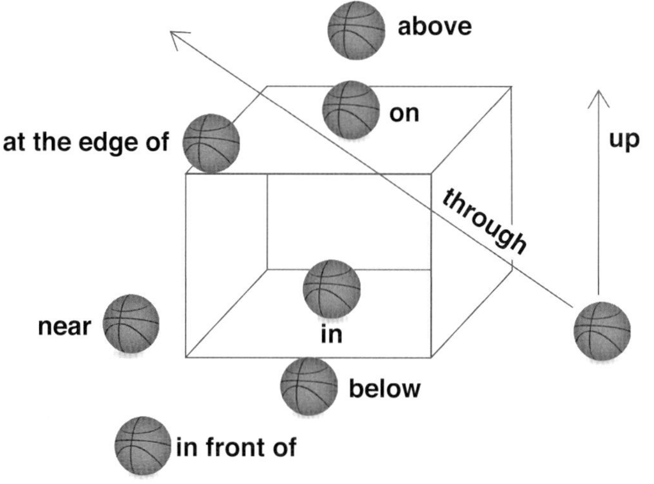

전치사는 명사나 대명사의 앞에 위치하여 장소, 방향, 시간, 방법, 이유 등의 의미를 나타낸다.

* A reception will be held at Village Fare on Saturday.
  환영회가 토요일 Village Fare에서 열릴 것이다.

* The bus for Seoul will leave in five minutes.
  서울 행 버스는 5분 후에 떠난다.

Grammar Point 8 관사

관사는 명사 앞에 쓰여 명사의 의미를 제한한다. 관사에는 막연한 '하나'의 의미를 가지는 a[an]와 '그'의 의미로 구체적인 대상을 나타내는 the가 있다.

* We had to use a street map in order to find the convention hall.
  우리는 그 회의장을 찾기 위해서 도로 지도를 사용해야만 했었다.

* The directors reached an agreement with distributors.
  이사진들은 유통업자들과 합의에 도달했다.

Practice TEST 01

01 There has been great ________ in the computer industry.

(A) grows
(B) growth
(C) grew
(D) grown

02 By following safety guidelines, you can ________ your personal information.

(A) protection
(B) protective
(C) protecting
(D) protect

03 Please call me ________ you need further information.

(A) if
(B) on
(C) however
(D) during

04 Mr. Ron is the ________ person to lead this project.

(A) idea
(B) ideal
(C) idealize
(D) idealism

05 Staff members in the shipping department work ________.

(A) rapid
(B) rapidity
(C) rapidly
(D) rapidness

06 Most workers complained that the new uniforms do not fit ________ properly.

(A) them
(B) they
(C) their
(D) themselves

07 Some experts in economics expect that the ________ of the nation's currency will fall sharply.

(A) worth
(B) expense
(C) value
(D) fare

08 The personnel division decided to ________ 6 more sales representatives.

(A) expand
(B) recruit
(C) approve
(D) increase

Questions 09-10 refer to the following notice.

Memo

To: Department Heads

From: J. Billings

Subject: Annual Workshop & Retreat

Unfortunately, we are still unable to finalize the details of our weekend at Long Lake Lodge. -------(09) but our guest speaker, Dr. Lyons, is having some trouble with -------(10) schedule. It seems he was already booked for an engagement on the same date and did not know it when he accepted our invitation. He has ensured me that he will have an answer for us by later this week and is confident that he can arrange another date for the other engagement. I will keep you informed.

09 (A) We have some trouble with the schedule
(B) There is no problem with the facility
(C) He is unavailable at that date
(D) The center is an entirely volunteer-run organization

10 (A) my
(B) his
(C) her
(D) its

Unit 02 구와 절

Grammar Point 1 구와 절

단어는 의미를 이루는 최소 단위를 말한다. 하나의 단어가 품사의 역할을 할 수도 있지만 두 개 이상의 단어가 모여 품사 역할을 할 수도 있다. 단어가 두 개 이상 모인 말의 덩어리를 구 혹은 절이라고 한다. 이때 단어 사이에 「주어 + 동사」가 있으면 '절'이라고 하고, 「주어 + 동사」가 없으면 '구'라고 한다.

❶ **구** : 주어와 동사가 빠진 단어모임

* The museum opens on Sunday.
  이 박물관은 일요일에 문을 연다.

❷ **절** : 주어와 동사로 이루어진 문장 형태의 단어모임

* You should make a reservation since seats are limited.
  좌석수가 제한되어 있기 때문에 예약을 해야만 한다.

Grammar Point 2 명사구와 명사절

명사구와 명사절은 명사와 같이 주어, 보어, 목적어 역할을 한다.

❶ **명사구** : To play the game is interesting.
게임을 하는 것은 재미있다.

❷ **명사절** : Many experts anticipate that the oil price will increase.
많은 전문가들은 유가가 상승할 것이라는 것을 예상하고 있다.

Grammar Point 3 형용사구와 형용사절

형용사구와 형용사절은 형용사와 같이 명사를 수식하는 역할을 한다.

❶ **형용사구** : We found a job to apply for.
우리는 지원할 직장을 찾았다.

❷ **형용사절** : I know a man who has potential.
나는 잠재력을 가지고 있는 한 남자를 알고 있다.

Grammar Point 4 부사구와 부사절

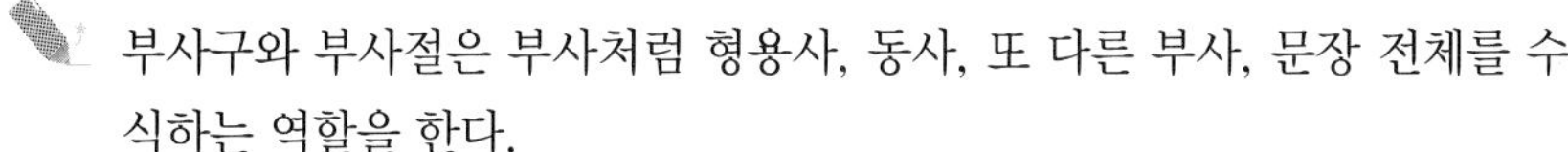

부사구와 부사절은 부사처럼 형용사, 동사, 또 다른 부사, 문장 전체를 수식하는 역할을 한다.

❶ **부사구** : He studied hard to pass the examination.
그는 시험에 통과하기 위하여 열심히 공부했다.

❷ **부사절** : Before you send the product, you should check the quality of it.
제품을 보내기 전에, 그것의 품질을 점검해야 한다.

Practice TEST 02

01 ________ their project by deadline is almost impossible.

(A) To finish
(B) Finish
(C) Finished
(D) Have finished

02 ________ 35th Street is under construction, please take a detour.

(A) Where
(B) Since
(C) Although
(D) After

03 ________ recent reports, consumer confidence is at a five-year low.

(A) According to
(B) Responding
(C) Ever
(D) In response to

04 I attached a copy of the document ________ you requested.

(A) what
(B) whose
(C) who
(D) that

05 The results of a recent study show ________ the global economic downturn hit the bottom last year.

(A) that
(B) about
(C) what
(D) it

06 The task was ________ my capabilities.

(A) from
(B) beyond
(C) with
(D) through

07 The Remy store ________ customers to check their order status online.

(A) allows
(B) prohibits
(C) makes
(D) lets

08 By providing better service, we are trying to meet our ________ to our customers.

(A) remittance
(B) commitment
(C) appraisal
(D) speculation

Questions 09-10 refer to the following sign.

Boarding Procedures:

-------(09) your ticket(s), please go to the counter on the second floor. -------(10) before your boat departs as time is need for security checks of bags before passengers board. You are reminded that only passengers with tickets are allowed on any of the boats and that passengers must remain behind the yellow line on the dock until directed to board by a crew member.

09 (A) Purchase
(B) Purchased
(C) To purchase
(D) Purchases

10 (A) Please remember that it will be delivered
(B) The permit needs to be approved
(C) Be sure to get your ticket at least 40 minutes
(D) At least five years in a related field is required

Unit 03 문장의 구성요소

Grammar Point  문장의 구성

 주부와 술부

영어의 모든 문장은 크게 주부와 술부의 두 부분으로 이루어지는 것이 원칙이다. 주부는 문장의 주체가 되는 부분으로 주어가 그 중심이 되고, 술부는 주부의 동작, 상태, 성질 등을 설명해 주는 부분이며 술부의 중심이 되는 말은 동사이다.

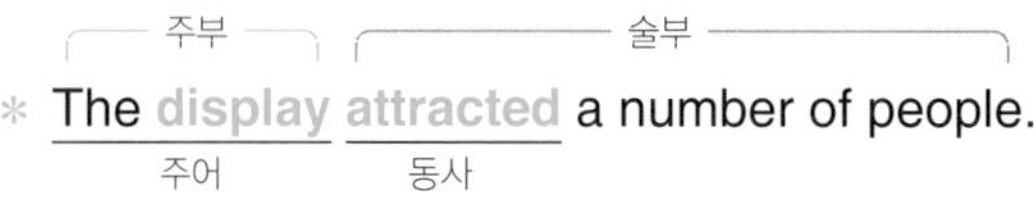

* The display attracted a number of people.
주어 동사
그 전시는 많은 사람들을 끌어들였다.

Grammar Point  문장의 구성요소와 역할

 주어

문장의 주체가 되는 말로 '~은(는)', '~이(가)'의 뜻으로 해석된다. 명사, 대명사, 부정사, 동명사, 명사구나 절 등 명사의 역할을 할 수 있는 모든 어구가 주어로 쓰인다.

* We gathered information from many sources.
주어
우리는 많은 출처들에서 정보를 모았다.

* Attendance was low for this year's annual meeting.
주어
올해 연례회의의 참석자 수가 적었다.

 동사

문장 속에서 주어의 동작, 상태, 성질을 나타내는 말이다.

* This meeting room accommodates at least 80 people.
동사
이 회의실은 적어도 80명을 수용한다.

* Any employee should wear a uniform.
동사
모든 직원들은 유니폼을 입어야 한다.

목적어

일반적으로 동작을 나타내는 동사의 대상이 되는 말로 '~을(를)'의 뜻으로 해석된다. 명사, 대명사 및 명사의 역할을 할 수 있는 모든 어구가 목적어로 쓰일 수 있다.

* We accessed <u>the information</u> on the company's web site.
  (the information: 목적어)
  우리는 회사의 웹사이트에 있는 정보에 접근했다.

* The applicant submitted <u>all her paperwork</u> in a timely manner.
  (all her paperwork: 목적어)
  그 지원자는 모든 서류를 시기적절하게 제출했다.

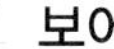

보어

보어란 주어나 목적어의 성질, 상태 등을 보충 설명해 주는 말이다. 주어를 설명해 주는 것을 주격 보어, 목적어를 설명해 주는 보어를 목적격 보어라 한다.

* Salaries at Raviora Company remain <u>high</u>.
  (high: 보어)
  Raviora Company의 급여는 여전히 높다.

* Many people consider credit cards <u>convenient</u>.
  (convenient: 보어)
  많은 사람들은 신용카드가 편리하다고 생각한다.

수식어

수식어는 문장을 구성하는데 있어 꼭 필요하지는 않지만 주어, 동사, 목적어, 보어의 의미를 풍부하게 해주는 말이다.

* She gave an <u>impressive</u> speech.
  (impressive: 수식어)
  그녀는 인상적인 연설을 했다.

* Staff members <u>in the manufacturing department</u> work <u>rapidly</u>.
  (in the manufacturing department: 수식어 / rapidly: 수식어)
  제조부서의 직원들은 빠르게 일을 한다.

Practice TEST 03

01 The ________ of these subway lines will be stopped.

(A) operative
(B) operator
(C) operate
(D) operation

02 Smart shoppers will ________ different but similar brands before making a purchase.

(A) compare
(B) comparative
(C) comparison
(D) comparable

03 Please change your password ________ in order to protect personal information.

(A) frequent
(B) frequenting
(C) frequently
(D) frequency

04 Doctors have to keep patients' records completely ________.

(A) confidence
(B) confidential
(C) confidentially
(D) confide

05 We are looking forward to the ________ in a week to ten days.

(A) delivery
(B) deliver
(C) delivered
(D) delivers

06 The device is extremely ________ and can detect even the smallest motion in the room.

(A) sensible
(B) sensitive
(C) sensing
(D) sensibility

07 If a defective product is returned, we will send a replacement ________.

(A) recently
(B) promptly
(C) newly
(D) lately

08 You are required to submit different versions of resumes to ________ your various careers in the field.

(A) conduct
(B) stipulate
(C) reflect
(D) reopen

Questions 09-10 refer to the following advertisement.

YOU - COMPUTER EXPERT IN 3 MONTHS? YES!

Cytronix Institute can get you started on that computer career you've been dreaming of.

Our ------- (09) range of courses provides expert guidance and training in whatever field of computer science and technology interests you. And whatever course you choose includes free participation in our exclusive Career Builder Lecture series in which all aspects of finding the right job are covered. ------- (10) by our own staff and guest Human Resource specialists from some of the country's largest employers in the computer technology field.

09 (A) extend
(B) extensive
(C) extension
(D) extends

10 (A) All contracts must be signed and delivered
(B) Membership forms can be downloaded
(C) To receive the discount, employee identification number will be needed
(D) Resume writing, finding job openings, effective interview techniques and other topics are addressed

Chapter 02

명사와 대명사

Unit 04 명사

Unit 05 대명사

Unit 04 명사

Grammar Point 1 명사의 자리 찾기

명사의 자리 찾기 1

명사는 문장에서 주어, 목적어, 보어의 역할을 한다.

❶ 주어 자리

주어 자리는 보통 동사 앞을 의미한다.

* The guidebook includes useful information.
  (guidebook: 주어)
  그 안내책자는 유용한 정보를 담고 있다.

❷ 목적어 자리

목적어 자리는 타동사나 전치사의 목적어가 되는 위치를 말한다.

* Employees will receive compensation for their overtime work.
  (compensation: 목적어)
  직원들은 그들의 초과근무에 대한 수당을 받을 것이다.

❸ 보어 자리

보어 자리에 명사가 나오면 주어 또는 목적어와 동격 관계가 성립된다.

* The document is a sales report.
  (a sales report: 보어)
  그 서류는 판매 보고서이다.

* People elected him mayor of the city.
  (mayor: 보어)
  사람들은 그를 시장으로 선출했다.

명사의 자리 찾기 2

명사는 주로 관사, 형용사, 소유격 뒤에 온다. 그리고 전치사 뒤에도 명사가 온다.

❶ 관사 뒤

관사는 단독으로 혼자 쓰일 수 없으므로 반드시 명사를 취해야 한다.

＊ The(관사) **workshop**(명사) was originally scheduled for April 18, but it was postponed.

그 워크숍은 원래 4월 18일로 예정되어 있었지만, 연기되었다.

❷ 형용사 뒤

형용사는 명사를 수식할 수 있으므로 형용사 다음에 명사가 온다.

＊ Sending a letter of thanks after a job interview is a recommended(형용사) **practice**(명사).

구직 인터뷰 후에 감사의 편지를 보내는 것은 권장되는 관행이다.

❸ 소유격 뒤

소유격은 명사를 수식하는 역할을 하므로 명사를 동반해야 한다.

＊ All applicants must submit their(소유격) **resumes**(명사) to the personnel office by July 10.

모든 지원자들은 7월 10일까지 인사과로 자신들의 이력서를 제출해야 한다.

❹ 전치사 뒤

전치사는 뒤에 목적어를 동반하기 때문에 목적어 역할을 할 수 있는 명사나 대명사가 온다.

＊ This price reduction is due to increasing competition among(전치사) **suppliers**(명사).

가격할인은 공급업자들 사이에 증가하는 경쟁 때문이다.

2 가산 명사와 불가산 명사

가산 명사

가산 명사는 셀 수 있는 명사이므로 단수인지 복수인지를 반드시 따로 표시해야 한다. 단수일 경우 명사 앞에 부정 관사 a[an]가 오고, 복수일 때는 명사 뒤에 (e)s를 붙인다. 그리고 the는 단수와 복수에 관계없이 명사 앞에 올 수 있다.

셀 수 없을 것 같은 가산 명사

a complaint 불평	a compliment 칭찬
an approach 접근법	a refund 환불

불가산 명사

불가산 명사는 셀 수 없는 명사이므로 명사 앞에 a/an을 쓰거나, 명사 뒤에 (e)s를 붙이면 안 된다.

대표적 불가산 명사

access 접근	advice 충고	equipment 장비
information 정보	baggage, luggage 수화물	

의미가 비슷하여 혼동하기 쉬운 가산 명사와 불가산 명사

가산 명사		불가산 명사	
an approach	접근법	access	접근
a description	설명	information	정보
a permit	허가증	permission	허가
a certificate	자격증	certification	자격증
a process	과정	processing	처리, 절차
a fund	기금	funding	자금지원
an advertisement	광고	advertising	광고, 광고업

Grammar Point 3 사람 명사와 사물 명사

사람 명사와 사물 명사는 모두 명사 자리에 올 수 있으므로 문맥상 가장 자연스러운 어휘를 선택해야 한다. 단어의 형태가 유사하므로 주의하고, 사람 명사는 셀 수 있는 명사이므로 문장에서 관사가 함께 쓰이거나 복수 형태가 된다.

사람 명사		사물 명사	
attendee	참석자	attendance	출석
attendant	안내원, 참석자		
accountant	회계사	accounting	회계
applicant	지원자	application	지원, 지원서
		appliance	가전제품
contributor	기고가, 공헌자	contribution	공헌
owner	소유자	ownership	소유권
producer	생산자	produce	농산물
		product	생산품
		production	생산
		productivity	생산성
subscriber	구독자	subscription	구독
translator	번역가	translation	번역

Practice TEST 04

01 The booklet also contains expansive _______ on LG Electronics products with images.

(A) idea
(B) information
(C) description
(D) plan

02 The sales _______ showed an example of her new product.

(A) represent
(B) representation
(C) representative
(D) represented

03 The passenger made a written _______ against the airline.

(A) appearance
(B) complaint
(C) benefit
(D) receipt

04 The chef received many _______ from our dinner party guests about his cooking.

(A) compliment
(B) compliments
(C) complimented
(D) complimentary

05 Once you get enough rest, your sleep patterns will gradually return to _______.

(A) regular
(B) practical
(C) common
(D) normal

06 _______ at these lectures is not compulsory.

(A) Attend
(B) Attendee
(C) Attendance
(D) Attendant

07 Changing the existing equipment spends much money, but management believes that it will bring _______.

(A) rewards
(B) prices
(C) advice
(D) experts

08 The _______ for more high-performance computers has risen with the new technologies.

(A) statement
(B) replacement
(C) requests
(D) demand

Questions 09-10 refer to the following letter.

Dear Mr. Palmerston:

My name is Hilda Franks, and I am a regular customer of your department store. I am writing to you because I would like to commend one of your -------. I do not know her name, but perhaps if I describe her and the circumstances, you will be able to identify her. She appeared to me to be probably a high school student, in her late teens, about 162 centimeters tall, slight build and sandy blonde hair.
09

On the day I was there – around 2:00 p.m., Saturday the 23rd of this month – she was working in the women's wear department. I was having some trouble choosing just what I wanted. This young lady was not only very patient with me and my indecisiveness, but also seemed very knowledgeable about the goods, their manufacturers, pricing and other matters. -------. I was also surprised to find such maturity and responsibility in a person so young. In closing, I would say that you are the most fortunate to have such a staff member and I do hope she is with you for a long time.
10

09 (A) employ
(B) employed
(C) employers
(D) employees

10 (A) I provide shoppers with a variety of information.
(B) I was very impressed.
(C) I am currently seeking locations for a new store.
(D) My schedule is booked the remainder of this week.

Unit 05 대명사

Grammar Point  인칭 대명사

 ### 인칭 대명사의 종류

	인칭	주격	소유격	목적격	소유대명사	재귀대명사
단수	1인칭	I	my	me	mine	myself
	2인칭	you	your	you	yours	yourself
	3인칭	he	his	him	his	himself
		she	her	her	hers	herself
		it	its	it	없음	itself
복수	1인칭	we	our	us	ours	ourselves
	2인칭	you	your	you	yours	yourselves
	3인칭	they	their	them	theirs	themselves

인칭 대명사의 격

❶ 주격은 주어 자리에 쓴다.

* **She** will be able to speak English.
주격
그녀는 영어를 말할 수 있을 것이다.

❷ 소유격은 형용사처럼 명사 앞에 쓰며 '~의'로 해석한다.

* Mr. Wilson left **his** telephone number with my secretary.
소유격
Wilson 씨는 그의 전화번호를 내 비서에게 남겼다.

❸ 목적격은 타동사의 목적어, 전치사의 목적어 자리에 쓰며 '~을/를, ~에게'로 해석한다.

* I have never met **him** in person.
목적격
나는 결코 그를 직접 만난 적이 없다.

* King Designs will send **you** the item by express mail.
목적격
King Design사는 당신에게 그 제품을 빠른우편으로 보낼 것이다.

* Mr. Shawn works with **me**.
목적격
Shwan 씨는 나와 함께 일한다.

소유대명사

소유대명사는 「소유격 + 명사」를 대신하는 말로 주어, 목적어, 보어 자리에 쓰며, '~의 것'으로 해석한다. 소유대명사는 관사나 this, no 등의 한정사와 같이 쓸 수 없다.

* The reports on the conference table are **mine**. (mine = my reports)
  (mine: 소유대명사)
  회의실 테이블에 있는 그 보고서들은 나의 것이다.

재귀대명사

재귀대명사는 인칭대명사의 소유격이나 목적격에 -self[-selves]를 붙여 만든 대명사로 '자기 자신'을 의미한다.

❶ 재귀 용법

주어와 목적어가 같은 대상일 때 목적어 자리에 쓰며 생략할 수 없다.

* He blamed **himself** for the shortage of material.
  그는 물자의 부족에 대해 그 스스로를 비난했다.

❷ 강조 용법

명사나 대명사를 강조하기 위해 재귀대명사를 쓴다. 이 경우에는 강조하기 위해 사용한 것이므로 생략이 가능하다. 강조하는 말 바로 뒤 또는 문장 끝에 위치하며, '직접'이라는 의미를 가진다.

* Mr. Franco will contact new employees **himself**.
  Franco 씨는 신입 직원들에게 직접 연락을 할 것이다.

❸ 관용표현

재귀 대명사의 관용표현

by oneself	혼자서 (= on one's own)
for oneself	자기 힘으로

* I would like to work **by myself**. = I would like to work **on my own**.
  나는 혼자 일하고 싶다.

Grammar Point 2 부정 대명사

부정 대명사

부정 대명사란 정해져 있지 않은 막연한 범위의 사람, 사물을 가리키는 대명사이다.

❶ one

one은 정해지지 않은 가산 명사를 나타낼 때 쓴다. 형용사의 수식을 받을 수 있으며 복수는 ones로 쓴다.

* I lost my briefcase and bought a new **one**.
  나는 내 서류가방을 잃어버려서, 새 것을 구입했다.

❷ another

another는 여러 개 중에서 처음 언급된 어떤 하나 (또는 여러 개) 이외에 또 다른 하나를 나타낼 때 쓴다.

* One of the cars was made in China but **another** was produced from Japan.
  그 차들 중 한 대는 중국에서 생산되었지만 다른 한 대는 일본에서 생산되었다.

❸ others

others는 한정된 전체 중에 어느 일부를 제외한 여러 명을 가리킬 때 쓴다. (나머지 전부를 가리킬 때는 the others)

* We should be considerate of **others** in the library.
  우리는 도서관에서 다른 사람들을 배려해야 한다.

❹ the other

the other는 한정된 전체 중에서 어느 일부를 제외한 나머지 한 개를 가리킬 때 쓴다.

* Of the four printers, three are affordable but **the other** is expensive.
  4대의 프린터기 중에, 3개는 저렴하지만 나머지 하나는 비싸다.

❺ the others

the others는 한정된 전체 중에서 어느 일부를 제외한 나머지 전부를 가리킬 때 쓴다.

* He decided to purchase this camera because **the others** were all too costly.
  그는 다른 카메라들이 모두 너무 비쌌기 때문에 이 카메라를 구입하기로 결정했다.

지시 대명사

지시 대명사는 '이것', '저것'처럼 대상을 가리키는 말이다. 말하는 사람의 가까이에 있는 사람이나 사물을 가리킬 때는 this(이것)/these(이것들), 멀리 있는 사람이나 사물을 가리킬 때는 that(저것)/those(저것들)를 쓴다.

* **This** is my computer.
  이것은 내 컴퓨터이다.

* **That** is a profitable business.
  저것은 수익성 있는 사업이다.

❶ that of / those of

that은 반복을 피하기 위하여 앞에 나온 명사를 받을 수 있다. 이때 명사가 단수면 that을, 복수면 those를 쓴다. 뒤에 수식어구를 동반하는 특징이 있다.

* His performance is better than **that of** his colleague.
  그의 실적은 그의 동료의 실적보다 더 낫다.

* The profits of this year are similar to **those of** last year.
  올해의 수익은 작년의 수익과 유사하다.

❷ those

대명사 those는 '사람들'이라는 의미로 쓰인다. who 또는 전치사구 등의 수식을 받을 수 있다.

* **Those without tickets** should get there as early as possible.
  티켓이 없는 사람들은 가능한 한 빨리 그곳에 도착해야 한다.

* **Those interested in buying the new car** should visit our dealership.
  그 신형 차를 구매하는데 관심을 가지게 된 사람들은 우리 대리점에 방문해야 한다.

Practice TEST 05

01 She stayed late at the office to finish the entire project by ________.

(A) themselves
(B) herself
(C) itself
(D) himself

02 The population of the city has increased more than ________ of surrounding cities.

(A) this
(B) those
(C) that
(D) these

03 The manager has closed the contract with ________ new clients.

(A) herself
(B) she
(C) hers
(D) her

04 When our lawn mower was out of order, our neighbours let us use ________.

(A) mine
(B) yours
(C) theirs
(D) ours

05 Because of limited seating capacity, ________ interested in attending the dinner should make a reservation in advance.

(A) they
(B) those
(C) these
(D) that

06 Most people who lose their job find a new ________ quite quickly.

(A) it
(B) one
(C) its
(D) them

07 All the members of a board of directors should ________ take into account all the options.

(A) thoughtfully
(B) periodically
(C) finally
(D) initially

08 NHN company has all customer service representatives trained to take care of customer complaints ________.

(A) narrowly
(B) carelessly
(C) sufficiently
(D) efficiently

Questions 09-10 refer to the following notice.

NELLIE VILLAGE HOMEOWNERS' ASSOCIATION

Residents:

In an effort to help make our little community one of the most environmentally aware and responsible in the region, the Association has elected to expand and improve -------(09) waste management policies with a number of changes.

The first of them – Recycling/Separation Depots – will go into effect on the 15th of this month. By that time we will have erected 4 mini-management sites in the village. They will be found at:

1. The corner of Enderby and Scott
2. At the north end of the Fleetway parking lot
3. At Memorial Junction
4. On Scollard, next to the power company transformer.

Each depot will be comprised of 4 large containers, labeled for the kind of waste that is to be placed in them. -------(10), in case you have not already done so at home.

It is important that no food waste be included with your bottles, cans, plastics etc. as it would not only make recycling more difficult, but also would attract raccoons and other wildlife to the depots. Your co-operation is appreciated.

09 (A) we
(B) our
(C) ourselves
(D) ours

10 (A) It is taking place in the evening
(B) We are currently offering a 25% discount on fees
(C) We have studios in different cities
(D) There will also be areas provided for separation

Chapter 03

동사

Unit 06 시제

Unit 07 수동태

Unit 08 가정법

Unit 06 시제

Grammar Point 1 동사

동사의 자리

동사는 주어의 상태나 동작을 설명하는 말로 동사의 자리는 보통 주어 다음이다.

동사 자리

주어 + 동사
주어 + 동사 + 목적어

* We visited our co-worker's house yesterday.
  우리는 어제 동료의 집을 방문했었다.

* Our client's complete satisfaction is our highest goal.
  우리 고객의 완전한 만족은 우리의 최고 목표이다.

조동사 다음에는 항상 동사 원형이 온다.

can, will, must, may 등의 조동사 뒤에는 항상 동사 원형을 쓴다.

조동사 + 동사 원형

조동사 + 동사

* Defective products may be exchanged within 3 days of purchase.
  결함 있는 제품들은 구매한지 3일 내에 교환될 수 있다.

* To receive a refund, customers should return the product within two weeks.
  환불을 받기 위하여, 고객들은 2주 내에 제품을 가져와야 한다.

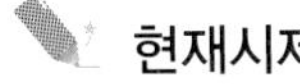

2 현재 • 과거 • 미래 시제

현재시제

현재시제는 반복되는 습관이나 사건, 일반적 사실을 표현한다. 현재시제의 동사형태는 동사 원형을 쓰거나 주어가 3인칭 단수일 경우 동사의 끝에 (e)s를 붙인다.

현재시제와 잘 어울리는 부사			
usually	often	daily	everyday

* The annual trade show **is held** every year in conjunction with the conference.
  연례 무역 박람회는 강연회와 함께 매년 개최된다.

과거시제

과거시제는 과거의 어느 특정한 시점에 일어난 일이나 상태 등을 표현한다. 과거시제의 동사의 형태는 동사의 과거형으로 나타낸다.

과거시제와 잘 어울리는 부사		
yesterday	last week	three weeks ago

* My roommate **moved** out of the apartment last week.
  나의 룸메이트는 지난주 아파트에서 이사 갔다.

미래시제

미래시제는 앞으로 일어날 일에 대한 추측이나 의지, 계획 등을 표현한다. 미래시제의 대표적인 동사 형태는 「will + 동사 원형」이다.

미래 시제의 동사형태	will + 동사 원형 or be going to 동사 원형 등

미래시제와 잘 어울리는 부사		
tomorrow	next week	in 2 months

* The CEO of Technos **will resign** from his position next month.
  Technos사의 CEO는 다음 달 그의 자리에서 사직할 것이다.

Grammar Point 3 완료 시제

현재 완료

현재 완료 시제는 과거에 있었던 일이 현재까지 영향을 미치고 있는 것을 표현한다.

현재 완료 시제의 동사형태	have + p.p.

현재 완료와 잘 어울리는 부사

for + 기간 over the past[last] year

since + 과거 시점 또는 과거시제 문장

* His manager **has worked** for the company for five years.
그의 매니저는 5년 동안 회사를 위해서 일해오고 있다.

과거 완료

과거 완료 시제는 과거의 어떤 시점을 기준으로 그보다 더 앞선 시간에 발생한 일을 표현할 때 쓴다.

과거 완료 시제의 동사형태	had + p.p.

* When she arrived at the venue, she found that she **had left** her glasses.
그녀가 그 장소에 도착했을 때, 그녀는 안경을 두고 온 것을 알았다.

미래 완료

미래 완료 시제는 현재나 과거에 일어난 일이 계속되어 미래의 어느 시점에 완료될 것임을 표현한다.

미래 완료 시제의 동사형태	will + have + p.p.

미래 완료와 잘 어울리는 부사

by the end of + 시간표현 by next + 시간표현

* I **will have finished** the budget report by the end of next month.
나는 다음 달 말까지 예산 보고서를 끝낼 것이다.

Grammar Point 4 진행 시제

현재 진행 시제

현재 진행 시제는 현재 진행 중인 일이나 동작을 표현할 때 쓰며 '~하는 중이다'라고 해석한다.

현재 진행 시제의 동사형태	am, are, is + ~ ing

* We are currently investigating several options to reduce operating costs.
  우리는 현재 운영비를 줄일 수 있는 여러 가지 선택사항들을 조사하고 있는 중이다.

과거 진행 시제

과거 진행 시제는 과거의 특정한 시점에 진행되고 있었던 일을 표현할 때 쓰며 '~하는 중이었다'라고 해석한다.

과거 진행 시제의 동사형태	was, were + ~ ing

* Customs officers were inspecting our baggage.
  세관 직원들은 우리의 가방을 조사하고 있었다.

미래 진행 시제

미래 진행 시제는 미래의 어느 시점에 진행되고 있을 일을 표현할 때 쓴다.

미래 진행 시제의 동사형태	will be + ~ ing

* Mr. Thomas will be visiting our office on May 3.
  Thomas 씨는 5월 3일에 우리 사무실을 방문하고 있을 것이다.

Practice TEST 06

01 It was announced that SG Electronics ________ a CS LCD monitor.

(A) develop
(B) developing
(C) had developed
(D) had been developed

02 Our sales in Japan ________ since brand new mobile phones were introduced.

(A) increase
(B) increased
(C) have increased
(D) will increase

03 Effective tomorrow, Mr. Park ________ in charge of accounting department.

(A) was
(B) will be
(C) to be
(D) had been

04 The powerful computers ________ to gain popularity a year ago.

(A) is starting
(B) starts
(C) started
(D) will start

05 By the time Mr. Tanaka retires from M&T bank, he ________ a lot of money from his CD accounts.

(A) accumulated
(B) accumulates
(C) have accumulated
(D) will have accumulated

06 Mr. Hopkins usually ________ out at the Goodlife fitness club with his family whenever he finds time.

(A) work
(B) works
(C) working
(D) is working

07 Please review the attached report and ________ it to me with your comment.

(A) return
(B) terminate
(C) lead
(D) respond

08 Internet is growing at a ________ rate and the users are doubling every year.

(A) rapid
(B) radical
(C) busy
(D) active

Questions 09-10 refer to the following advertisement.

Island Out, the preferred niche up-market shopping destination in Penang, is a favorite of the middle and upper class. It's prime location, at the edge of Georgetown, is the closest mall to the residential neighborhoods of LanTu and Sterling.

Apart from shops offering international brands and services, there is a weekend bazaar and kids club with educational activities. -------.
09

Island Out ------- free wireless connections throughout the mall. Just bring a receipt to any information counter to get a password that is valid for the entire day.
10

On the first floor we have ATM machines from almost every major bank, a 1 hour laundry service, and a Telecom payment counter. So come by and be part of the elite crowd and experience the wonders of shopping at Island Out.

09 (A) So register early to reserve a seat.
(B) So I'm eagerly looking forward to using the facilities.
(C) So you can enjoy yourself while your kids are looked after.
(D) So let me know what time is best for you.

10 (A) offer
(B) offers
(C) offered
(D) will offer

Unit 07 수동태

Grammar Point 1 능동태와 수동태

능동태와 수동태

어떤 상황을 말할 때 주어가 동작을 하는 '능동'의 문장(능동태)과 주어가 동작을 당하는 '수동'의 문장(수동태)으로 표현할 수 있다.

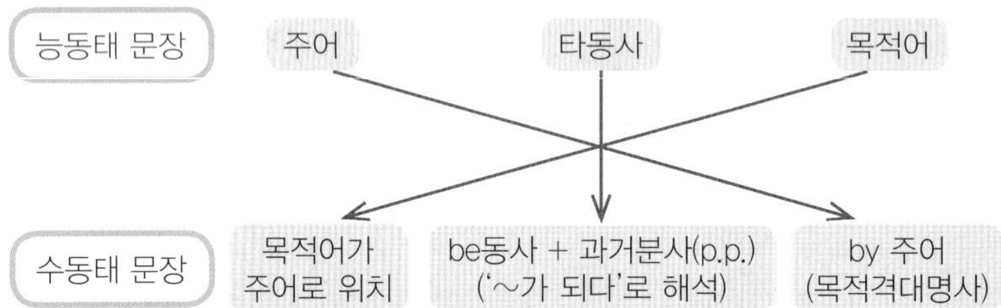

❶ 수동태 문장에서 'by 행위자'는 보통 생략해서 쓴다.

❷ 수동태 문장이 되어도 시제는 그대로 유지된다.

능동태: We **deliver** the product everyday.
우리는 그 제품을 매일 배송한다.

수동태: The product **is** deliver**ed** everyday (by us).
그 제품은 매일 배송된다.

능동태: We **delivered** the product last week.
우리는 그 제품을 지난주에 배송했다.

수동태: The product **was** deliver**ed** last week (by us).
그 제품은 지난주에 배송되었다.

능동태: We **are delivering** the product now.
우리는 그 제품을 지금 배송하는 중이다.

수동태: The product **is being** deliver**ed** now (by us).
그 제품은 지금 배송되는 중이다.

능동태: We **will deliver** the product tomorrow.
우리는 내일 그 제품을 배송할 것이다.

수동태: The product **will be** deliver**ed** tomorrow (by us).
그 제품은 내일 배송될 것이다.

능동태: We **have delivered** the product lately.
우리는 최근에 그 제품을 배송했다.

수동태: The product **has been** deliver**ed** lately (by us).
그 제품은 최근에 배송되었다.

Grammar Point 2 수동태의 형태

수동태

능동태의 목적어가 수동태의 주어가 되므로 원칙적으로는 목적어를 가지는 타동사만이 수동태가 될 수 있다. 목적어를 취할 수 없는 자동사는 수동태로 표현할 수 없다. by 다음에 나오는 행위자를 굳이 밝힐 필요가 없을 경우에는 「by + 행위자」를 생략할 수 있다.

수동태의 기본 형태

주어 + be 동사 + 과거 분사(p.p.) + [by + 행위자]
생략가능

목적어를 취할 수 없는 자동사

arrive 도착하다 rise 오르다 take place 발생하다[일어나다]

* The computer problem **was discovered** by the technician.
  그 컴퓨터 문제는 기술자에 의해서 발견되었다.
* The package ~~was arrived~~ yesterday. (was arrived → arrived)
  그 소포는 어제 도착했다.

by 이외의 전치사가 쓰이는 경우

수동태의 행위자는 전치사 by로 나타내지만 일부 동사의 경우 다른 전치사를 사용해서 행위자를 표현할 수 있다.

be + 과거분사 + 전치사 + 명사

be satisfied with	~에 만족하다	be disappointed at	~에 실망하다
be pleased with	~에 기뻐하다	be surprised at	~에 놀라다
be interested in	~에 관심이 있다	be dedicated to	~에 헌신하다
be engaged in	~에 종사하다	be committed to	~에 헌신하다
be involved in	~에 관련되다	be related to	~에 관련되다

* The supervisor said he **was pleased with** the report.
  상관은 그가 보고서에 기뻐했다고 말했다.
* Our company **is committed to** customer satisfaction.
  우리 회사는 고객 만족에 전념하고 있다.
* I **am interested in** this position and would like to submit my resume.
  나는 이 직위에 관심이 있고, 내 이력서를 제출하고 싶다.

Practice TEST 07

01 If you are not ________ with the product you purchased, we will exchange it for another one.

(A) satisfaction
(B) satisfying
(C) satisfied
(D) satisfy

02 Children who are under the age of 7 are ________ to be admitted to the park free of charge.

(A) permit
(B) permitted
(C) to permit
(D) permitting

03 The outdoor event ________ despite the recent bad weather.

(A) taken place
(B) was taken place
(C) took place
(D) taking place

04 Application forms must ________ to the human resources department by June 10.

(A) be submitted
(B) submitted
(C) submit
(D) submits

05 Mr. Pitt is involved ________ developing the new software program.

(A) of
(B) in
(C) on
(D) by

06 A new promotion campaign ________ by the advertising agency.

(A) has been launched
(B) launches
(C) is launching
(D) launcher

07 All employees are required to ________ in the company picnic to enhance employee morale.

(A) participate
(B) connect
(C) associate
(D) attend

08 The manager has successfully developed ________ sales strategies.

(A) accountable
(B) manageable
(C) profitable
(D) perishable

Questions 09-10 refer to the following advertisement.

GET HEALTHY – CHEAP

Fit For All Family Health Club is pleased to announce the extension of its special "Super Family Health" program. "Super Family Health" -------(09) for its great benefits such as discount tickets for exercise programs and half off subscription to our monthly magazine. That's right. This program has proven so popular that we decided to continue it beyond the original closing date of May 12. You now have until June 1 to take advantage of this special offer to enroll your entire family in our all-inclusive programs for the price of a single adult membership. -------(10), depending on the size of your family. Call today for details.

09 (A) knows
(B) has known
(C) is known
(D) knew

10 (A) The savings can run into several hundred dollars a year
(B) Renew your membership today
(C) The health club membership fees will increase
(D) Memberships may be renewed at any time by visiting our membership office

Unit 08 가정법

Grammar Point  조건문

 조건문

현재나 미래에 대한 단순 가정이나 불확실한 추측을 표현할 때 쓴다.

조건문의 구조

If + S + 현재 시제 동사 ,	S + will / can + 동사 원형
	명령문 Please + 동사 원형 ~ 동사 원형 ~

* If you **visit** our factory this summer, I **will show** you around.
  만약 당신이 우리 공장을 이번 여름 방문한다면, 나는 둘러보도록 안내할 것이다.

* If you **have** trouble with your product, **please consult** the user's manual.
  만약 당신이 당신 제품에 문제가 생기면, 사용자 설명서를 참고하세요.

 주어 + 요구, 주장, 제안의 동사 + that 주어 + (should) + 동사 원형

주절에 주장, 요구, 제안의 의미를 가진 동사가 나오면 that절에 「should + 동사 원형」 또는 동사 원형을 쓴다.

요구, 주장, 제안의 동사

demand	require	request	ask
suggest	propose	recommend	insist

* Students have requested that the results of the exam **be** posted on the board.
  학생들은 시험의 결과가 게시판에 게시되어야 한다고 요청했다.

* The doctor recommended that the patient **rest** for a few days.
  의사는 환자가 며칠 동안 쉬어야 한다고 권고했다.

It is + 이성/감정적 판단의 형용사 + that 주어 + (should) + 동사 원형

주절에 이성, 판단의 의미를 가진 형용사가 나오는 경우에도 that절에 「should + 동사 원형」 또는 동사 원형을 쓴다.

이성/감정 판단의 형용사

natural 당연한	important 중요한	necessary 필요한
imperative 필수적인	mandatory 의무적인	crucial 중대한
vital 필수적인	essential 필수적인	

* When you buy a used car, it is important that it **be** examined thoroughly.
  당신이 중고 차량을 구매할 때, 그 차량이 철저하게 검사되어야 하는 것은 중요하다.

Grammar Point  2 가정법 과거

가정법 과거

이루어질 수 없는 일이나 현재 사실과 반대되는 상황을 가정하는 문장이다.

가정법 과거의 구조

If + S + 과거 시제 동사 , S + would / could + 동사 원형

* If our delivery service **were** not reliable, we **would lose** many valuable customers.
  만약 우리 배송서비스가 신뢰할 수 없다면, 우리는 많은 귀중한 고객들을 잃을 것이다.

* If we **ordered** the products earlier, we **could purchase** them at a lower price.
  만약 우리가 제품을 더 일찍 주문한다면, 우리는 더 낮은 가격에 그것들을 구매할 수 있을 것이다.

Grammar Point 3 가정법 과거완료

가정법 과거완료

과거의 일을 반대로 가정하여 아쉬움을 나타내는 문장이다.

가정법 과거완료의 구조

If + S + had +p.p. , S + would / could + have +p.p.

* If I had known what was about to happen, I would have come in earlier.
만약 내가 무슨 일이 일어날지를 알았었더라면, 나는 더 일찍 왔을 것이다.

* If they had followed her advice, they would have succeeded.
만약 그들이 그녀의 조언을 따랐더라면, 그들은 성공했을 것이다.

if의 생략

가정법 문장에서 조건절의 if를 생략하면 (조)동사가 문장의 맨 앞으로 나가서 주어와 도치가 된다.

가정법 과거완료의 도치 구조

Had + 주어 + p.p. , S + would / could + have +p.p.

* Had he earned a degree in accounting, he would have gotten the position.
만약 그가 회계학 학위를 소지했더라면, 그는 그 자리를 얻었을 것이다.

Grammar Point 4 가정법 미래[should 가정법]

가정법 미래[should 가정법]

현재나 미래의 사실에 대하여 강하게 의심하여 가정하는 표현이다.

가정법 미래[should 가정법]의 구조

If + S + should + 동사 원형 , S + will / can + 동사 원형

명령문
Please + 동사 원형 ~
동사 원형 ~

* If you **should have** any questions, **please call** me.
  만약 당신이 질문이 있으면, 저에게 전화를 하세요.

* If it **should rain** tomorrow, we **will postpone** the event until next week.
  만약 내일 비가 온다면, 그 행사는 다음 주까지 연기될 것이다.

if의 생략

가정법 문장에서 조건절의 if를 생략하면 조동사가 문장의 맨 앞으로 나가서 주어와 도치가 된다.

가정법 미래[should 가정법]의 도치구조

Should + 주어 + 동사 원형 , S + will / can + 동사 원형

명령문
Please + 동사 원형 ~
동사 원형 ~

* **Should** the product have a problem, **don't hesitate** to contact our toll-free number.
  만약 그 제품에 문제가 생기면, 저희 수신자부담 전화로 연락하는 것을 망설이지 마세요.

Practice TEST 08

01 ________ you need anything, please contact the reception desk.

(A) How
(B) Can
(C) Should
(D) Perhaps

02 If we had known that the company was in financial difficulty, we ________ with another firm.

(A) collaborated
(B) would have collaborated
(C) were collaborating
(D) had collaborated

03 If you ________ to this magazine right now, online, we will give you five issues for that $25 price.

(A) subscribe
(B) will subscribe
(C) had subscribed
(D) subscribed

04 If you ________ a $50,000 investment in the Balanced Strategy for a year, your investment management fee would be $948.

(A) will maintain
(B) had maintained
(C) maintains
(D) maintained

05 He required that all managers ________ a mandatory meeting explaining new health insurance coverage.

(A) attend
(B) attends
(C) attended
(D) will attend

06 It is imperative that the merchandise ________ by the end of this month.

(A) delivers
(B) be delivered
(C) delivered
(D) deliver

07 ________ from a DNA test of the virus are expected this afternoon.

(A) Results
(B) Voucher
(C) Publication
(D) Brochure

08 The budget did not include ________ costs, such as paper and pens.

(A) necessary
(B) durable
(C) substantial
(D) incidental

Questions 09-10 refer to the following notice.

MEMBERS

It has been confirmed that -------. (09) Rather than April 15th, the original date, we are now sure to complete the renovation work by the 28th of March, at the latest. If we ------- (10) more financial difficulties, we could not process the renovation work quickly.

Therefore, for a few days to tidy things up and make sure everything is working, we are scheduling April 1st as the date to begin operations again.

09 (A) the club will move two weeks earlier than originally anticipated
(B) the club will open two weeks earlier than originally anticipated
(C) the club will reopen two weeks earlier than originally anticipated
(D) the club will close two weeks earlier than originally anticipated

10 (A) experience
(B) experienced
(C) had experienced
(D) should experience

Chapter 04

준동사

Unit 09 to부정사

Unit 10 동명사

Unit 11 분사

Unit 09 to부정사

Grammar Point  to부정사는 무엇인가?

 to부정사란?

품사가 정해지지 않은 단어라는 의미로 경우에 따라 명사, 형용사, 부사로 쓰일 수 있다. to부정사의 형태는 동사 앞에 to를 붙여 나타낸다.

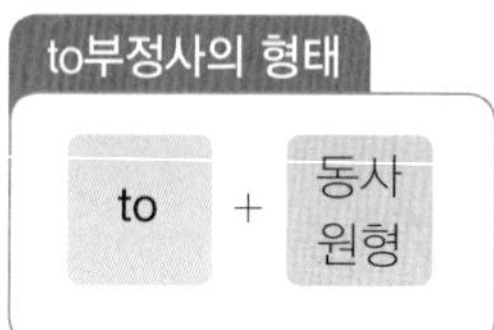

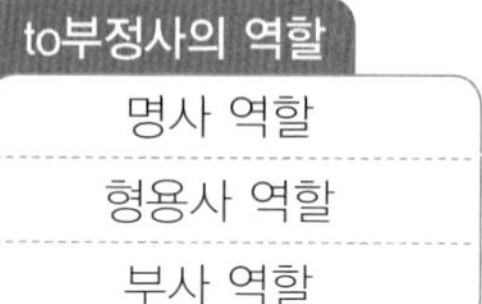

to부정사의 동사적 성질

to부정사는 문장에서 동사의 기능을 하지 않지만 동사의 성질을 가지고 있어서 목적어나, 보어를 취할 수 있고 부사의 수식도 받을 수 있다.

to부정사의 동사적 성질

① 목적어를 취할 수 있음
② 부사(구)의 수식을 받을 수 있음

to부정사의 의미상의 주어

문장에서 주어는 아니지만 to부정사를 행하는 주체를 '의미상의 주어'라고 하며, 「for + 명사」 또는 「for + 대명사의 목적격」의 형태로 to부정사 앞에 온다.

* It is difficult **for managers** to evaluate all the staff by Friday.
매니저들이 모든 직원들을 금요일까지 평가하는 것은 힘들다.

Grammar Point 2 to부정사의 역할

명사의 역할

to부정사는 명사와 같이 주어, 목적어, 보어 역할을 할 수 있고, '~하는 것', '~하기'로 해석한다.

❶ 주어 역할

* To learn a foreign language is very useful.
  주어
  외국어를 배우는 것은 매우 유용하다.

❷ 목적어 역할

* Because of the traffic jam, he decided to take a subway.
  목적어
  교통체증 때문에, 그는 지하철을 타기로 결심했다.

❸ 보어 역할

* Our purpose is to complete the project in time.
  보어
  우리의 목적은 제시간에 프로젝트를 완성하는 것이다.

* The manager asked the employee to submit the report by noon.
  보어
  그 담당자는 직원들에게 보고서를 정오까지 제출하도록 요구했다.

형용사의 역할

to부정사는 형용사와 같이 명사를 수식하는 역할을 할 수 있고, '~할', '~해야 하는'으로 해석한다. to부정사를 수반하는 명사(p.67)는 별도로 암기해야한다.

* We made efforts to speed up the schedule. (efforts를 수식)
  우리는 그 일정을 앞당기는 노력을 했다.

부사의 역할

to부정사는 부사와 같이 문장전체, 형용사, 부사를 수식하는 역할을 할 수 있고, '~하기 위하여', '~하게 되어'로 해석한다.

* To make a decision, he should talk with the president.
  결론을 내기 위하여, 그는 사장님과 이야기해야만 한다.

Chapter 01 Chapter 02 Chapter 03 Chapter 04 Chapter 05 Chapter 06 Chapter 07 Chapter 08

Grammar Point 3 to부정사를 좋아하는 동사

to부정사를 목적어로 취하는 동사

일부 타동사의 경우 항상 to부정사만 목적어로 수반한다.

to부정사를 목적어로 취하는 동사

주어	+	agree 동의하다 decide 결정하다 expect 예상하다 offer 제공하다 plan 계획하다 want 원하다	+	to do

* Mr. Perez has **agreed to** make a speech at the opening ceremony.
  Perez 씨는 개회식에서 연설을 하기로 동의했다.

* Ms. Petel in the London Bureau **wants to** be promoted to Bureau Chief.
  London 지사의 Petel 씨는 부서장으로 승진되기를 원한다.

to부정사를 목적격 보어로 취하는 동사

to부정사를 목적격 보어로 수반하는 동사들이 있다.

to부정사를 목적격 보어로 취하는 동사

주어	+	advise 권고하다 allow 허락하다 ask 요구하다 expect 예상하다 invite 초대하다, 권유하다 require 요청하다 remind 상기시키다	+	목적어	+	to do

* George Frankman **is expected to** announce his retirement at the meeting tomorrow.
  George Frankman 씨는 내일 회의에서 은퇴를 발표할 것으로 예상된다.

* The manager **invited** his staff **to make use of** the new fitness facility.
  담당자는 직원들이 새 피트니스 시설을 이용하도록 초대했다.

Grammar Point 4 to부정사를 좋아하는 명사와 형용사

명사 + to do (to부정사의 형용사 역할– 앞 명사를 수식)

to부정사를 수반하는 명사

an ability	능력	+ to do
an opportunity	기회	
the right	권리	
the way	방법	

* No one doubts her **ability to** perform as a chief accountant in the firm.
어느 누구도 회사에서 경리부장으로 업무를 수행하는 그녀의 능력을 의심하지 않는다.

* We will discuss **ways to** cut our production costs at the next meeting.
우리는 다음 회의에서 우리의 생산비용을 줄이는 방법을 논의할 것이다.

be + 형용사 + to do

형용사 다음에 to do를 수반하여 숙어처럼 쓰이는 표현들이다.

be + 형용사 + to do

be able to do ~ 할 수 있다	be likely to do ~할 것 같다
be certain to do 반드시 ~하다	be willing to do 기꺼이 ~하다
be eligible to do ~할 자격이 있다	

* Ms. Mary will not **be able to** attend the conference tomorrow.
Mary 씨는 내일 총회에 참석할 수 없을 것이다.

* World grain production **is likely to** set historic records this year.
세계 곡물 생산이 올해 역사적인 기록을 세울 것 같다.

Practice TEST 09

01 ________ the online banking services, you must have access to a personal computer.

(A) Uses
(B) To using
(C) To be used
(D) To use

02 It's not necessary ________ us to make payment for the damaged goods under the terms of the contract.

(A) in
(B) to
(C) of
(D) for

03 Qualified applicants must be able ________ both independently and cooperatively.

(A) work
(B) working
(C) to work
(D) worked

04 When Shanghai hosts the World Expo, the airport is ________ to handle 70 million passengers.

(A) expected
(B) expect
(C) expecting
(D) expects

05 The University reserves the right ________ enrollment.

(A) limiting
(B) limited
(C) limit
(D) to limit

06 The company has decided ________ its production by 15% across all its plants.

(A) to cut
(B) cut
(C) to cutting
(D) cutting

07 Representatives of the Logistics Association reached ________ that the development of logistics industry is key factors to build a strong economy.

(A) consensus
(B) debate
(C) attention
(D) dispute

08 Her face looks completely ________ since she's had plastic surgery.

(A) different
(B) occupied
(C) former
(D) various

Questions 09-10 refer to the following advertisement.

TOO MUCH OF A GOOD THING!

Silverstone's first ever store-wide sale has been an overwhelming success and we ran out of product within the first 3 days of a sale that was to last a week. -------(09), so, the sale will be extended for another 10 days -------(10) everyone a chance to take advantage of these bargains. The shelves are almost empty now, but re-stocking will be completed by Friday, allowing another full week of super deals!

09 (A) Our store will be closed next week
(B) You can trace the delivery progress of your package online
(C) Appliance is still covered under our standard two-year warranty
(D) We hate to disappoint our customers

10 (A) allow
(B) allowed
(C) to allow
(D) has allowed

Unit 10 동명사

Grammar Point 1 동명사의 성질

동명사란?

동명사는 동사의 성질을 가지면서 명사의 역할을 하는 단어를 말한다. to부정사와 같은 논리이며 동명사의 형태는 동사 뒤에 '-ing'를 붙여 나타낸다.

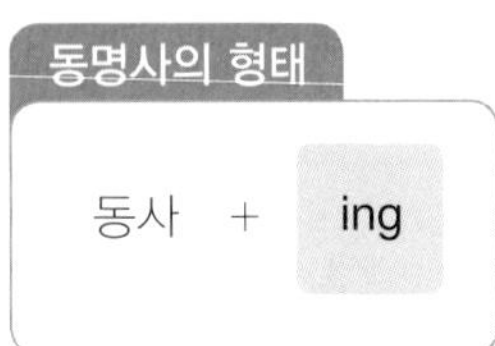

동명사의 역할

명사 역할	주어
	목적어
	보어

동명사의 동사적 성질

동명사는 동사의 성질을 가지면서 명사의 역할을 한다. 따라서 동명사는 동사처럼 목적어, 보어를 취할 수 있으며, 부사의 수식을 받을 수 있다.

동명사의 동사적 성질

① 목적어를 취할 수 있음
② 부사(구)의 수식을 받을 수 있음

동명사와 명사

동명사는 명사의 역할을 하지만 명사와의 차이점은 분명히 있다.

	목적어	관사	수식	
명사	×	○	형용사가 수식함	※ to부정사, 동명사 모두 목적어를 가지는 동사의 성질이 전제가 되어야 하므로 뒤에 명사를 가지게 되는 것이 일반적이다.
동명사	○	×	부사가 수식함	

* Learning a foreign language is very useful.
외국어를 배우는 것은 매우 유용하다. (동사 learn의 목적어인 a foreign language)

* Because of the traffic jam, he considered taking a subway.
교통체증 때문에, 그는 지하철 타는 것을 고려했다. (동사 take의 목적어인 a subway)

Grammar Point 2 동명사를 좋아하는 동사

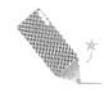

동명사만 목적어로 취하는 동사

어떤 동사들은 동명사만 목적어로 취한다.

동명사를 목적어로 취하는 동사

consider	간주하다	+ 동명사
suggest	제안하다	
finish	끝내다	
avoid	피하다	
mind	꺼려하다	
discontinue	그만두다	

* He **finished testing** the video equipment.
  그는 비디오 장비를 테스트 하는 것을 끝마쳤다.

* My stockbroker, Ms. Cline, **suggested buying** Union Credit's stock.
  나의 주식 중개인인 Cline 씨는 Union Credit사의 주식을 매입하는 것을 제안했다.

동명사와 to부정사 모두 목적어로 취하는 동사 [I]

어떤 동사들은 동명사와 to부정사를 모두 목적어로 취한다. 이때 수반하는 목적어에 따라 동사의 의미에 변화가 없는 동사들이 있다.

동명사와 to부정사를 모두 목적어로 취하는 동사

prefer	선호하다	+ 동명사 or to부정사
like	좋아하다	
start	시작하다	
begin	시작하다	
continue	계속하다	

* Jane can **begin to work** with us next week.
  Jane은 다음 주 우리와 함께 일을 시작할 것이다.

* Jane can **begin working** with us next week.
  Jane은 다음 주 우리와 함께 일을 시작할 것이다.

 동명사와 to부정사 모두 목적어로 취하는 동사 [II]

어떤 동사는 to부정사와 동명사를 모두 목적어를 취할 수 있는 동사들이 있는데, 목적어에 따라 의미가 달라지는 동사가 있다.

❶ forget

forget + to do	~할 것을 잊다 (미래)
forget + -ing	~한 것을 잊다 (과거)

❷ regret

regret + to do	~해서 유감이다
regret + -ing	~해서 후회하다

❸ remember

remember + to do	~할 것을 기억하다 (미래)
remember + -ing	~한 것을 기억하다 (과거)

❹ stop

stop + to do	~하기 위해 멈추다 (to부정사 부사적 용법)
stop + -ing	~하는 것을 멈추다

* We **regret to inform** you that your contract will not be renewed.
  우리는 당신에게 당신의 계약이 갱신되지 않을 것을 알리게 되어 유감입니다.

* I **remembered reading** the article in the paper.
  나는 신문에서 그 기사를 읽었던 것을 기억하고 있다.

Grammar Point 3 동명사의 관용표현

동명사의 관용표현

동명사의 관용표현	
on[upon] -ing	~하자마자
by -ing	~함으로써
spend time -ing	~하는데 시간을 보내다
have { difficulty / trouble / a problem } -ing	~하는데 어려움을 겪다

* Mr. Grant **had difficulty purchasing** a ticket for Friday's jazz concert.
  Grant 씨는 금요일 재즈 콘서트 티켓을 구입하는데 어려움이 있었다.

* You can get more information **by attending** next week's seminar.
  당신은 다음 주 세미나에 참여함으로써 더 많은 정보를 얻을 수 있다.

「전치사 to + 동명사」의 표현

to부정사의 to와 혼동하기 쉬우므로 전치사 to의 관용표현은 꼭 정리해 두자.

「전치사 to + 동명사」의 표현	
look forward to -ing	~하는 것을 기대하다
object to -ing	~에 반대하다
be { dedicated to / committed to / devoted to } -ing	~하는데 헌신하다

* I **look forward to speaking** with you in person in the near future.
  나는 가까운 미래에 당신과 직접 이야기하기를 기대하고 있다.

* The employees **were committed to** working on the new project.
  직원들은 새 프로젝트를 작업하는 데에 헌신했다.

Practice TEST 10

01 _______ your hands thoroughly is a way to prevent norovirus infection.

(A) Wash
(B) Washing
(C) Washed
(D) Washable

02 Toyota Motor Corp. is considering _______ the number of its regular employees.

(A) reduce
(B) reduced
(C) reducing
(D) reduction

03 We maintain our good customer relations by _______ our commitment to client satisfaction.

(A) continue
(B) continuing
(C) continued
(D) to continue

04 We look forward to _______ you at our next event.

(A) seeing
(B) see
(C) saw
(D) be seen

05 Please remember _______ the feedback form to the previous office, not to us.

(A) sent
(B) to be sent
(C) sending
(D) to send

06 Ms. Morris is thinking about _______ the location of her store.

(A) change
(B) changing
(C) changes
(D) to changes

07 The traffic congestion is _______ to the sales event at the department store.

(A) marked
(B) due
(C) popular
(D) prevalent

08 _______ the initial meeting, the clients emphasized that they want an "aggressive" advertising campaign.

(A) Since
(B) During
(C) Except
(D) While

Questions 09-10 refer to the following note.

Jaime:

Before -------(09) the work on the garage, could you please make a trip to the lumber yard and pick up 3 two-by-eight boards, 12 feet long each? I looked at the drawings and realized that we are short of these and since they are needed for the foundation, there is no point in starting a job. -------(10).

Helen

09 (A) start
(B) has started
(C) to start
(D) starting

10 (A) Contact us for information or request a complete catalog of our building materials.
(B) You'd have to stop doing after an hour or two because you don't have the materials.
(C) Please provide an itemized price list including delivery costs for the items.
(D) If any changes need to be made, please notify me by October 15.

Unit 11 분사

Grammar Point 1 분사의 특징

분사란?

분사는 「동사 원형 + -ing(현재분사)」 또는 「동사 원형 + -ed(과거분사)」로 형용사의 역할을 하는 형태를 말한다. 현재분사는 '~하는'의 능동의 의미, 과거분사는 '~된'의 수동의 의미를 가진다.

분사의 형태

현재분사	동사 + ing
과거분사	동사 + ed

분사의 역할

형용사 역할	명사 수식
	보어 역할

* The test showed very **satisfying** results.
  그 테스트는 매우 **만족을 주는** 결과를 보여주었다.
* The traffic system in this city is **confusing** to me.
  이 도시의 교통 체계는 나에게 **혼란을 준다**. (주격 보어)
* The beats and rhythms of drums **made** the audience **excited**.
  드럼의 비트와 리듬은 관객들을 **흥분되게** 만들었다. (목적격 보어)

분사의 동사적 성질

분사는 동사의 성질을 가지면서 형용사 역할을 하므로 부사의 수식을 받는다. 또한 후치 수식을 하는 경우 현재분사와 과거분사는 목적어 유무로 판단할 수 있다.

분사의 동사적 성질

① 후치 수식하는 현재 분사는 주로 목적어를 취할 수 있음. (분사를 만드는 동사가 타동사)
② 후치 수식하는 과거 분사는 주로 목적어를 취할 수 없음.
③ 부사(구)의 수식을 받을 수 있음.

* People **using the product** should review the manual.
  그 제품을 **사용하는** 사람들은 매뉴얼을 숙지해야 한다.
* The building **conveniently located next to the subway** is our main office.
  지하철 옆에 편리하게 **위치된** 건물은 우리 본사이다.

Grammar Point 2 과거분사와 현재분사 [I]

과거분사와 현재분사의 구별

분사가 명사를 수식할 때 명사와 분사가 능동관계이면 현재분사를, 수동관계이면 과거분사를 쓴다. 자동사는 목적어 없이 능동태에서만 쓰이므로 현재분사로만 쓴다.

현재분사	
동사 + ing	• 능동의 개념 • ~ 하는

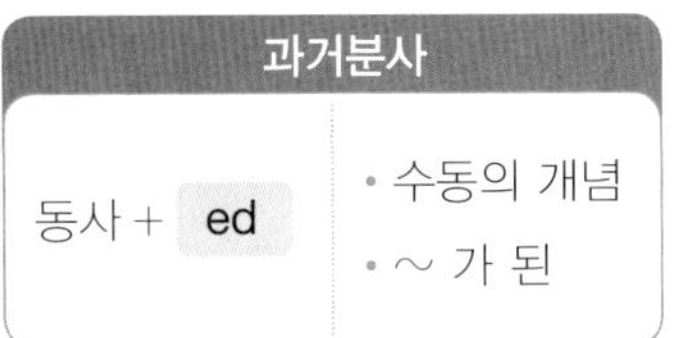

과거분사	
동사 + ed	• 수동의 개념 • ~ 가 된

현재분사

능동을 의미하는 현재분사는 뒤에 있는 명사를 수식하거나 앞에 있는 명사를 수식한다. 명사를 뒤에서 수식하는 경우 '목적어'를 수반하기도 한다.

* The existing copy machine needs to be replaced because it copies too slowly.
  그 현존하는 복사기는 너무 느리게 복사되기 때문에 수리될 필요가 있다. (copy machine을 수식)

* The shipping company has send a letter explaining changes in the billing policy.
  그 운송회사는 청구 방침에서의 변경사항을 설명하는 편지를 보냈다. (명사 changes를 목적어로 수반하면서 a letter를 수식)

과거분사

수동을 의미하는 과거분사는 뒤에 있는 명사를 수식하거나 앞에 있는 명사를 수식한다. 명사를 뒤에서 수식하는 경우 '수동'을 의미하기 때문에 뒤에 '목적어'를 수반하지 않는 것이 대부분이다.

* The prices of our finished products rose due to an increase in the production cost.
  우리의 완성된 제품들의 가격이 생산비용의 증가 때문에 올랐다. (products를 수식)

* Please review the document attached to this e-mail.
  이 이메일에 첨부된 서류를 검토해주세요. (attached가 뒤에 명사 없이 the document를 수식)

Grammar Point 3 과거분사와 현재분사 [II]

분사형 형용사

어떤 분사들은 아예 형용사로 굳어져서 쓰이는데, 이들은 능동이나 수동의 개념이 들어간 분사라기보다는 고유한 의미를 지닌 형용사로서 명사를 수식하는 역할이 더 크다.

분사형 형용사

현재분사형 형용사		과거분사형 형용사	
existing	현존하는	detailed	상세한
leading	선도하는	complicated	복잡한
demanding	까다로운	valued	소중한, 평가된

* Connelly Corporation is planning to renovate **existing** facilities.
  Connelly Corporation사는 현존하는 시설들을 보수할 것을 계획하고 있다.

* **Detailed** information has been gathered from a variety of companies in Korea.
  상세한 정보가 한국의 여러 회사들로부터 수집되었다.

감정동사의 현재분사와 과거분사

감정을 나타내는 동사는 주어나 명사가 감정을 유발하면 현재분사를, 주어나 명사가 감정을 느끼면 과거분사를 쓴다.

감정동사의 분사

감정동사의 현재분사		감정동사의 과거분사	
interesting	흥미로운	interested	흥미를 느낀
pleasing	기분 좋게 하는	pleased	기쁜
satisfying	만족을 주는	satisfied	만족한
disappointing	실망시키는	disappointed	실망한

* The **interesting** characters made the novel more **exciting**.
  그 재미있는 캐릭터들은 소설을 더 흥미롭게 만들었다.

* Anyone **interested** in working overtime should inform the supervisor.
  초과 근무하는 데에 관심 있는 모든 사람들은 상관에게 알려야 한다.

분사구문

분사구문은 「접속사 + 주어 + 동사」인 부사절을 '분사'로 시작하는 구로 만드는 것을 말한다. 이때, '접속사'와 '주어'를 생략하는데, 의미를 분명히 하기 위해 접속사를 그대로 두는 경우가 있고, 주어는 주절과 다른 경우에 생략하지 않는다.

분사구문을 만드는 과정은
1. 접속사 생략. (의미를 분명하게 하기 위해 접속사를 그대로 두기도 한다.)
2. 부사절의 주어와 주절의 주어가 동일하면 생략.
3. 부사절 동사에 -ing를 붙인다. 수동태의 경우 'being'이 되는데, 생략되고 '과거분사'만 남는다.

즉, 능동의 문장인 경우 「접속사(생략가능) + 현재분사」의 형태가 되고, 수동의 문장인 경우 「접속사(생략가능) + 과거분사」의 형태가 된다.

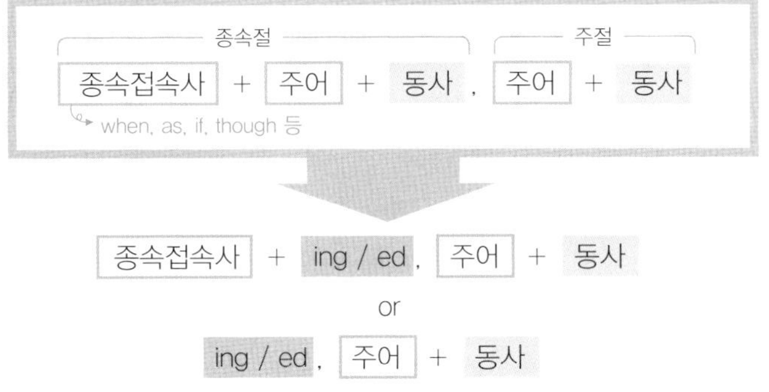

❶ 능동태 문장의 분사구문

* Before you make a decision, you should consult an expert.
→ (Before) Making a decision, you should consult an expert.
결정을 내리기 전에, 당신은 전문가와 상의해야 한다.

❷ 수동태 문장의 분사구문

* When he was promoted to vice president, Mr. Kim moved to the main office.
→ (When) Promoted to the vice president, Mr. Kim moved to the main office.
부사장으로 승진되었을 때, Kim 씨는 본사로 옮겨갔다.

Practice TEST 11

01 Those employees ________ 30 hours per week or more are allowed to enroll in Rho's benefit plan.

(A) work
(B) be worked
(C) worked
(D) working

02 When ________ the payment, please clearly indicate your name and address.

(A) sends
(B) sending
(C) sent
(D) send

03 The manager decided to upgrade the ________ system in order to eliminate errors and improve the quality of their services.

(A) exist
(B) exists
(C) existing
(D) existed

04 The Law Partners Team consists of ________ lawyers and legal consultants as well as dedicated staff.

(A) qualifying
(B) qualification
(C) qualify
(D) qualified

05 Despite the attractive exterior, the hotel staff's service was truly ________.

(A) disappointed
(B) disappoint
(C) disappointing
(D) disappointment

06 Once ________, the software will correct any disk errors automatically.

(A) install
(B) installation
(C) installed
(D) installing

07 Their negotiations had made considerable ________ concerning the issues of fees for containers.

(A) receipt
(B) progress
(C) reservation
(D) conservation

08 The position ________ all the applicants to speak English in addition to another European language.

(A) requires
(B) insists
(C) indicates
(D) recovers

Questions 09-10 refer to the following letter.

Dear Mr. Covington:

This is to inform you that, because of the unfinished repaving of the parking lot and installation of new lighting, there are some changes in procedures.

When -------(09) the lot, you are asked not to use the west-side entrance at any time and to use the south gate only after 2:00 p.m. every day until further notice. -------(10). The work in both those areas is still incomplete because of some underground wiring problems encountered.

Thank you for your understanding and cooperation.

Sincerely,
H.L. Bradley

09 (A) enter
(B) entering
(C) entered
(D) will enter

10 (A) A special celebration in honor of the opening will take place on April 15.
(B) Two additional garages are currently under construction now.
(C) These restrictions are temporary only.
(D) The construction is being financed by the real estate firm K-Property Inc.

Chapter 05

수식어

Unit 12 형용사

Unit 13 부 사

Unit 12 형용사

Grammar Point  형용사의 역할과 자리 찾기

명사를 수식

형용사는 보통 명사 앞에서 명사의 성질이나 상태를 설명해 주는 역할을 한다.

형용사의 자리 ① 명사 수식

형용사 + 명사

* This brochure provides **useful** information.

  이 광고용 책자는 유용한 정보를 제공한다.

보어 역할

형용사는 주어나 목적어의 성질 상태를 설명하는 보어 역할을 한다.

형용사의 자리 ② 보어 역할

주어 + be동사 + 형용사

주어 + keep / find / make / leave / consider + 목적어 + 형용사

* Unfortunately, the jacket you ordered is currently **unavailable**.

  안타깝게도, 당신이 주문한 그 재킷은 현재 이용가능하지 않다.

* Many people consider credit cards **convenient**.

  많은 사람들은 신용카드가 편리하다고 생각한다.

Grammar Point 2 철자가 비슷한 형용사

considerate	사려 깊은	considerable	상당한, 많은
favorable	호의적인, 좋은	favorite	좋아하는
respectful	정중한	respective	각각
reliable	믿을 만한	reliant	의존적인
understanding	이해심 많은	understandable	이해할 만한

* He's always very **considerate** towards his employees.
  그는 항상 자신의 직원들에게 매우 사려 깊게 대한다.

* The decrease in exports last year was **considerable**.
  작년 수출에서의 감소는 상당했다.

* Because of **favorable** weather, the outdoor concert was more enjoyable.
  좋은 날씨 덕분에, 야외 콘서트는 더 재미있었다.

* You should be more **respectful** of your colleagues.
  당신은 동료들에게 더 정중해야 한다.

* They possess the best skills in their **respective** fields.
  그들은 그들 각자의 분야에서 최고의 기술을 가지고 있다.

* AYH Electronics ranks among the most **reliable** brands in household appliances.
  AYH Electronics사는 가전제품에서 가장 믿을 만한 브랜드 중 하나로 평가된다.

* The product brochure should be clear and **understandable**.
  제품 책자는 명확하고 이해할 수 있어야 한다.

Practice TEST 12

01 Zydus Pharmaceuticals announced today that it has received ________ approval from the U.S. Food and Drug Administration.

(A) finally
(B) final
(C) finalist
(D) finals

02 The hospital and school are expected to be ________ by 2015.

(A) complete
(B) completion
(C) completes
(D) completely

03 The employee found it ________ to perform the job physically because of the long drive.

(A) difficult
(B) difficulty
(C) difficultly
(D) differ

04 We are looking for ________ people with experience and a good work ethic.

(A) rely
(B) reliant
(C) reliable
(D) reliance

05 Our new product received ________ reviews from domestic and foreign buyers.

(A) favorably
(B) favor
(C) favorite
(D) favorable

06 All candidates interested in applying for more than one position must fill out and submit application forms to their ________ departments.

(A) respectful
(B) respective
(C) respectable
(D) respect

07 Because of his experience ________ international accounts, Mr. Andrew has been asked to take care of the overseas sales department.

(A) supervising
(B) fulfilling
(C) cancelling
(D) demanding

08 Scientists have made a significant ________ in a stem cell technique that could pave the way to finding treatments for dozens of genetic diseases.

(A) innovator
(B) engagement
(C) hazard
(D) advance

Questions 09-10 refer to the following advertisement.

FOR SALE: VINTAGE DINING ROOM SET

This set has an ------- (09) beauty that will stand out in any formal dining area. Consisting of a 12 foot table and 10 high-back chairs. The table is highly-polished mahogany and the chairs have embroidered seat and back cushions. ------- (10), this late 18th Century French craftwork is a steal at just $3200.

09 (A) exceptionally
(B) exceptional
(C) exception
(D) except

10 (A) Compared to other tables
(B) Appraised at over $7000
(C) Conveniently located in downtown area
(D) Damaged during shipping

Unit 13 부사

Grammar Point  부사의 자리와 역할

 부사의 수식

부사는 동작, 상황, 사건에 대해 구체적이고 부가적인 의미를 더해주는 품사이다. 부사는 주로 동사, 형용사, 부사, 문장 전체를 수식하는 역할을 한다.

❶ 동사 수식

* The supervisor **strongly** recommends that Mr. Fox attend the international seminar.
  그 관리자는 Fox 씨가 국제 세미나에 참석해야 한다고 강력히 제안했다.

❷ 형용사 수식

* The applicant is **highly** qualified for the position.
  그 지원자는 그 직위에 매우 적합한 자질을 갖추고 있다.

❸ 부사 수식

* Mocha Monkeys Coffee is expanding **very** quickly because of its cheap prices.
  Mocha Monkeys Coffee사는 저렴한 가격 때문에 매우 빠르게 확장하고 있다.

❹ 문장 전체 수식

* **Increasingly**, career opportunities are narrowing down.
  점점, 구직 기회가 줄어들고 있다.

부사의 자리

① 형용사 수식

② 동사 수식 [I]

동사 앞	주어 + [ ] + 동사
동사 뒤	주어 + 타동사 + 목적어 + [ ]
	주어 + 자동사 + [ ]

③ 동사 수식 [II]

조동사	조동사 + [ ] + 동사 원형
완료	have + [ ] + p.p.
진행	be 동사 + [ ] + -ing
수동태	be 동사 + [ ] + p.p.
	be 동사 + p.p. + [ ]

④ 문장 전체수식

부사 , 주어 + 동사 + 목적어

Grammar Point 2 여러 가지 부사

already / yet / still

단어	의미	참고
already	긍정문 : 이미, 벌써 의문문 : (놀람) 벌써	※ 주로 완료시제와 어울림 (현재시제와 현재진행시제로도 출제 되었음)
yet	부정문 : 아직	• not yet : 아직 ~하지 않다 (not이 yet 앞에 위치) = have yet to V : 여전히 ~해야 한다
still	아직, 여전히	• still not : 여전히[아직] ~하지 않다 (not이 still 뒤에 위치)

* The vice president has **already** signed the contract.
  부사장은 그 계약서에 이미 서명했다.

* The location of the new branch office has not **yet** been announced.
  새 지사의 위치는 아직 발표되지 않았다.

* The plan has been revised, but it **still** needs more changes.
  그 계획은 수정되었지만, 여전히 더 많은 변경을 필요로 하고 있다.

수치 명사를 수식하는 부사

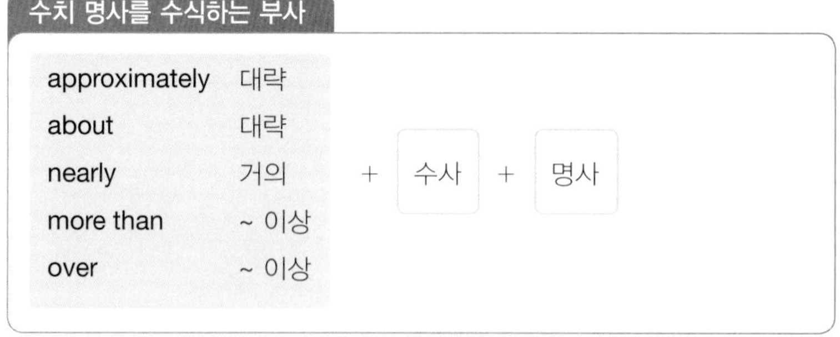

수치 명사를 수식하는 부사
approximately 대략
about 대략
nearly 거의
more than ~ 이상
over ~ 이상
+ 수사 + 명사

* Due to a software upgrade, the e-mail server will be down **approximately** three hours this afternoon.
  소프트웨어 개선 때문에, 이메일 서버는 오늘 오후 대략 세 시간 동안 중단될 것이다.

* The plane was delayed **more than** two hours on account of inclement weather.
  그 비행기는 악천후 때문에 두 시간 이상 지연되었다.

혼동하기 쉬운 형용사와 부사

단어	품사	의미
late	형용사	늦은
	부사	늦게, 늦게까지
lately	부사	최근에
hard	형용사	열중한, 단단한
	부사	열심히, 단단하게
hardly	부사	거의 ~않는
high	형용사	높은
	부사	높게
highly	부사	매우
close	형용사	가까운
	부사	가까이
closely	부사	면밀히, 자세히

* The company has established its 15th branch office in Oslo **lately**.
  그 회사는 최근에 Oslo지역에 15번째 지사를 설립했다.
* The equipment installed in the office a few months ago has **hardly** been used.
  몇 개월 전에 사무실에 설치되었던 그 장비는 거의 사용되고 있지 않다.
* The supervisor should **closely** look into the complaints.
  관리자는 그 불만사항들을 면밀히 조사해야 한다.
* The company is currently accepting applications from **highly** skilled technicians.
  그 회사는 현재 매우 능숙한 기술자들로부터 지원서를 받고 있는 중이다.

Practice TEST 13

01 Climate scientists have _______ warned that large scale flooding will become increasingly common in the UK as a result of global warming.

(A) repeat
(B) repetition
(C) repeatedly
(D) repeating

02 Since the drivers' strike, citywide buses have been running thirty minutes _______.

(A) lately
(B) late
(C) lateness
(D) latest

03 Sales to China account for _______ 40 percent of POSCO's exports.

(A) nearing
(B) near
(C) nearly
(D) neared

04 We would like to know whether you _______ have an interest in the position.

(A) always
(B) still
(C) already
(D) yet

05 _______, he will be promoted to Assistant Sales Manager next year because of the high quality of his work.

(A) Increasingly
(B) Otherwise
(C) Only
(D) Undoubtedly

06 We are seeking a _______ talented web designer to help us promote a private event.

(A) sensitively
(B) lately
(C) highly
(D) successively

07 _______ all of the products have already been sold out, many people are still calling us to buy them.

(A) Instead
(B) As if
(C) Even though
(D) So that

08 The local government has _______ 3 million dollars for drought relief and crops protection.

(A) consisted
(B) allocated
(C) settled
(D) enrolled

Questions 09-10 refer to the following memo.

From: Terry Ling

To: Department Heads

Subject: Friday afternoon break

-------, I have decided that the special Friday afternoon time off scheduled this week
09
is to be extended.

After thinking about it more I concluded that, as a reward for all the extra work people have done recently, a half-day off is inadequate. -------. The staff can have the whole
10
day off Friday and a genuine long weekend. Enjoy.

09 (A) Final
(B) Finally
(C) Finalize
(D) Finalist

10 (A) A new vacation policy will go into effect on next Monday.
(B) So, we will simply shut down entirely on Thursday evening.
(C) All employees will be reimbursed for registration fees, lunch, and transportation.
(D) To request vacation time, please print, sign, and return the form to Mary Wilson.

Chapter 06

연결어

Unit 14 전치사

Unit 15 접속사

Unit 16 관계대명사

Unit 14 전치사

Grammar Point  전치사의 특징

 전치사란?

전치사란 어떤 단어의 앞에서 하나의 집합체를 형성하여 상태나, 시간, 장소 등을 표현하는 단어이다. 전치사는 「전치사 + 목적어」의 형식으로만 쓰인다. 전치사의 목적어에는 명사, 대명사의 목적격, 동명사 등이 올 수 있다. 「전치사 + 목적어」는 하나의 단어의 모임으로 인식하며 이를 '전치사구'라고 한다.

* The competition will be held **in Boston**.
  그 대회는 보스턴에서 열릴 것이다

* Mr. Loo will review the budget report **instead of me**.
  Loo 씨가 나를 대신해 예산 보고서를 검토할 것이다

* I am interested **in discussing** the problem.
  나는 그 문제에 관해 토론하는 것에 관심이 있다.

전치사구의 역할

'전치사구'는 문장에서 형용사와 부사의 역할을 한다.

* The document should be kept **in the safe**.
  그 서류는 금고에 두어야 한다. (장소를 나타내는 부사구)

* The complex **on the hill** is our main office.
  언덕 위의 복합건물이 우리의 본사이다. (the complex를 꾸미는 형용사구)

Grammar Point 2 장소를 나타내는 전치사

at : 숫자 번지, 지점, 전화번호 앞에 사용한다.

숫자	at 693 Rembrandt Street	Rembrandt Street 693 번지에
지점	at the entrance of the theater	극장의 입구에서
전화번호	at 3472-3322	3472-3322로

on : (표면에 접촉해서) ~ 위에

층	on the fourth level	4층에

in : 도시, 나라, 지역 앞에 사용한다.

도시	in Seoul	서울에서
나라	in America	미국에서
빌딩이나 공간	in the building in the room	빌딩 안에서 방 안에서

between, among : ~ 사이에

둘 사이	between A and B	A와 B 사이에
둘 사이	between the two boxes	그 두개의 상자 사이에
셋 이상 사이	among the employees	직원들 사이에서

around, throughout : 주위에, 곳곳에

around the world	전 세계 곳곳에서
throughout the province	지역 곳곳에서

within : ~내에

within the company	회사 내에서

Grammar Point 3 시간을 나타내는 전치사 [I]

at : 시각, 정오, 밤, 새벽

시각	at nine	9시에
정오	at noon	정오에
~ 초	at the beginning of the year	연초에
~ 말	at the end of the year	연말에

on : 요일, 날짜

요일	on Monday	월요일에
날짜	on September 11	9월 11일에
특정일	on my birthday	내 생일에

in : 월, 년, 계절, 세기, 아침, 저녁, 오후

아침	in the morning	아침에
오후	in the afternoon	오후에
저녁	in the evening	저녁에
월	in March	3월에
연도	in 2020	2020년에
세기	in the 21th Century	21세기에

Grammar Point 4 시간을 나타내는 전치사 [II]

by + 시점 : ~ 까지의 동작의 완료

by와 잘 어울리는 동사

submit (제출하다)	register for (등록하다)	finish (끝내다)
inform (알리다)	return (돌아오다)	reach (도착하다)

* You should submit the sales report **by** five.
  당신은 판매 보고서를 5시까지 제출해야 한다.

until + 시점 : ~ 까지의 동작, 상태의 계속

until과 잘 쓰는 동사

stay (지속하다)	open (운영하다)	postpone (연기하다)
continue (계속하다)	remain (남아있다)	last (지속하다)

* We will have to postpone the meeting **until** next week.
  우리는 그 회의를 다음 주까지 연기해야 할 것이다.

since + 시점 : ~ 이래로

since는 과거의 어느 시점으로부터 그 후 까지의 시간을 가리킨다. 현재완료시제와 쓰는 경우가 많다.

* He has been a member of the board of the Bankers Association **since** 2012.
  그는 2012년부터 Bankers Association의 이사회 의원이었습니다.

before [prior to] : ~ 이전에

* We want to make all the indoor repairs **before** the holidays.
  우리는 연휴 전에 모든 실내 수리를 하기를 원한다.

after [following] : ~ 이후에

* I will call you back right **after** the meeting this afternoon.
  나는 오늘 오후 회의 직후에 당신에게 전화할 것이다.

Grammar Point 5 시간을 나타내는 전치사 [Ⅲ]

for + 수사 + 시간명사

for two hours	두 시간 동안
for three years	3년 동안

during + 특정 기한 또는 목적을 나타내는 명사

during the conference	회의 동안
during your vacation	당신의 휴가기간 동안

within + 수사 + 시간명사

within two years	2년 이내에
within a few days	며칠 이내에

throughout / through : ~ 동안 내내, ~ 동안 줄곧

throughout the year	일년 동안 계속
through the year	일년 동안 계속
throughout the day	낮 동안 줄곧
through the day	낮 동안 줄곧

Grammar Point 6 의미별 전치사 정리

along : ~을 따라 (강, 길, 거리, 해안)

along the river	강을 따라
along the coast	해안을 따라

across : ~을 가로질러, 건너편에

across the street	길 건너편에
across town	마을을 가로질러

through : ~을 관통하여, 지나서

through the tunnel	터널을 통과하여
through the back door	뒷문을 지나서

into : ~ 안으로

into the building	건물 안으로
into the room	방 안으로

out of : ~의 밖으로

out of stock	품절된
out of print	절판된
out of order	고장난
out of reach	손에 닿지 않는
out of date	오래된

Grammar Point 7 의미별 전치사 정리

~에 대하여

~에 대하여, ~에 관하여

about	concerning	regarding
with regard to	in regard to	with respect to

* If you have any questions **about** your benefits, contact the human resources department.
  만약 당신이 복리후생에 관하여 질문이 있다면, 인사부로 연락하세요.

* We received a large number of complaints **regarding** the quality of the sound.
  우리는 음질에 관한 아주 많은 불만을 받고 있다.

~에도 불구하고

~에도 불구하고

despite	in spite of	notwithstanding

* **In spite of** unexpected technical problems, the launch of the new software will not be delayed.
  예상치 못한 기술적인 문제에도 불구하고, 새 소프트웨어의 출시는 연기되지 않을 것이다.

* The outdoor exhibition took place **despite** the recent bad weather.
  야외 전시회는 최근 악천후에도 불구하고 개최되었다.

~때문에

~때문에

because of	due to	owing to
on account of	thanks to	

* The company considered changing their distributor **because of** disappointing sales.
  그 회사는 실망스러운 판매량 때문에 그들의 공급업체를 바꾸는 것을 고려했다.

* **Due to** a warehouse fire yesterday, the company will not be processing new orders until further notice.
  어제의 창고 화재 때문에, 그 회사는 추후 공지가 있을 때까지 새 주문을 처리할 수 없을 것이다.

Grammar Point 8 기타 전치사

under

❶ (보호, 억제, 근거, 지시, 감독) ~아래, ~하에, ~을 받아

under the new management	새 경영진의 관리하에
under the close supervision	엄격한 감독하에

❷ 진행 중인

under construction	건설 중인
under development	개발 중인

속도, 비율, 가격을 나타내는 전치사 at

at a reasonable price	저렴한 가격으로
at a surprisingly fast pace	놀랍게 빠른 속도로
at the rate of increase	증가율에서

수단·매개의 전치사: through, 방법의 전치사: by

❶ through + 명사 : ~을 통해서

through the use of the Internet	인터넷 사용을 통해
through cooperation	협력을 통해

❷ by ~ing : ~함으로써

* We succeeded in saving money **by reducing** travel costs.
우리는 여행 경비를 줄임으로써 돈을 절약하는데 성공했다.

Practice TEST 14

01 Information about rental procedures and fees is provided _______ the beginning of each year.

(A) at
(B) by
(C) with
(D) since

02 Both companies have agreed to resolve the issue _______ negotiation.

(A) beside
(B) through
(C) into
(D) around

03 Full refunds are available to customers _______ 3 days of purchase.

(A) within
(B) for
(C) from
(D) since

04 Pencils and yellow paper will be provided to you free of charge _______ the fifth floor.

(A) to
(B) on
(C) around
(D) in

05 If you are interested in this opportunity, please respond to this message _______ Tuesday.

(A) until
(B) by
(C) within
(D) to

06 Do not hesitate to contact me if you have any questions _______ my work.

(A) concerning
(B) with
(C) in addition to
(D) due

07 Most doctors warn against trying to lose too much weight _______.

(A) quickly
(B) possibly
(C) specifically
(D) extensively

08 Arena has designed a new line of swimming suits _______ at the teenage market.

(A) produced
(B) aimed
(C) designed
(D) made

Questions 09-10 refer to the following letter.

Dear Thomas,

We are thrilled that you have accepted a part-time position with us as a call center employee. Your position will begin -------(09) April 30. The pay will be $925 per week.

When you arrive on the first day, please remember to bring a valid form of identification and a copy of the application form. When you have submitted the necessary forms and your ID, there will be a member of the human resource team in the South Auditorium who will be present to welcome all summer staff. Following the information session, the specific details of your job responsibilities will be provided. -------(10).

Sincerely,
John Stuart
Director, Human Resources
Beatrice Call Center

09 (A) at
(B) on
(C) in
(D) to

10 (A) The seminar will focus on methods for training new staff members.
(B) Thomas will also present ways to mentor new employees effectively.
(C) We anticipate a productive and profitable summer with you.
(D) We would be happy if you could join us.

Unit 15 접속사

Grammar Point 1 등위 접속사

등위 접속사의 특징

등위 접속사는 단어와 단어, 구와 구, 절과 절을 대등하게 연결해 주는 단어이다.

등위 접속사의 특징

① 같은 성분의 단어와 단어, 구와 구, 절과 절을 대등하게 연결한다.
② 문장 맨 앞자리에 위치할 수 없다.
③ 반복되는 형태는 생략이 가능하다.

등위 접속사의 종류

등위 접속사의 종류

and	그리고	or	또는
but	그러나	so	그래서

* The price includes accommodation **and** a complimentary breakfast.
그 가격은 숙박과 무료 아침 식사를 포함하고 있다.

* One plan is unacceptable, **but** the other is possible.
한 계획은 받아들일 수 없지만, 나머지 계획은 가능하다.

Grammar Point 2 상관 접속사

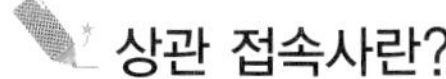

상관 접속사란?

서로 짝을 이루어 붙어 다니는 접속사를 상관 접속사라고 한다. 등위 접속사와 마찬가지로 연결되는 어구는 같은 형태여야 한다.

상관 접속사의 종류

상관 접속사	
either A **or** B	A 혹은 B
neither A **nor** B	A도 B도 아닌
not only A **but (also)** B	A 뿐만 아니라 B도
B **as well as** A	A 뿐만 아니라 B도
both A **and** B	A와 B 둘다
not A **but** B	A가 아니라 B

* The sofa is perfect for **not only** its unique design **but** its innovative functionality.
  그 소파는 독특한 디자인 뿐만 아니라 혁신적인 기능성에서도 완벽하다.

* The company subscribes to **both** newspapers **and** magazines.
  그 회사는 신문과 잡지들 모두 구독한다.

* Mr. Garcia will work in **either** Seoul **or** Beijing.
  Garcia 씨는 Seoul 또는 Beijing에서 일을 하게 될 것이다.

* He is **not** a real estate agent **but** an accountant.
  그는 부동산 중개인이 아니라 회계사이다.

Grammar Point 3 종속 접속사

주절과 종속절은 무엇인가?

절은 두개 이상의 단어가 모여서 「주어+동사」의 관계를 이룬 것을 말한다. 절은 크게 주절과 종속절로 나눌 수 있다. 주절은 '주어와 동사'가 완전한 문장을 이룬 절을 말하고 종속절은 다른 절의 일부가 되는 절을 말한다. 이때 종속절을 이끄는 접속사를 종속 접속사라고 한다.

주절과 종속절

I knew **that** she was a manager.

주절 / 종속 접속사 / 종속절

명사절을 이끄는 종속 접속사

명사절은 명사처럼 주어, 목적어, 보어의 역할을 한다. 명사절을 이끄는 종속 접속사에는 that, if / whether 등이 있다.

❶ that

명사절 접속사 that이 이끄는 명사절은 확실한 사실을 전달할 때 쓰며 '~하는 것'이라고 해석한다.

* **That** the board completely rejected his idea was surprising.

  종속절(명사절)

  이사회가 그의 아이디어를 전적으로 거절했다는 것은 놀라웠다.

❷ whether/if

명사절 접속사 whether 또는 if가 이끄는 명사절은 '~인지 아닌지'로 해석한다. if는 목적절을 이끌 때만 명사절 접속사 역할을 한다.

* **Whether** he gets promoted depends on his sales records.

  종속절(명사절)

  그가 승진될지 아닐지는 그의 판매기록에 달려있다.

형용사절을 이끄는 종속 접속사

형용사절은 형용사처럼 명사를 수식하는 역할을 한다.

* He joined a major corporation **which** specializes in developing computer software.

  종속절(형용사절)

  그는 컴퓨터 소프트웨어를 개발하는 데에 전문으로 하는 대기업에 입사했다.

부사절을 이끄는 종속 접속사 [I]

❶ 시간을 나타내는 종속 접속사

시간을 나타내는 종속 접속사

when	~ 할 때	**since**	~이래로
as	~ 할 때	**until**	~할 때까지
before	~ 전에	**once**	~ 하자마자
after	~ 후에	**as soon as**	~ 하자마자
while	~ 하는 동안		

* **Before** they send the item, they will check the quality of it.
  그들은 제품을 보내기 전에, 그것의 품질을 점검할 것이다.

* **As soon as** we receive the required document, the hiring process will begin.
  우리가 요구되는 문서를 받자마자, 고용절차는 시작될 것이다.

❷ 조건을 나타내는 종속 접속사

조건을 나타내는 종속 접속사

if	만약 ~한다면	**in case that**	~하는 경우
unless	~하지 않는다면	**as long as**	~하는 한

* **If** you have a strong background in marketing, you will be qualified for the position.
  만약 당신이 마케팅 분야에 상당한 경력을 가지고 있다면, 당신은 그 자리에 자격을 갖추게 될 것이다.

* Your order will be delivered tomorrow **as long as** you place an order before noon.
  당신의 주문은 당신이 정오 전에 주문을 하는 한 내일 배송될 것이다.

부사절을 이끄는 종속 접속사 [II]

❶ 양보를 나타내는 종속 접속사

양보를 나타내는 종속 접속사			
although	비록 ~일지라도	**even if**	비록 ~일지라도
though	비록 ~일지라도	**even though**	비록 ~일지라도

* **Although** Joyce won the game, she was not satisfied with the result.
  비록 Joyce가 게임에서 승리했지만, 그녀는 그 결과에 만족하지 못했다.

* **Even if** the service was unsatisfactory, the bill was too high.
  서비스가 만족스럽지 못했는데도, 계산서가 너무 많이 나왔다.

❷ 이유를 나타내는 종속 접속사

이유를 나타내는 종속 접속사			
because	~ 때문에	**now that**	~ 때문에
since	~ 때문에	**as**	~ 때문에

* Make sure that you arrive at the building by noon **since** the meeting starts at 2.
  회의가 2시에 시작되니까, 꼭 정오까지 그 건물에 도착해 주세요.

* Eating in the office is not allowed **because** it is disturbing to others.
  다른 사람들에게 방해되기 때문에, 사무실에서 음식을 먹는 것은 허락되지 않습니다.

❸ 목적을 나타내는 종속 접속사

목적을 나타내는 종속 접속사			
so that	~하기 위해서	**in order that**	~ 하기 위해서

* He worked overtime **so that** he could meet the deadline.
  마감기한을 맞추기 위하여 그는 초과 근무 했다.

* Some workers decided to work overtime **in order that** they could meet the deadline.
  마감기한을 맞추기 위하여 몇몇 직원들은 초과 근무를 하기로 결심했다.

Grammar Point 4 전치사와 접속사

부사절을 이끄는 종속 접속사 [I]

전치사 뒤에는 명사가, 접속사 뒤에는 절이 위치한다.

전치사 + 명사

접속사 + 주어 + 동사

접속사와 혼동되는 전치사

	전치사	의미	접속사
시간	during	~하는 동안	while
	following = after	~후에	after
	prior to = before	~전에	before
이유	because of = due to = owing to = on account of	~때문에	because = since = as
조건	in case of	~인 경우에	in case (that)
	in the event of	~인 경우에	in the event (that)
	without = barring	~이 없다면	unless
양보	despite = in spite of	~이지만, ~에도 불구하고	although = though = even though = even if

Practice TEST 15

01 We want to develop the best marketing campaigns possible to increase product sales _______ attract new customers.

(A) but
(B) nor
(C) so
(D) and

02 Mr. Ali is reminded _______ his membership is due to expire on March 31.

(A) if
(B) that
(C) what
(D) because

03 Since installing the Local Network, it has significantly improved _______ communication and productivity.

(A) both
(B) either
(C) as well
(D) or

04 _______ our market share has grown five percent from a year ago, our profits have not increased.

(A) And
(B) Even though
(C) Nevertheless
(D) However

05 Application forms must be received either by registered mail _______ fax.

(A) nor
(B) or
(C) but also
(D) and

06 You should prepare to respond to many questions _______ you attend a job interview.

(A) when
(B) even if
(C) as soon as
(D) unless

07 Students cannot leave the library to return to the classroom _______ permission from the librarian.

(A) although
(B) without
(C) however
(D) despite

08 The company will be _______ an educational program for all employees to improve employee productivity.

(A) implementing
(B) behaving
(C) accompanying
(D) progressing

Questions 09-10 refer to the following article.

Factory retail outlets are becoming increasingly popular among many shoppers. Unlike traditional supermarkets, which often pay a lot of overhead for marketing to advertise lower prices, retail outlets have the ability to offer products for even less.

------- (09). However, due to new approach to their business, these outlets are capitalizing on their appeal to individual shoppers ------- (10) are significantly changing the way consumers shop.

Many shoppers, in fact, have given up going to expensive department stores and traditional retail stores and have begun shopping exclusively at factory outlet stores.

09 (A) Factory retail outlets in the past have sold only to other store owners and distributors.
(B) New products will be given away as prizes at the outlets.
(C) Retailers pay close attention to these survey results.
(D) Consumers are increasingly dissatisfied with the outlets' customer service.

10 (A) that
(B) and
(C) although
(D) as

Unit 16 관계대명사

Grammar Point 1 관계대명사

관계대명사

관계대명사란 같은 대상을 가리키는 명사를 포함한 두 문장을 연결할 때 쓰이는 단어이다. 관계대명사는 두 문장을 하나로 연결하는 접속사 역할과 중복되는 명사를 받는 대명사 역할을 동시에 한다. 이 때 관계대명사가 받는 명사를 선행사라고 한다.

관계대명사의 종류

선행사	주격	목적격	소유격
사람	who	who / whom	whose
사물	which	which	whose

that (주격·목적격 공통): 콤마나 전치사 다음에 절대 사용불가

선행사가 사람일 때

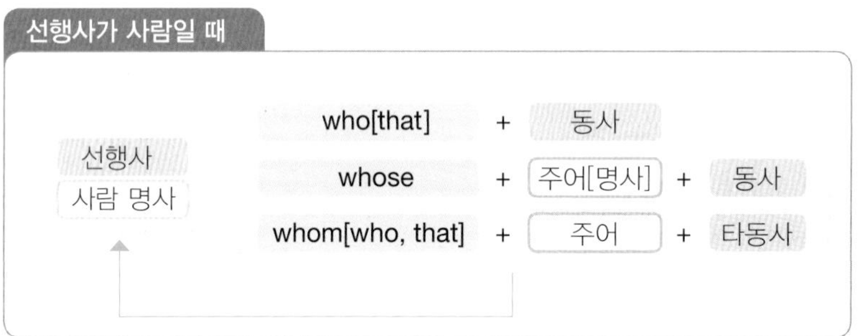

선행사
사람 명사
who[that] + 동사
whose + 주어[명사] + 동사
whom[who, that] + 주어 + 타동사

선행사가 사물일 때

선행사
사물 명사
which[that] + 동사
whose + 주어[명사] + 동사
which[that] + 주어 + 타동사

Grammar Point 2 관계대명사의 격

주격 관계대명사

관계대명사가 이끄는 절에서 관계대명사가 주어의 역할을 할 때 주격 관계대명사라고 한다. 따라서 주격 관계대명사 바로 다음에는 '동사'가 온다. 이때 주격 관계대명사는 생략할 수 없다.

* Mr. Douglas **who** is the director of Mino Tech has recently resigned.
  Mino Tech의 임원인 Douglas 씨는 최근에 사임했다.

* The main server **which** is undergoing repairs will be operational in two hours.
  수리 중인 메인 서버는 2시간 후에 작동될 것이다.

목적격 관계대명사

관계대명사가 이끄는 절에서 관계대명사가 목적어의 역할을 할 때 목적격 관계대명사라고 한다. 따라서 목적격 관계대명사 바로 다음에는 「주어 + 동사」가 온다. 이때 목적격 관계대명사는 생략할 수 있다.

* Mr. Watson **whom** I worked with was a very considerate person.
  내가 함께 일했던 Watson 씨는 매우 사려 깊은 사람이었다.

* The presentation **which** most employees attended was impressive and informative.
  대부분의 직원들이 참석했던 그 발표는 감동적이고 유익했었다.

소유격 관계대명사

관계대명사가 이끄는 절에서 관계대명사가 소유격의 역할을 할 때 소유격 관계대명사라고 한다. 소유격 관계대명사가 나오는 문장에서는 「명사 + 소유격 관계대명사 + 명사」의 구조를 취한다.

* We helped some people **whose** car had broken down.
  우리는 차가 고장 났던 몇몇 사람들을 도와주었다.

* Morgan company **whose** reputation is excellent has appeared on the headline news.
  명성이 좋은 Morgan사는 헤드라인 뉴스에 나왔다.

Practice TEST 16

01 We request that you review the list of employees _______ speak a foreign language.

(A) who
(B) which
(C) whom
(D) whose

02 Please forward me a list of companies _______ items are exported to Japan.

(A) who
(B) whose
(C) which
(D) that

03 I have attached a copy of the report _______ you requested.

(A) what
(B) that
(C) who
(D) whose

04 Brochures will be mailed to those potential customers with _______ we met last week.

(A) whom
(B) what
(C) where
(D) which

05 A label _______ shows the destination must be affixed to all parcels.

(A) who
(B) whose
(C) which
(D) whom

06 During the first year of this position, you will be trained by Martin Rose _______ you met during your interviews.

(A) which
(B) whose
(C) this
(D) whom

07 This bridge will improve life for the people of Busan, reducing traffic congestion _______.

(A) significantly
(B) simultaneously
(C) automatically
(D) respectively

08 When _______ for the personnel department, you should submit a copy of your resume by the end of week.

(A) approving
(B) applying
(C) indicating
(D) reserving

Questions 09-10 refer to the following memo.

From: Chairman, Ginsberg
To: Quaker Inc. Employees
Sub: Employee Pension Plan
Date: January 13

After our annual board of directors meeting ------- (09) was held in December, it has come to my attention that there is a concern among employees regarding the inadequate amount of financial security offered by our company pension plan and that employees are generally dissatisfied with management's unwillingness to make the necessary changes.

In order to address this issue as quickly and effectively as possible, I have been authorized by the board to look into ways to improve the plan for expanding the benefit package currently offered to retiring employees.

------- (10). It is our hope that with these new benefits, employees will feel more financially secure with our company and will increase their productivity.

09 (A) who
(B) whose
(C) which
(D) whom

10 (A) We are offering you the VP Travel Card, an exclusive benefit available only to members.
(B) In addition, members will receive a free newsletter every month which contains reviews by our team of editors.
(C) Also, you will be given free tickets to special exhibitions and an advanced notice of family and children's events.
(D) Furthermore, we will begin to offer company shares as a part of a regular incentive to all employees in addition to regular salaries.

Chapter 07

기타

Unit 17 수일치

Unit 18 비교

Unit 17 수일치

Grammar Point 1 주어와 동사의 일치

단수 명사는 단수 동사를, 복수 명사는 복수 동사를 취한다.

* **The price includes** accommodation and a complimentary breakfast.
  그 가격은 숙박과 무료 아침식사를 포함한다.
* **Travelers call** the travel agency to confirm their flight.
  여행자들은 그들의 비행기를 확인하기 위하여 여행사에 전화한다.
* **Additional information is** needed to be considered for this position.
  이 직위에 고려되기 위해서 추가 정보가 필요하다.
* **Developing new residential areas was** proposed by the city commission.
  새 거주 지역을 개발하는 것은 시 위원회에 의해 제안되었다.

수식어구는 동사의 수일치에 영향을 주지 않는다.

주어와 동사 사이에 수식어가 온 경우, 수식어는 주어와 동사의 수일치에 전혀 영향을 주지 않는다.

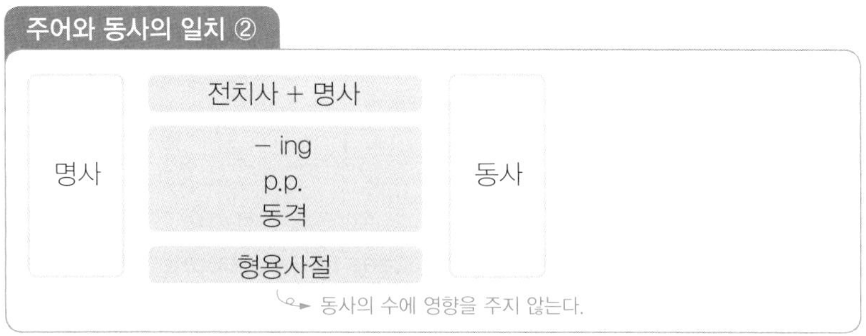

주어와 동사의 일치 ②
명사
전치사 + 명사
– ing
p.p.
동격
형용사절
동사
동사의 수에 영향을 주지 않는다.

* **The conferences** in Paris <u>**were**</u> very helpful.
  Paris에서의 회의는 매우 도움이 되었다.

* **Anyone** interested in our excellent service and food <u>**is**</u> welcome to visit us.
  우리의 훌륭한 서비스와 음식에 관심이 있는 모든 사람은 우리를 방문하는 것이 환영됩니다.

선행사와 관계대명사의 수일치

주격 관계대명사의 동사는 관계대명사 앞에 위치한 명사인 선행사와 수를 일치시킨다.

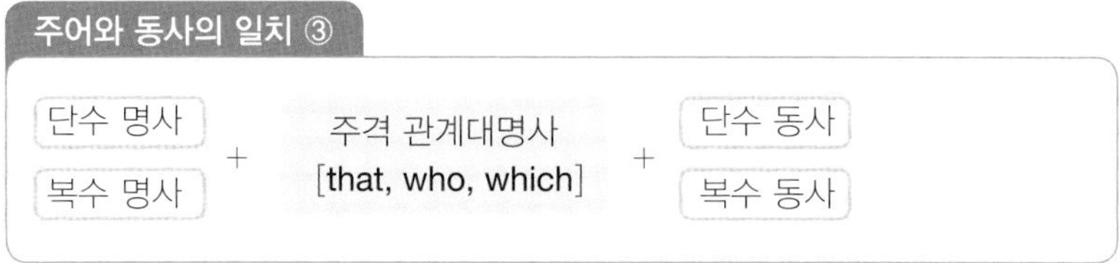

주어와 동사의 일치 ③
단수 명사
복수 명사
+
주격 관계대명사
[that, who, which]
+
단수 동사
복수 동사

* **Employees who** <u>**want**</u> to attend the seminar should sign up by June 12.
  세미나에 참여하는 것을 원하는 직원들은 6월 12일까지 등록해야 합니다.

* **The machine that** <u>**was**</u> repaired just two weeks ago is not working well.
  단지 2주 전에 수리되었던 그 기계는 작동이 잘되지 않고 있다.

Grammar Point 2 수량 표현과 일치

 「every」 vs 「each」

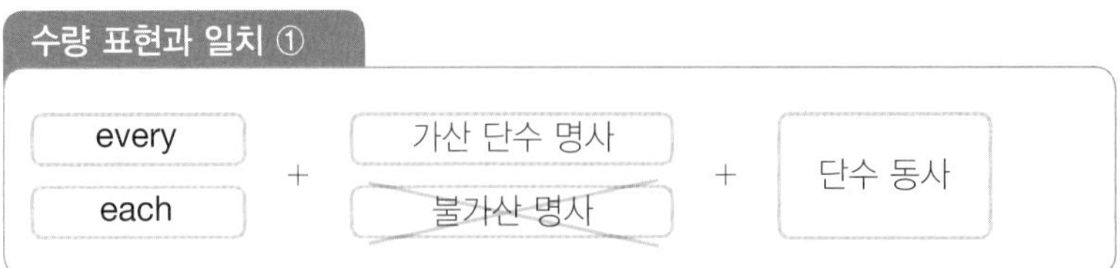

수량 표현과 일치 ①

every / each	+	가산 단수 명사 / ~~불가산 명사~~	+	단수 동사

* Each employee is allowed to access to the laboratory.
  각각의 직원들은 실험실에 대한 접근이 허락된다.

* Every seat in the theater was taken.
  극장의 모든 좌석은 주인이 있었다.

 「all」 vs 「most」

수량 표현과 일치 ②

all (모든)	+	가산 복수명사	+	복수 동사
		불가산 명사		단수 동사
most (대부분의)	+	가산 복수 명사	+	복수 동사
		불가산 명사		단수 동사

* Most research in this field has been carried out.
  이 분야의 대부분 연구는 진행되었다.

* Most employees were asked for suggestions for company development.
  대부분의 직원들은 회사의 개발에 관한 제안을 하도록 요청받았다.

* All members are asked to submit the sales report by Tuesday.
  모든 멤버들은 화요일까지 판매보고서를 제출하도록 요구된다.

* All information regarding our customer has to remain confidential at all times.
  우리 고객과 관련된 모든 정보는 항상 기밀로 유지되어야 한다.

「both」 vs 「several」

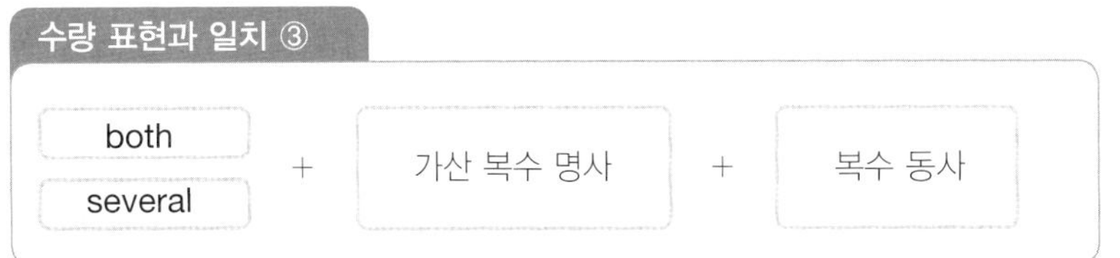

수량 표현과 일치 ③

both / several	+	가산 복수 명사	+	복수 동사

* **Several employees have** complained that noise makes it difficult to concentrate.

몇몇 직원들은 소음이 집중하는데 어렵게 만든다고 불평했다.

「a number of」 vs 「the number of」

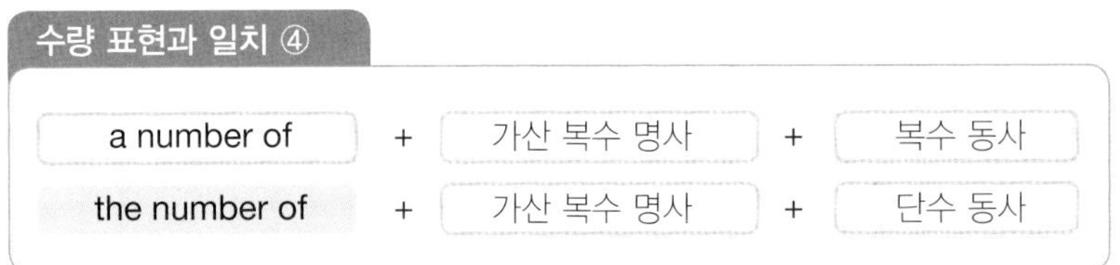

수량 표현과 일치 ④

a number of	+	가산 복수 명사	+	복수 동사
the number of	+	가산 복수 명사	+	단수 동사

* **A number of** applicants **are** interested in excellent benefits.

(= many) (문장의 주어)

많은 지원자들은 좋은 복리후생에 관심이 있다.

* **The number** of applicants **has** increased in spite of a low salary.

(문장의 주어)

지원자의 수는 낮은 급여에도 불구하고 증가했다.

「another」 vs 「other」

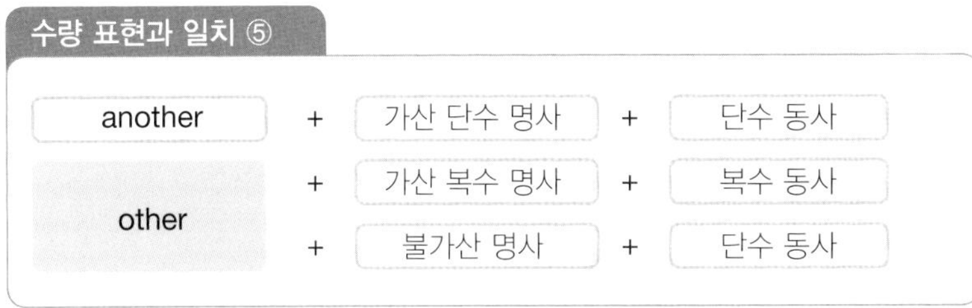

수량 표현과 일치 ⑤

another	+	가산 단수 명사	+	단수 동사
other	+	가산 복수 명사	+	복수 동사
	+	불가산 명사	+	단수 동사

* **Other information is** not available to the public.

다른 정보는 대중에게 이용가능하지 않다.

* **Another business leader has** given advice on marketing strategy.

또 다른 비즈니스 리더가 마케팅 전략에 관한 조언을 했다.

「many」 vs 「much」

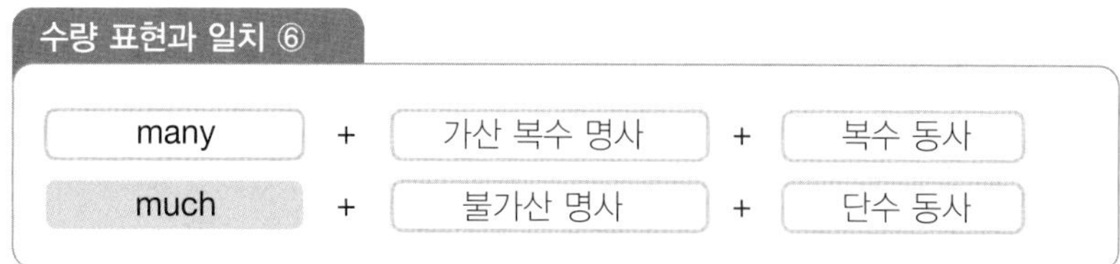

수량 표현과 일치 ⑥
many + 가산 복수 명사 + 복수 동사
much + 불가산 명사 + 단수 동사

* **Many graduates are** participating in the recruiting program.
  많은 졸업생들이 인재채용 프로그램에 참여하고 있다.

* **Much time is** spent in meetings but very little is accomplished.
  회의에 많은 시간을 보내지만, 성과는 거의 없다.

「few」 vs 「little」

수량 표현과 일치 ⑦
few (거의 없는)
a few (약간 있는)
+ 가산 복수 명사 + 복수 동사
little (거의 없는)
a little (약간 있는)
+ 불가산 명사 + 단수 동사

* **A few components have** been replaced with new ones.
  몇몇 부품들은 새 것으로 교체되었다.

* **Little fabric was** needed for repairing the clothes.
  그 옷을 수선하는 데에 천이 거의 필요하지 않았다.

부분을 나타내는 여러 가지 표현

수량 표현과 일치 ⑧

all most some any half	of	the	+	가산 복수 명사	+	복수 동사
				불가산 명사	+	단수 동사
both several	of	the	+	가산 복수 명사	+	복수 동사
one	of	the	+	가산 복수 명사	+	단수 동사

* **Most of the applicants** interviewed yesterday <u>seem</u> suitable for the job.
  어제 인터뷰 받은 대부분의 지원자들은 그 직책에 적합해 보였다.

* **Most of the information** distributed yesterday <u>seems</u> outdated.
  어제 배포된 대부분의 정보는 구식인 듯 보였다.

* **Several of the employees** <u>are</u> required to attend the department meeting.
  몇몇 직원들은 부서 회의에 참석하도록 요구된다.

* **Some of the supplies** <u>are</u> not always delivered promptly.
  몇몇 비품들은 항상 즉시 배송되지 않는다.

* **All of the employees** <u>need</u> to clock in when they arrive at the factory.
  모든 직원들은 공장에 도착했을 때 출근카드를 찍을 필요가 있다.

* **One of the legal advisors** <u>has</u> suggested that our company prepare for a lawsuit.
  법률 고문들 중 한 명은 우리 회사가 소송에 대비해야 한다고 제안했다.

Practice TEST 17

01 Every employee _______ the opportunity to become a STATS shareholder.

(A) give
(B) given
(C) are given
(D) is given

02 As the wages were quite low, there were _______ applicants for the position.

(A) few
(B) little
(C) much
(D) many

03 Using the building's side entrance _______ customers uncomfortable.

(A) make
(B) makes
(C) have made
(D) is made

04 According to Professor Sasaki, _______ factors do not affect election results, unless voter turnout is low.

(A) each other
(B) another
(C) others
(D) other

05 One of _______ answered his mobile phone whose ring was set to the latest pop tune.

(A) customer
(B) customers
(C) the customers
(D) a customer

06 The number of local workers to be hired at your plants _______ far greater than I expected.

(A) are
(B) have
(C) were
(D) is

07 You are eligible to receive _______ for visa expenses incurred for the purposes of project-related travel.

(A) coverage
(B) advertisement
(C) conservation
(D) reimbursement

08 Registration is not required for class, but class size is _______ to 15 participants.

(A) limited
(B) imposed
(C) punished
(D) conducted

Questions 09-10 refer to the following letter.

Dear Mr. Lawrence:

I am writing to let you know that your proposal for amending your current tenancy agreement -------. In principle we have no problem, however we cannot formally consent to and proceed with the changes without receiving confirmation from our head office in Halifax. -------. We expect to have both things handled within a week and will get back to you then.
09 (under the first blank), 10 (under the second blank)

Sincerely,

Simon Léger

09 (A) reviewing
(B) were reviewed
(C) have reviewed
(D) has been reviewed

10 (A) Furthermore, the city mayor's office released figures today that show a rise in rental prices for residential apartments.
(B) However, city council approved new regulations relating to street vendors.
(C) In addition, there are a couple of matters we must look into regarding city zoning regulations that might affect this.
(D) Therefore, developers are eager to take advantage of rising rental prices that average $1,000 per month there.

Unit 18 비교

Grammar Point 1 비교급과 최상급 만들기

규칙변화

비교급과 최상급 만들기

	1음절(또는 2음절)	2음절 이상
비교급	부사 / 형용사 + er	more 부사 / 형용사
최상급	부사 / 형용사 + est	most 부사 / 형용사

원급	비교급	최상급
small	smaller	smallest
comfortable	more comfortable	most comfortable

불규칙변화

원급	비교급	최상급
good(좋은) well(잘)	better	best
bad(나쁜)	worse	worst
many(많은) much(많은)	more	most
little(적은)	less	least

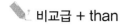

Grammar Point 2 비교

비교급 + than

비교급 문장의 대표 구조 : A는 B보다 더 ~하다

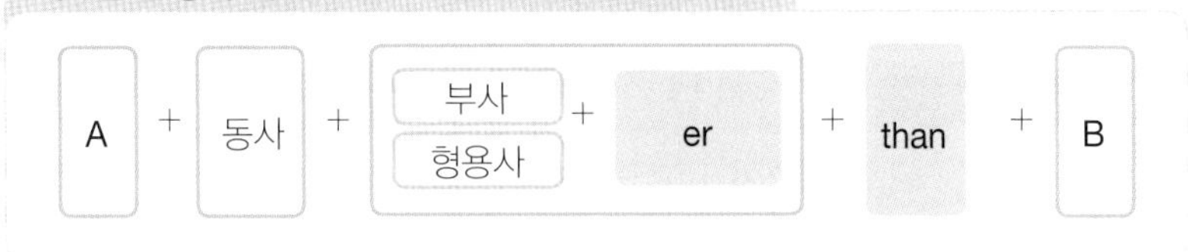

* The g&g provides much **better** service **than** other companies do.
  g&g사는 다른 회사들보다 훨씬 나은 서비스를 제공한다.

* This year's manual is **more useful** to new employees **than** last year's.
  올해의 안내책자는 작년 것보다 신규 직원들에게 더 유용하다.

비교급 강조

비교급을 강조하는 부사에는 much, even, far, still 등이 있으며, '훨씬' 이라고 해석한다.

비교급 강조부사

even, much, far, still, a lot

* The registration process is **even** more complicated than we thought.
  등록절차는 우리가 생각했던 것보다 훨씬 복잡하다.

* The number of applicants is **much** higher than it was two years ago.
  지원자들의 수는 2년 전보다 훨씬 더 높다.

Grammar Point 3 비교급의 관용 표현

라틴계 비교

라틴어를 어원으로 삼는 단어의 비교급은 than 대신에 to를 사용한다.

라틴계 비교	
superior to	~ 보다 우수한
prior to	~ 보다 먼저

* The recently released version of the software is far superior to last year's one.
  최근에 출시된 그 소프트웨어는 작년 것보다 훨씬 더 우수하다.

* The submissions deadline for Business Digest is three weeks prior to publication.
  Business Digest에 대한 제출 마감일은 출판 3주 전이다.

비교급 관용표현

비교급 관용표현	
the 비교급 ~, the 비교급 ~	~ 하면 할수록, 더욱 ~ 하다
of the two 복수명사, the 비교급	둘 중 더 ~한

* The closer you live to a train station, the more expensive your rent will be.
  당신이 기차역에 더 가까이 살수록, 당신의 임대료는 더 비싸진다.

* Of the two candidates, Ms.Volk is the better for the position.
  두 명의 후보자 중에, Volk 씨는 그 자리에 더 잘 맞다.

Grammar Point 4 원급비교와 최상급

원급비교

정도가 동등할 때 형용사나 부사의 원래 형태를 as ~ as 사이에 넣어 비교한다.

원급 비교 : A는 B만큼 ~ 하다

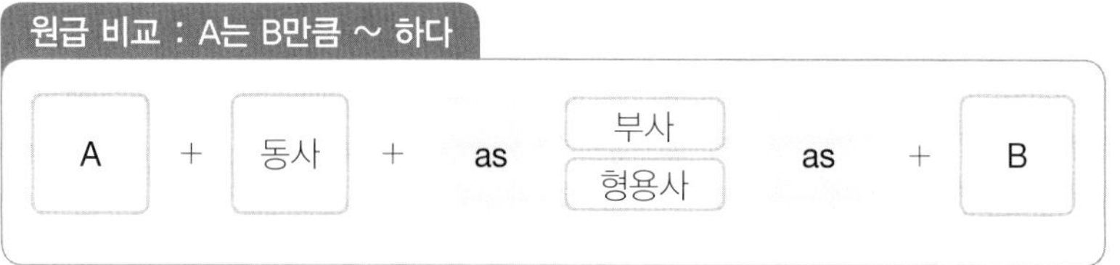

* The advertising campaign is supposed to be as aggressive as possible.
그 광고 캠페인은 가능한 한 적극적으로 될 것이다.

* Mr. Bertram reviewed this year's budget report as thoroughly as he could.
Bertram 씨는 올해의 예산 보고서를 가능한 한 철저하게 검토했다.

최상급

최상급은 보통 한정 범위와 함께 '어떤 것이 가장 ~하다'라는 의미로, 3개 이상을 비교할 때 쓴다.

최상급

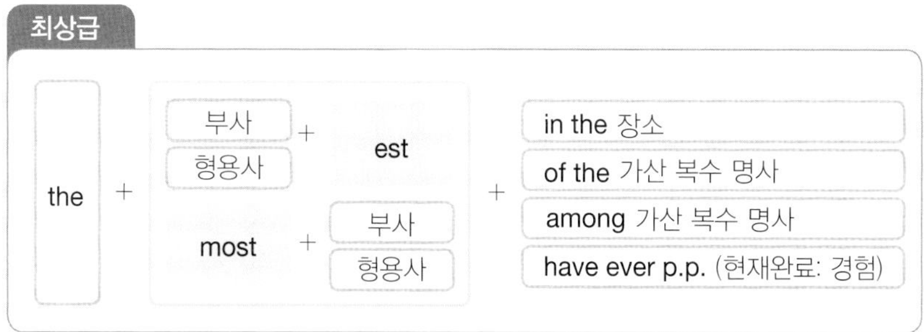

* Smart Mart is the largest supermarket of all.
Smart Mart는 전체 슈퍼마켓 중 가장 큰 슈퍼마켓이다.

* Mr. Robert is the most talented fashion designer that I have ever worked with.
Robert 씨는 내가 함께 일해본 사람들 중 가장 재능있는 패션 디자이너이다.

Practice TEST 18

01 Most of the webmasters spend a lot of time and energy on making their websites as _______ as possible.

(A) attractively
(B) most attractive
(C) more attractive
(D) attractive

02 The OLED panel is superior _______ LCD panels for picture clarity, brightness and signal response.

(A) as
(B) to
(C) than
(D) for

03 The more often you use a particular application program, _______ it'll perform.

(A) fast
(B) the fastest
(C) the faster
(D) the more fast

04 The design of products has recently taken on much _______ importance than their function.

(A) greater
(B) greatest
(C) greatly
(D) great

05 The mayor believes that improvements in the public transportation system would be _______ more effective way to reduce the heavy traffic.

(A) very
(B) much
(C) so
(D) such

06 With $30 billion in assets we are one of the country's _______ financial services companies.

(A) strongest
(B) strong
(C) stronger
(D) strongly

07 These documents are extremely confidential, so they must be _______ with the greatest of care.

(A) traveled
(B) practiced
(C) handled
(D) discarded

08 The company has spent a _______ amount of money on the development of their websites to attract the customers.

(A) substantial
(B) wealthy
(C) consequential
(D) spacious

Questions 09-10 refer to the following advertisement.

BROADBAND INTERNET AT DIAL-UP PRICING

If you are an existing Super-Connect subscriber, you can now upgrade your service AT NO CHARGE for six months. That's right. Just call us and we will automatically boost your service by one level (384Kbps to 586Kbps, 586 to 1 Mg etc.) free! Make your emailing, surfing, online gaming and other activities -------(09) faster than they are now with the region's most reliable Internet Service Provider – Super-Connect. -------(10).

09 (A) no
(B) so
(C) even
(D) but

10 (A) All mail subscription must be paid in advance by check or credit card.
(B) Call today or check the insert in your next bill for details.
(C) Super-Connect is giving away a free cosmetic kit to all new customers for a two-year subscription of its magazine.
(D) Participants will receive personalized attention and free internet access will be provided.

Chapter 08

독해

Unit 19 이메일, 편지

Unit 20 공지, 기사

Unit 21 광고

Unit 22 송장, 여행일정

Unit 23 동의어

Unit 24 문자메시지, 온라인 채팅

Unit 25 이중 지문

Unit 26 삼중 지문

Unit 19 이메일, 편지

Reading Point  이메일과 편지의 출제 경향

매월 TOEIC에서 2~3개씩 등장하는 단골 지문이다. TOEIC은 실생활 및 비즈니스 환경에서 필요한 의사소통능력을 측정하는 시험이다 보니 실용문의 성격이 강한 글이 많다. TOEIC에서 출제되는 편지글은 상업서신(Business Letter)이 대부분이기 때문에 일상에서 나누는 사적인 편지와 달리 일정한 형식을 갖추고 있다. 상업서신은 훗날 법적인 근거 자료로 사용될 수 있기 때문에 그 형식이 매우 중요하고, 기본적인 형식 내에서 전달내용을 명확하게 그리고 예의를 갖추어서 작성한다.

Reading Point  이메일

 이메일의 구성

받는 사람 → To: Thomas Sacco <tsacco@kwikmarketing.com>

보내는 사람 → From: Joyce Lalama <jlalama@chicagotea.com>

참조 (함께 받는 사람) → Cc: Kaitlin Bilby <kbilby@celticdance.com>

전송날짜와 시간 → Sent: Wednesday September 5, 9:37 a.m.

제목 Subject or Re(regarding) → Subject: Next Meeting

이메일의 제목으로 가끔 주제를 나타내기도 한다. 이메일의 목적이나 주제를 찾는 문제를 해결하는데 도움이 되므로 참고하도록 하자.

받는 사람 → Dear Thomas,

본문

① 도입부
기본적인 인사말이나 목적이 주로 언급된다. 대부분 어떤 이유로 감사하거나 사과한다는 내용이 온다.

② 세부 사실 언급
편지의 주제와 전달하고자 하는 구체적인 사실을 언급하는 부분이다. 그리고 그에 대한 후속 조치도 언급된다.

③ 후반부
끝인사와 함께 추가 요구 사항이나 회신 요청들을 언급하기도 한다. 끝인사가 없는 경우도 있다.

I know that we had originally planned to meet on Friday to discuss the packaging your company is designing for us, but I am afraid I have to reschedule. Phillis Louis from our company headquarters in London will be coming that day for an unexpected visit and tour of our Chicago location. I then have to leave for a sales show in Las Vegas on Saturday morning, and then I have a budget meeting in San Francisco on Tuesday. Can we look at rescheduling for Wednesday afternoon? I will be back in Chicago then. If this won't work for you, perhaps we could look at a time that would be more convenient. Let me know and I will try and arrange my schedule around yours. I apologize for the late notice.

Sincerely,

발신인의 서명 → Joyce

이메일의 질문 유형 및 전략

	대표적인 질문 유형	해결 전략
주제와 목적	• What is the purpose of this fax? • What is the purpose of this email?	이메일은 letter와 다르게 제목이 있다. 제목은 이메일의 내용을 요약하고 있으므로 글의 주제나 목적을 찾는 문제를 해결하는데 중요한 단서가 된다. 편지와 마찬가지로 글의 목적을 물어보는 질문의 대부분은 첫 문단에서 단서가 제시된다. 하지만 경우에 따라서 글의 중반부나 후반부에서 단서가 제공될 수 있으니 유의하자.
인 물	• Why is Mr. Julio offered a discount? • What did Grover Heyler do at the company? • Who is Angela Rathburn?	**특정인물 제시형 문제** 서신 유형의 질문에서는 인물이 자주 언급되므로 발신인과 수신인 그리고 제3의 인물 중에서 어떤 사람인지 정확히 파악해야 한다. 특히 특정인물의 직책이나 회사를 물어보는 문제가 많이 출제된다. 특정인물의 소속을 물어보는 문제는 지문에 언급되는 경우가 많지만 본문에서 단서를 찾을 수 없을 때에는 이메일 주소의 도메인을 확인하면 소속을 알 수 있다.
날 짜	• When will the party be held? • When will electric service be turned off?	시간이나 날짜를 물어보는 질문은 지문에서 시간을 나타내는 부사구로 단서가 제시된다. 보통 2개 이상의 정보가 제공되므로 혼동하지 않도록 한다.
요청사항	• What is Ms. Hobbs being asked to do? • What is the customer to do?	요청을 하는 문제의 단서는 보통 편지의 후반부에서 그 단서가 제시된다. 일반적으로 요구 사항을 언급하는 부분은 please로 시작하는 명령문으로 표현하거나 require, suggest, ask 등의 동사로 표현한다.
세부사항	• How many books have been sent? • What is not included in the membership? • Where will the event take place?	이메일 내용에 대한 구체적인 사항에 대해 물어본다. 문제는 육하원칙형이나 정오 판별문제형으로 출제된다.

Reading Point 3 편지

편지의 구성

2525 Steele Ave.
Los Angeles, California, 85455
(502)-856-9523

Wednesday, July 12, 2012

Mr. Conrad O'Connor
Ace Incorporated
6536 Finch Avenue
Los Angeles, California 85478

Dear Mr. O'Connor

I am sorry to inform you that your request for a Visa Card with the National Bank has been denied. We have reviewed your credit record and found inconsistencies in your payments regarding your mortgage. We have also found several bounced checks you wrote in the last year from an account at this bank. We have thoroughly discussed and decided on the matter. If you have any further inquiries, please don't hesitate to call me at the above number or visit me at the East Gate National Bank.

Sincerely,
Anthony Lopkins
Anthony Lopkins

발신의 정보 [Printed Letter Head]

편지 상단에 주소가 두 개가 있으면 처음에 나오는 주소가 보내는 사람의 주소이다. 지문에서처럼 좌측에 위치하기도 하지만 중앙이나 우측 모두 가능하다.

작성일자

수신인의 정보 [Inside Address]

받는 사람의 성명, 직책, 주소 등을 적는 부분이며, 성명이나 직책은 자주 생략된다. 그러나 직책이 언급될 경우에는 질문이나 보기에 등장하는 경우가 많으므로 이 부분에 받는 사람의 직책이 언급된다는 사실을 잊지 말아야 한다. 만약 편지의 상단에 주소가 하나 밖에 없으면 그것은 받는 사람의 주소이다.

받는 사람

본문

① 도입부
기본적인 인사말이나 목적이 주로 언급된다. 대부분 어떤 이유로 감사하거나 사과한다는 내용이 온다.

② 세부 사실 언급
편지의 주제와 전달하고자 하는 구체적인 사실을 언급하는 부분이다. 그리고 그에 대한 후속조치도 언급된다.

③ 후반부

연락처

주로 답장을 할 주소나 언제까지 답장을 보내라는 등의 정보는 마지막에 위치한다.

첨부

편지글에서 거의 빠지지 않고 출제되는 것이 바로 편지와 동봉하는 것에 대한 질문이다. 동봉물은 보통 편지의 후반부에서 정보가 제시된다. 무엇을 첨부했는지 또는 동봉물에서 알 수 있는 내용이 무엇인지를 물어본다.

발신인의 서명과 직책

문제를 풀 때 꼭 확인한다.

편지의 질문 유형 및 전략

	대표적인 질문 유형	해결 전략
주제와 목적	• What is the purpose of the letter? • Why did Mr. Gary write this letter? • Why was this letter written to the recipient?	편지의 목적을 물어보는 질문의 대부분 편지의 첫 문단에서 단서가 제시된다. 하지만 경우에 따라서 편지의 중반부나 후반부에서 단서가 제공될 수 있으니 유의하자.
인 물	• For whom is the letter intended? • Who received this letter? • Who is the letter intended for?	**수령인 정체 확인문제 (출제 빈도 낮음)** 편지를 수령하는 사람이나 기관에 관한 질문을 해결할 때에는 먼저 편지 상단에 주소가 두 개 있을 경우 두 번째 주소를, 한 개 있을 경우에는 그 주소를 확인한다. 주소가 없을 때에는 본문에서 단서를 찾는다.
	• Who is writing the letter? • Which organization sent the letter? • Who sent this letter?	**발신인 정체 확인문제 (출제 빈도 낮음)** 편지를 보내는 사람이나 기관을 확인하는 질문은 주소가 두 개 있을 경우에 첫 번째 주소와 편지 하단의 서명란을 확인하고, 주소가 없을 경우에는 제일 하단의 서명란을 확인한다.
	• Why was Mr. Julio offered a discount? • What did Grover Heyler do at the company?	**특정 인물 제시형 문제 (출제 빈도 높음)** 서신 유형의 질문에서는 인물이 자주 언급되므로 발신인과 수신인 그리고 제3의 인물 중에서 어떤 사람인지 정확히 파악해야 한다.
날 짜	• When will the party be held? • When will electric service be turned off?	시간이나 날짜를 물어보는 질문은 지문에서 시간을 나타내는 부사구로 단서가 제시된다. 보통 2개 이상의 정보가 제공되므로 혼동하지 않도록 한다.
요청 사항	• What is Ms. Hobbs being asked to do? • What is the customer to do?	요청을 하는 문제의 단서는 보통 편지의 후반부에서 그 단서가 제시된다. 일반적으로 요구 사항을 언급하는 부분은 please로 시작하는 명령문으로 표현하거나 require, suggest, ask 등의 동사로 표현한다.
첨부	• What is included in the attachment? • What is being enclosed with the letter? • What accompanies the letter?	첨부하는 물건의 내용이나 정체를 물어본다. 일반적으로 편지의 후반부에서 그 단서가 제시된다. 첨부물을 언급하는 부분은 enclose, attach, send with 등의 동사로 표현한다. 지문에서 첨부물로 언급된 catalog가 Publications describing product features가 정답이었던 것처럼 지문의 정보를 바꿔서 표현하는 경우가 많으므로 주의하자.
세부사항	• How many books have been sent? • What is not included in the membership? • Where will the event take place?	편지 내용에 대한 구체적인 사항에 대해 물어본다. 문제는 육하원칙형이나 정오 판별 문제형으로 출제된다.

Practice TEST 19

Questions 01-03 refer to the following letter.

Dear Mr. Alberts:

We have concluded our review of your resume, credentials and interview with Ms. Drake and are happy to invite you to take the position we discussed in our new office. — [1] —. You will report directly to Sam Huff, the Director of Sales and Marketing, but you will always be free to discuss any work-related matters with Susan Watts in Human resources. — [2] —.

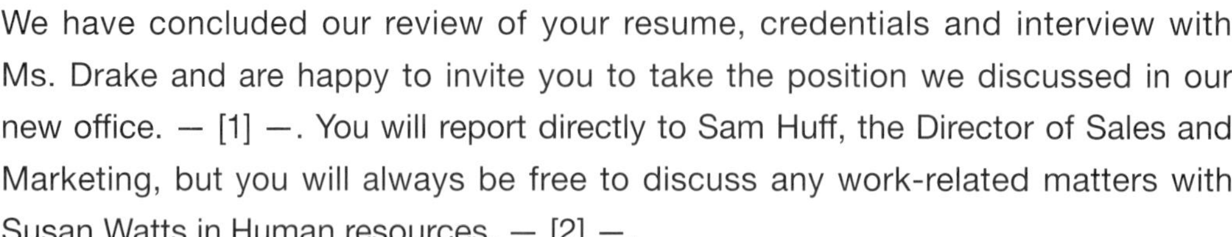

Your compensation package would include the agreed upon base salary with annual salary reviews, medical insurance, dental insurance, pension plan and periodic performance bonuses. — [3] —.

If this is agreeable to you, please sign and return the copy of this letter attached to me not later than August 12. We look forward to welcoming you to the Spector Graphics Inc. — [4] —.

Ivan Spector

01 What is indicated about Spector Graphics Inc.?

(A) It has opened a new office.
(B) It has closed a branch office.
(C) It has a new Marketing Director.
(D) It will start operations on August 12th.

02 To whom will the new employee report?

(A) Susan Watts
(B) Ivan Spector
(C) Sam Huff
(D) Ms. Drake

03 In which of the positions marked [1], [2], [3], and [4] does the following sentence best belonging?

"Starting date would be September 15th."

(A) [1]
(B) [2]
(C) [3]
(D) [4]

Questions 04-06 refer to the following e-mail.

To : All Sales Staff
From : Finance Manager, Jean Williams
Date : Mon 22, Oct 2012 10:45:15
Subject : Use of vehicles

It is essential that any of our personnel who drive company and personal vehicles in connection with company business maintain a thorough record of any expenses incurred. It is our desire to be certain that you are reimbursed for any expenditure that you make in this regard, and your good record keeping will make this possible.

Receipts must be submitted for gasoline purchases, parking expenses and repairs. In addition, we will require your daily record of the number of miles driven, the odometer reading, before and after, the amount of time spent driving and the amount of fuel used. This information should be contained in your weekly report to Paul Battle of the finance department. Odometer requests are particularly important in that you are reimbursed 25 cents for each mile traveled in your personal vehicle.

Thank you very much for your cooperation in this matter.

04 What is the e-mail regarding?

(A) Increased use of the company vehicle
(B) Proper maintenance of the company vehicle
(C) Proper record keeping for the use of vehicles
(D) Company vehicles use in personal matters

05 Which information should NOT be included in the weekly report?

(A) Location of visits
(B) Hours driven
(C) Amount of fuel consumed
(D) Odometer readings

06 Why is it particularly important to note the miles driven in your personal vehicle?

(A) To ensure correct reimbursement
(B) To ensure proper maintenance of the vehicle
(C) To make sure the employee is working hard enough
(D) To make sure that the car is safe to drive

Unit 20 공지, 기사

Reading Point  공지

 공지의 출제 경향

Notice나 Announcement는 특정 집단을 대상으로 어떤 행사, 지침들을 알리는 글이다. 공지문은 특별하게 정형화된 형식이 없으며, 일반적으로 핵심 내용을 첫머리에 꺼내놓는 두괄식 구성이 많다. TOEIC에서는 회사, 학교, 지방 자치 단체의 행사일정, 지침, 공연안내, 상품에 대한 공지 등이 출제된다.

 공지의 구성

Lobby and Courtyard Construction

Renovation of the headquarter's courtyard at Polar Commerce Co., which was planned to correct areas of sediment sinking, began as scheduled in late-May.

For this renovation, areas of the courtyard were identified for excavation of current plantings and stone work, soil compaction, and finally redesign and replanting. Soon after excavation began, however, it was discovered that the areas in need of attention exceeded original plans. Additionally, it was discovered that pipes directing rainwater flow from the roof of the building to the city sewers were damaged and needed replacement.

Work in the courtyard, originally targeted for completion by early August, is now expected to be completed by mid-November. Entrance to the building will be redirected to the rear door. When the north side of the courtyard (Phase 1) is completed in mid-October, a temporary walkway will be created so that work can begin on the south side (Phase 2) of the courtyard.

제목

공지문의 제목은 본문 내용에 관한 구체적인 제목이 등장하거나 NOTICE라고 나올 수 있다. 제목은 글의 핵심 내용을 담고 있으므로 꼭 확인하자. 경우에 따라서 생략하기도 한다.

본문

① 도입부
일반적으로 공지의 목적이 제시된다. 그리고 공지의 배경 설명이나 공지를 작성한 단체에 대한 정보가 제시된다.

② 전달사항
전달사항을 그냥 서술하기도 하지만 항목별로 정리하기도 한다. 규정에 관한 공지는 규정을 따르는 대상자에게 의무사항이나 요구사항을 물어본다. 행사 내용일 경우 행사 전반에 관련한 정보가 제시된다. 다양한 정보가 제시되므로 문제에서 필요로 하는 정보를 중심으로 지문을 꼼꼼하게 살펴보자.

③ 추가 정보
전달하는 내용에 따른 주의사항이나 추가 지침, 공지의 시행일자 등이 제시된다.

④ 문의사항 발생 시 연락처
본문의 내용에 대해 문의사항이 있을 때 해결할 수있는 연락 방법과 담당자가 제시된다. 비영리 단체 주관행사의 경우 자원봉사자를 구한다는 내용이 나오기도 한다. 경우에 따라서는 생략하기도 한다.

공지의 질문 유형 및 전략

	대표적인 질문 유형	해결 전략
주제와 목적 (빈출)	• What is the main topic of the notice? • What is the purpose of the notice? • What is the purpose of the event? • What is the purpose of the announcement?	최다 빈출 유형으로 제목이 있는 경우 제목을 살펴보면 글의 내용을 쉽게 파악할 수 있다. 일반적으로 글의 도입부에서 핵심 내용이 제시된다.
공지의 타깃 & 게시 장소	• Where would this notice most likely appear? • Where is this announcement most likely found? • Who is this announcement intended for?	공지의 대상은 대부분 회사 직원이나 특정 집단의 구성원들인 경우가 많다. 공지가 게시되는 장소는 주제를 파악하면 쉽게 해결할 수 있다. 일반적으로 글의 상단부에서 단서가 제시된다.
장소 & 일시	• Where will the conference be held? • When did the promotional program start? • When will the conference end?	행사나 세미나 일정을 알리는 공지에서 출제되는 유형이다. 장소와 날짜에 대한 정보가 2개 이상 제시되는 경우가 많으므로 혼동하지 않도록 하자.
요청 사항	• What should be included with photographs? • Where should employees put their lab coat? • What does the city council want to do? • Why should employees call Mr. Johnson?	보통 규정을 알리는 공지에서 많이 출제되는 유형이다. 본문에서 언급하는 세부사항들을 꼼꼼하게 확인하자. 그리고 요구 사항을 언급하는 부분은 please로 시작하는 명령문으로 표현하거나 require, suggest, ask 등의 동사로 표현한다.
예측 (빈출)	• What will take place on the first day of the conference? • What will happen on February 12th? • What type of performers will NOT appear at the event? • When will the maintenance work probably begin?	특정한 상황에 대하여 일어나는 상황을 예측하는 문제로 약간 난이도가 있으면서 자주 출제되는 유형이다. 보통 구체적인 날짜가 언급되거나, 특별한 상황을 가정하여 질문을 한다. 일반적으로 지문의 후반부에서 단서가 많이 제시된다. 문제에서 제시한 날짜가 언급된 부분을 찾거나 추가 정보가 제시된 부분을 확인하면 어렵지 않게 해결할 수 있다.
세부 정보	• What is NOT mentioned in the notice? • According to the notice, what is NOT offered? • What is stated about GBTO? • Which movie is likely to include a concert? • How often is each class held? • What does the notice contain?	세부 정보를 확인하는 문제는 육하원칙형이나 정오 판별 문제형으로 출제된다. 문제에서 키워드가 제시되면 그 유사 단어가 지문에 등장하는지 찾고, 고유명사가 문제에 있으면 그 고유명사를 본문에서 찾는다.

기사

기사의 출제 경향

Article은 수험생들이 가장 힘들어하는 지문 중 하나이다. TOEIC의 Part 7에서는 정치적인 내용의 기사를 제외한 전반적인 경제 활동과 관련한 내용, 건강, 발명, 서평, 영화 비평 등 다양한 소재의 지문이 출제된다. Article은 수험생의 어휘력과 독해력에 따라 크게 좌우되는 유형이다.

기사의 구성

Employment Situation of Young People

The situation of young people in the labor market has been problematic since last year. One of the consequences of the serious employment crisis that started then was the emergence of youth unemployment: in the context of a sharp decrease in employment, there was a tendency to avoid new contracts. Youth unemployment remained very high until January even though at this time the work participation rate amongst young people decreased considerably due to the extension of the compulsory education.

Last February, there was a considerable growth in employment, mainly through the use of temporary contracts that particularly affected young people; youth unemployment decreased considerably and temporary employment rose sharply. The problem of youth unemployment was thus transformed into a problem of insecure youth employment; young people are reaching an increasingly high level of education, but obtain less qualified jobs than they aspire to, and for a longer or shorter period alternate between temporary work and unemployment.

제목
본문의 내용을 함축한다. 주제를 나타내므로 필히 읽어두자. 생략되는 경우도 많다.

본문

① 도입부
제목이 있을 경우 제목에 대한 부연 설명이 제시된다. 그리고 글의 목적이나 주제가 언급되는 경우가 많다. 일반적으로 지문의 초반에는 과거의 사실이나 영향을 미치는 사건들에 대한 정보가 나온다.

② 세부 사실 언급
도입부에서 과거 사실은 언급했다면 중반부에서는 현재 상황에 대한 설명이 제시된다. 권위자의 논문이나 인터뷰를 통해 설명하기도 한다.

③ 후반부
전망 및 해결책, 결론이 언급되지 않는 글도 있다. 하지만 전문가의 의견을 토대로 현재 상황에 대한 앞으로의 전망을 예측한다.

기사의 질문 유형 및 전략

	대표적인 질문 유형	해결 전략
주제와 목적	• What is the purpose of the article? • What is the main topic of the article? • What is this article about?	일반적으로 글의 초반부에서 주제나 글의 목적에 대한 단서가 제시된다. 제목이 있는 경우 제목만으로도 풀릴 수 있는 문제가 많으니 꼭 확인하도록 하자.
인물	• Who is Gordon Hayes? • What is stated about Ms. Wasow? • Who is Evan Beaulieu? • Who is Jacques Cordet? • Who is Salvatoro Graziano?	기사문에서 등장하는 인물에 관련된 문제이다. 보통 인물에 대한 정보를 물어본다. 인물이 많이 등장해서 정보를 서로 혼동할 수 있으니 주의하도록 하자.
과거사실	• Where did Ms. Brown meet with Mr. Deguise? • Who had more orders than Skoropad in 1994? • When did Edinburgh Silver Airlines resume service?	기사문에서 과거 사실에 대한 정보는 글의 초반부에 많이 등장한다. 일반적으로 기사문은 시간 순서대로 전개되기 때문이다.
미래 예측	• Who will be the next CEO of Deroot? • When will construction begin? • What is Mr. Bouvoir going to do? • When will Arcelon hold its new quarterly news conference?	앞으로의 상황 예측은 지문에서 특정한 날을 언급한 부분이나 현재 상황을 구체적으로 언급한 부분을 찾아서 해결할 수 있다. 보통 글의 중반부나 후반부에서 제시된다.
추론	• What is implied about the Fine Traveling Guide to Ireland? • What do analysts suggest about Belco? • What is implied about Jetsetter Airlines?	기사문에서 가장 수험생들이 어려워하는 문제 유형이다. 문제에서 키워드가 제시될 경우 키워드에 대한 정보를 찾아서 잘 이해해야 풀 수 있다. 키워드가 제시되지 않을 경우 지문을 꼼꼼히 읽고 이해한 다음 문제를 풀자.
세부사항	• What is NOT mentioned about Westhaven House? • What is stated about the database? • According to the article, what is Ms. Wasow planning to do this fall?	지문의 구체적인 정보에 대해 물어본다. 문제는 육하원칙형이나 정오 판별 문제형으로 출제된다. 문제에서 키워드가 제시되면 그 유사 단어가 지문에 등장하는지 찾고, 고유명사가 문제에 있으면 그 고유명사를 본문에서 찾는다.

Practice TEST 20

Question 01-02 refer to the following notice.

ONE YEAR WORKING VISAS FOR INTERNATIONAL STUDENTS

If you qualify as an international student living in the United States, possessing a US-44 study visa, the federal government has recently passed a law that will allow you to upgrade your student visa to a US-60 one year work visa. In order to qualify for this upgrade, you must have resided in the United States for at least six months prior to your application. Also, you must find a company that is willing to sponsor you for the working visa.

If you meet these requirements, register for your working visa today by visiting the US federal government website at www.usgov.com. You must print the registration form and take it with you to your congressman's office, along with your passport, US-44 visa and your sponsor's letter of support. In addition, you will need two passport sized photos. The cost of the upgrade is $50 US.

Visa upgrades will be issued within seven days.

Immigration and Labor
United States of America

---

01 What is the subject of this notice?

(A) The US-44 visa application information
(B) How to obtain legal documentation to work in U.S.
(C) Conditions on immigrating to the United States
(D) Responsibilities of international students

02 What is NOT required when applying for a visa upgrade?

(A) A registration form
(B) A student card
(C) A sponsor's letter
(D) Photos

Question 03-05 refer to the following article.

Trenton, New Jersey – The City Council stated today in a press conference that it intends to establish a city park. – [1] – . Plans for the development of the park have been under discussion for three years, but resistance from a group of business people interested in establishing condominiums on the proposed site created a number of legal delays. – [2] – . The municipal council took the first steps towards creating the park last week when the court finally ruled in favor of the city. In addition to the $75,000 the city has dedicated to the project, funding has been provided by the state of New Jersey in the amount of $100,000. – [3] –. The proposed park site was used primarily as a large warehouse. – [4] –. Civil engineers and the City Council expect that the park should be completed within eighteen months.

03 How was the land first used?

(A) As a shopping center
(B) As a storage facility
(C) As a location for condominiums
(D) As an entertainment complex

04 Why did development not start earlier?

(A) A group of people caused legal problems.
(B) There was not enough funding to begin.
(C) City residents didn't agree on the plan.
(D) There was a lack of interest in the project.

05 In which of the positions marked [1], [2], [3], and [4] does the following sentence best belonging?

"This will be demolished when development begins in six weeks' time."

(A) [1]
(B) [2]
(C) [3]
(D) [4]

Unit 21 광고

Reading Point  광고의 출제 경향

 광고의 출제 경향

TOEIC의 Part7에서 출제되는 광고는 주변에서 흔히 볼 수 있는 소재의 광고들이 등장한다. 재미있는 삽화가 첨부된 경우도 많고 전문적인 내용이 거의 출제되지 않는다. 자주 등장하는 광고의 종류에는 구인광고, 제품광고, 서비스 광고, 회사 광고 등이 있다. 우리가 일상생활에서 광고를 대할 때처럼 흥미로운 마음으로 접근하면 재미있게 문제를 해결할 수 있는 유형이다.

Reading Point  상품 광고

 상품 광고의 구성

CUSTOM SPREADSHEET CREATION

The purpose of customized spreadsheets is based on the need to eliminate those tedious, mathematical tasks that are currently being done by hand. Our customized spreadsheets are user friendly. You, as the user, do not really need to know anything about the mathematical formulas behind the spreadsheet. All you will have to do is enter certain information in particular fields. The spreadsheet will automatically calculate the results. You will no longer have to calculate things from scratch. Instead, you will be able to take what we have created for you and modify it according to your needs.

We create Excel spreadsheets for any application, customized to your specifications. All you need to provide is a sample layout of the spreadsheet, along with details as to what functions the spreadsheet is to perform. The sample may be e-mailed, typed or handwritten, and faxed or mailed to us.

·
·
(중략)
·

제목 : **광고 로고 [주의 환기]**
시선을 끄는 문구로 광고하는 대상을 한눈에 각인시킨다. 제목은 문제를 해결할 수 있는 열쇠로 많은 역할을 하므로 꼭 확인하자.

본문

① 회사소개
회사에 대한 소개를 하는 부분으로 독자에게 신뢰도를 높일 수 있는 정보가 제시된다. 경우에 따라서 회사소개는 생략하기도 한다.

② 제품의 소개 및 특징
광고의 핵심이 되는 부분으로 제품의 특징을 소개한다. 제품에 대해 좀 더 정확히 알 수 있다. 제품의 우수성과 저렴한 가격 등에 대한 내용이 주를 이룬다.

③ 구입 방법 및 연락처
웹사이트, 직접 방문, 전화 등 다양한 구매 경로가 나온다. 할인 혜택에 관한 정보가 제공되기도 한다.

상품 광고의 특징

상품 광고는 제품의 판매를 목적으로 작성된 글이다. 가독성이 높은 서체를 사용하고 재미있는 삽화가 첨부되어 독자의 눈을 즐겁게 해준다. 상품 광고에서 주목해야 할 부분은 제품에 대한 특징이다.

상품 광고의 질문 유형 및 전략

	대표적인 질문 유형	해결 전략
제품	• What is being advertised? • What is the purpose of the advertisement about?	광고하는 대상이나 제품에 대해 물어본다. 제목이 있을 경우 제목에서 단서를 찾을 수 있으며 제품의 특징을 설명한 부분을 읽으면 쉽게 파악할 수 있다.
광고의 타깃	• For whom is this advertisement intended? • Who would be interested in the advertisement?	제품에 대한 타깃 층을 물어보는 유형으로 광고하는 제품의 특성만 이해하면 쉽게 해결할 수 있다.
특 징	• What feature is NOT mentioned in the advertisement? • What is NOT an advertised feature of DNB Banking Online? • What is stated as a benefit?	광고하는 대상에 대한 특징을 물어보는 문제는 출제 빈도가 높은 편이다. 일반적으로 지문의 중반부에서 특징을 설명한다.
취해야 할 행동	• What are the interested people required to do? • What should interested people do to attend the event?	광고하는 대상이나 특별 할인 혜택을 얻기 위하여 광고를 읽은 사람이 취해야 할 행동에 대해 물어본다. 일반적으로 지문 하단부에서 단서가 제시된다.
세부 사항	• What is NOT included in the special package? • What does the advertisement NOT promise? • What product is limited in supply? • Where was the exposition first held?	세부 정보를 확인하는 문제는 육하원칙형이나 정오 판별 문제형으로 출제된다. 문제에서 키워드가 제시되면 그 유사 단어가 지문에 등장하는지 찾고, 고유명사가 문제에 있으면 그 고유명사를 본문에서 찾는다.
혜택제공 이유	• Why is the Wilburn 150 chair on sale? • Why have prices been reduced? • Why is Travel Life offering a free bag?	광고 지문 처음에 단서가 제시된다. 보통 개업 기업이나 판매량 돌파, 고객 성원에 대한 감사 등의 내용이 제시된다.
회사	• What kind of business is Wave Straight? • What is NOT mentioned about Wave Straight?	제품이나 서비스를 제공하는 회사와 관련된 문제이다. 보통 지문 상단부에서 단서가 제시된다.

구인광고의 구성

Job Opportunity

Assistant Finance Manager
Finance Division

Vacancy Reference No : AG03268
Salary :£25,134 - £32,796

Applications are invited for the post of Assistant Finance Manager in the School of the Biological Sciences. The post-holder will work alongside the School Finance Manager to support financial management procedures across the School.

The main responsibilities include implementation and continued support/ monitoring of School-wide financial policies and procedures. There will be opportunities to work with Departments to develop their financial capabilities and to contribute to the development of new procedures for Departments and the School.

Candidates should have excellent analytical and communication skills (the post-holder will be working with staff at many different levels) and will either hold, or be working towards, a recognized professional accounting qualification.

For further information please contact Vanessa White, Finance Division, Old Schools, Trinity Lane, Cambridge CB2 1TS. Telephone 01223 332227. Email vjw22@admin.cam.ac.uk

Closing date : 9 May 2013.
Planned Interview dates: Week commencing 19th May.

제목
구인광고는 대개 Job Opportunity, Employment Opportunity로 제목을 표현하는 경우가 많다. 회사 이름이나 직책, 그리고 시선을 끄는 문구 등으로 표현하기도 한다. 제목은 문제를 해결할 수 있는 열쇠로 많은 역할을 하므로 꼭 확인하자. 경우에 따라서 생략하기도 한다.

본문
① 회사소개
회사에 대한 소개를 하는 부분으로 입사지원을 독려하는 내용이 나온다. 경우에 따라서 회사소개는 생략하기도 한다.

② 직무에 대한 구체적인 설명
responsibilities나 duty로 표현하며 업무내용에 대한 정보가 제시된다. 그 외 근무시간, 근무지, 보수, 복리후생 등이 나온다.

③ 지원자격
회사에서 지원하는 사원을 위해 여러 가지 조건들을 제시한다. require, requirement, qualification 등으로 표현한다. 직무와 지원자격과 혼동하지 않도록 하자. 보통 관련 경력이나, 학위, 자격증 등이 나온다.

④ 지원방법 및 연락처
지원 마감일, 지원 서류 접수처, 지원 방법 등이 나온다. 어떤 서류를 누구에게 어떻게 전달해야 하는지 확인하자.

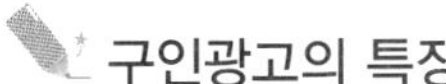

구인광고의 특징

구인광고는 자주 출제되는 유형으로 정형화된 형식을 갖추고 있어서 그 형식만 제대로 파악해두면 비교적 빠른 시간에 문제를 해결할 수 있다.

구인광고의 질문 유형 및 전략

	대표적인 질문 유형	해결 전략
직 종	• What position is being advertised? • What job is available?	광고하는 직종에 대한 질문으로 광고의 제목이나 직무에 대해 설명한 부분에서 단서를 찾을 수 있다.
회 사	• What is indicated about the company? • Where is the job located?	구인광고를 낸 회사에 대해 물어보는 질문이다. 보통 회사 소개는 지문 상단부에서 언급된다.
지원자격 [빈출]	• What is a requirement of the position? • What is NOT a requirement of the job? • What kind of experience is NOT listed as a requirement for the job? • What is NOT a stated requirement for becoming flight attendants?	지원자격을 요구하는 문제에서 주의해야 할 점은 회사에서 지원자에게 우대조건과 필수조건을 구별해야 한다는 것이다. 우대조건은 지원자가 갖추고 있으면 좋지만 없어도 상관없는 조건을 말하고 필수조건은 반드시 갖추어야 할 조건이다. 우대조건은 보통 preferred, desired, desirable로 표현하고, 필수조건은 required로 표현한다.
대우 조건	• What position is being offered? • What is NOT listed as a benefit of joining the company?	지원자가 입사 후 회사에서 제공받는 혜택들에 대해 물어보는 질문이다. 월급, 시간외수당, 연금, 보험 등등이 제시된다.
지원 방법	• What must the applicant submit by June 10? • How should the candidate apply for the job? • What should be enclosed along with a resume?	지원 방법은 구인광고 하단에서 그 단서가 제시된다. 지원 마감 날짜, 지원방법, 준비해야 할 사항들을 물어본다.
업무 사항 [빈출]	• What is one of the responsibilities? • What is NOT a responsibility of the position advertised?	지문에서 responsibilities나 duty로 표현한 부분에 단서가 제시된다. 그리고 미래 시제로 표현하여 성공적인 지원자가 하게 될 일은 무엇인가?로 질문하기도 한다.
세부 사항	• What are candidates asked to do? • What are the applicants required to submit? • Where will successful candidates train to become flight attendants?	세부정보를 확인하는 문제는 육하원칙형이나 정오 판별 문제형으로 출제된다. 문제에서 키워드가 제시되면 그 유사 단어가 지문에 등장하는지 찾고, 고유명사가 문제에 있으면 그 고유명사를 본문에서 찾는다.

Practice TEST 21

Questions 01-03 refer to the following advertisement.

Good Pay in Quality Not-for-Profit Office

Membership Manager for Rapidly Growing Nonprofit
Good Pay in Quality Not-for-Profit Office

Looking for high quality membership manager to implement all aspects of its membership program for The Olana Partnership -- generate new membership procurement ideas and implement them; provide stewardship services for current membership; manage membership events; provide management reports, manage membership budget, among other duties.
Bachelor's degree, excellent communication and organizational skills, 1-2 year's membership experience are required. Facility with operating system and spreadsheets are plus. Please mail your resumes and cover letters with salary expectations.

01 What is NOT a responsibility of the position advertised?

(A) Planning programs
(B) Making reports
(C) Managing events
(D) Drawing up budgets

02 What is a requirement of applicants?

(A) Proficiency in foreign languages
(B) Experience in finances
(C) Computer literacy
(D) Academic degree

03 What are the applicants required to submit?

(A) Reference letters
(B) Desired pay amounts
(C) Medical histories
(D) Available working hours

Question 04-06 refer to the following advertisement.

HEALTH INSURANCE FOR PETS?

Of course you have health insurance for yourself, maybe even for your family, but what about the health of your pet? — [1] —. Who will pay the expensive medical bills if your family pet is afflicted with a serious health condition? Consider this: many dogs and cats live for ten years or more. — [2] —. A pet insurance plan that you invest in now can really pay off down the road. — [3] —. In addition to providing financial security in the event of a serious medical condition, pet insurance can help out with the cost of regular check-ups and even grooming costs. At Quality Insurance we have been protecting families and pets since 1974. — [4] —. Contact us today at 1-800-233-3554.

04 According to the advertisement, why should you invest in pet insurance?

(A) Pet health care is becoming increasingly popular.
(B) Families are entitled to discounts if they invest in pet insurance.
(C) Pets are more valuable if they have health insurance.
(D) Pet health costs can be more expensive than those for children.

05 What assumption is made in the advertisement?

(A) The reader is healthy.
(B) The reader lives in an apartment.
(C) The reader has a pet.
(D) The reader is a woman.

06 In which of the positions marked [1], [2], [3], and [4] does the following sentence best belonging?

"During that time their medical costs can exceed those of your own children!"

(A) [1]
(B) [2]
(C) [3]
(D) [4]

Unit 22 송장

Reading Point  기타지문의 출제 경향

 출제 경향

TOEIC의 Part7에서 앞에서 소개한 지문 외에도 다양한 형태의 지문이 출제된다. 일반적으로 출제 빈도가 높지 않고 문장이 길지도 않으며 비교적 쉬운 어휘로 작성된 것이 특징이다. 송장, 여행 일정, 영수증, 지시사항, 보증서 등이 있다.

Reading Point  송장

 송장의 특징

송장이란 판매자가 구매자에게 보내는 서류로서 명세서, 계산서, 대금 청구서를 겸하는 양식이다. 따라서 물품의 배송 날짜, 지불 조건, 물품 명세 등의 내용을 포함하며 돈을 지불한 후 받는 영수증과는 구별된다.

송장의 질문 유형 및 전략

	대표적인 질문 유형	해결 전략
수신인과 발신인	• Who sent this invoice? • Who will pay for this order? • Who placed the order?	송장의 구성을 잘 살펴보면 구매자와 판매자를 쉽게 찾을 수 있다.
날짜	• When was the invoice prepared? • When is the amount due?	보통 송장이 작성된 날짜를 많이 물어본다. 그리고 지불 만기일과 물품 배송일을 물어보는 경우도 있다. 송장에는 날짜가 많이 나오므로 혼동하지 않도록 하자.
금액	• How much money did John's House Store pay already? • What is included in the total price? • What amount is owed from a previous invoice?	물품 총액, 미납액, 이미 지불된 금액, 취급 운송료, 특정 물품의 가격 등을 물어본다. 다양한 금액 정보가 제시되므로 혼동하지 않도록 주의하자.
물품	• What could not be delivered? • How many HB pencils have been ordered?	특정 물품의 주문 수량을 물어보는 경우가 많다. 물품 명세 부분을 꼼꼼히 확인하자.

송장의 구성

INVOICE

Kitchens, Etc.
7910 Westchester Avenue
Pensacola, FL 52456

주소는 물품을 보내는 측, 즉 송장을 발행한 이의 주소이다.

Invoice No : 100A
Account No : 2890
Date : 09/16/2012

송장을 작성한 날짜
송장 발행날짜는 자주 출제된다.

Shipped to :
Enin Garrison
123 High Street
Columbus, OH 43201

구매자의 주소(배송지 주소)

Payment terms : NET 10 days from date of invoice — 지불조건
Date shipped : 09/12/2012 — 물품배송날짜
Date received : 09/15/2012 — 물품수령날짜

For invoice inquires, please direct e-mail to :
accounting@mindspring.com

연락처
문의사항이 있을 경우 연락할 수 있는 방법이다.

Qty	Item Description	Price	Ext
6	Salad bowl	$9.46	$56.76
7	Soup spoon	$3.60	$25.20
1	Flour Canister	$1.34	$1.34
1	Can opener	$1.65	$1.65
6	Tea spoon	$1.29	$7.74
14	Cup & saucer	$5.21	$72.94
		Subtotal	$165.38
		Shipping & Handling	$8.50
		Invoice total	$174.13
		Previous Balance	$63.50
		Balance Due	$110.63

세부적인 물품 명세
Qty : Quantity 제품의 수량을 의미한다.
Price : 개당 가격을 의미한다. Unit price라고도 한다.
Ext : 개 수당 가격을 의미한다.
Item Description : 물품의 이름을 의미한다.

Subtotal — 구매 물품 총액
Shipping & Handling — 취급 운송료
Invoice total — 지불해야 할 총금액
Previous Balance — 이미 지불된 금액
Balance Due — 지불잔액 : 이번에 지불해야할 금액

All prices of items include sales tax.

제품가격에 포함되어 있는 것은 세금이다.

Practice TEST 22

Question 01 refer to the following form.

AOG Travel Information System

ITINERARY FOR Steven Foster

Date : Saturday Feb 9, 2012
From : Seoul Incheon International Airport
To : Singapore Changi Airport
Singapore Airlines (SQ) Flight 883
Depart : 9:25 a.m. Incheon International Airport - Seoul
Arrive : 2:40 p.m. Changi Airport Singapore
Confirmation # : AKU568942

Date : Tuesday, Feb 12, 2012
From : Singapore Changi Airport
To : Seoul Incheon International Airport
Singapore Airlines (SQ) Flight 882
Depart : 11:59 p.m. Changi Airport Singapore
Arrive : 6:55 a.m. +1 Incheon International Airport Seoul
Confirmation # : AKU5421512

01 When will Steven Foster arrive back in Seoul?

(A) February 9, 2012
(B) February 10, 2012
(C) February 12, 2012
(D) February 13, 2012

Question 02 refer to the following form.

Invoice

Account Number: 000245

Invoice Date : 10/03/2012

Remit to

Sunkissenger Orange Farms
P.O. Box 3854
Florida, USA

Bill to

Steinberg Produce
P.O. Box 7645
400, Main Street
Atlanta, Ga. 30357-0645 USA

Product Description	Quantity	Unit Price	Amount
Orange Grove (bottles)	500	$.96	$480.00
Orange Grove (carton)	500	$.50	$250.00
Orange Grove (drinking boxes)	500	$.42	$210.00
		Sub-Total	$1315.00
		Sales Tax	$131.00
		Total Balance due	$1446.00

PLEASE BE ADVISED THAT PAYMENT IS EXPECTED IN FULL WITHIN FIVE BUSINESS DAYS UPON RECEIPT OF THIS INVOICE. QUESTIONS OR CONCERNS PLEASE CALL (416) 456-0303.

02 What is the unit price for a carton of Orange Grove?

(A) $.96
(B) $480.00
(C) $500.00
(D) $.50

Questions 03-05 refer to the following invoice.

Invoice

CCP Inc.
P.O. Box 4307
Carol Stream, IL

Invoice # JS879
Date : September 4, 2012
Customer : 38790
Payment Terms : Upon receipt

Shipped to:
John's House Store
9450 Lockwood
New York, NY

Ordered : August 28, 2012
Delivered : September 5, 2012

Qty.	Description	Unit Price	Subtotal
5	Bed Sheets (106cm) Yellow	$75.00	$375.00
3	Bed Sheets (120cm) blue	$82.00	$246.00
20	Pillow Case Blue	$40.00	$800.00
		Total	$1,421.00
		Deposit	$500.00
		Amount Due	$921.00

This deposit has been paid with check #38902
Sales tax is included in the invoice total.

03 When was the invoice prepared?

(A) August 28, 2012
(B) August 31, 2012
(C) September 5, 2012
(D) September 4, 2012

04 How much money did John's House Store pay already?

(A) $246.00
(B) $500.00
(C) $921.00
(D) $1,421.00

05 What is included in the total price?

(A) Handling fee
(B) Shipping cost
(C) Sales tax
(D) Packing charge

Unit 23 동의어

Reading Point 1 동의어 찾기 문제의 출제 경향

동의어를 찾는 문제는 NEW TOEIC 시행 후 새롭게 등장한 유형으로 매 시험마다 2~4문제 정도 출제되고 있다. 토익시험에서 동의어를 찾는 문제에서 출제되는 어휘는 처음 보는 생경한 어휘보다는 토익공부를 한 사람이면 누구나 한 번쯤 보았을 만한 익숙한 단어가 제시된다.

Reading Point 2 동의어 찾기 문제의 유형

동의어 선택 문제는 문제 유형에 따라 크게 두 가지로 분류 할 수 있다.

사전적 동의어 찾기

❶ 1:1 짝꿍 찾기

지문의 단어와 보기 단어 중 그 의미가 완전히 일치하는 것을 선택하는 문제이다. 동의어 찾기 문제 중에서 가장 출제 빈도가 높은 편이며 단어의 뜻만 알고 있어도 어렵지 않게 답을 선택할 수 있는 비교적 쉬운 난이도의 문제이다.

❷ 다의어의 정확한 의미 찾기

사전적 동의어 찾기 문제의 좀 더 심화된 유형으로 지문 속의 단어가 다의어이며 문맥 속에서 그 다의어의 정확한 의미를 파악해 보기에서 그 의미가 일치하는 것을 선택하는 유형이다. 그리고 일반적으로 알고 있는 다의어라고 인식하고 있던 단어 이외에 평소 영어를 학습함에 있어서 다의어라고 생각하지 않았던 단어가 실제 토익시험에서 문맥상 다른 의미로 제시되어 가끔 수험생들에게 당혹감을 주기도 한다.

문맥적 동의어 찾기

동의어 찾기 문제 중 최고의 난이도를 자랑하는 문제 유형이다. 지문의 단어와 보기의 단어가 사전적 의미로 100% 일치(A=B)가 되지 않지만 문맥상으로 고려해 볼 때 해당 단어로 바꿔써도 무방하다고 판단되는 것을 선택하는 문제이다. 지문을 읽고 확인을 해보지 않고서 아는 단어가 나왔다고 바로 정답을 선택하는 우를 범하지 말자. 그러한 행동은 고득점을 향한 발목을 잡히는 지름길이다.

Reading Point 3 동의어 찾기 문제의 유형

아는 단어라고 방심하지 말자.

동의어 찾기 문제의 대부분의 유형은 사전적 동의어를 찾는 문제로 지문 속의 단어와 보기의 단어가 일치하는 것을 선택하는 1:1 짝꿍 찾기가 대부분이다. 하지만 모든 문제가 그런 식으로만 출제된다면야 단순히 동의어만 외우면 되지만 다의어의 정확한 의미를 찾거나 문맥 속에서 정확한 의미를 찾아야 하는 문제도 출제된다. 문제에서 요구하는 단어가 비교적 알고 있는 단어라 할지라도 침착하게 지문의 내용을 정확히 해석하고 이해한 다음에 문제를 풀자.

영영사전을 생활화 하자.

NEW TOEIC으로 바뀌면서 특히 영영사전의 활용은 더욱 강조되고 있다. 이는 파트 5&6에서는 물론 파트 7도 예외사항이 아니다. 파트 7에서 동의어 찾기 문제의 등장은 토익이 어휘에 대해서 좀 더 중점적으로 다루겠다는 것을 의미한다. 따라서 우리는 어휘 학습을 좀 더 강화할 필요가 있다. 여기에 필자는 영영사전의 사용을 권한다. 영영사전은 가산 명사와 불가산 명사의 구분, 자동사와 타동사의 구분 등 단어의 정확한 용례가 명시되어 있다. 영한사전은 단어의 의미를 이해하는데 도움을 주기는 하지만 단어의 정확한 쓰임이나 예문을 제시하는데 있어 잘못된 내용을 설명하는 경우가 있다.

여건이 된다면 다양한 영어지문을 읽어보자.

독해력을 신장하기 위해서는 다양한 지문의 글을 읽어보는 것이 도움이 된다. 리더스 다이제스트와 같은 비교적 쉬운 지문에서부터 이코노미스트나 영자 신문 같은 좀 난이도가 있는 지문을 골고루 읽어야 어휘의 쓰임에 대해 다양한 사례를 접할 수 있고 영어 지문에 대한 거부감을 줄일 수 있다.
하지만 토익시험을 준비하는 수험생들이 대부분 취업을 목표로 두고 하는 이가 많기 때문에 시간적인 여유가 없을 것으로 생각된다. 여건이 된다면 되도록 다양한 영어 지문을 경험해보자.

Practice TEST 23

01

Hill State is pleased to announce that we have assumed the management of the Crown building.

The word "assume" in this sentence is closest in the meaning to,

(A) take on (B) decide (C) contact (D) understand

02

Our widely used backpack is made primarily for travel professionals in the tourism industry.

The word "primarily" in this sentence is closest in the meaning to,

(A) mainly (B) regularly (C) solely (D) originally

03

Sarah Ball will serve as liaison between our corporate office in Seoul and our headquarters in Tokyo.

The word "serve" in this sentence is closest in the meaning to,

(A) accomplish (B) sell (C) act (D) subscribe

04

One winner will be drawn randomly at Plaza Hotel, within two business days of competition closing.

The word "randomly" in this sentence is closest in the meaning to,

(A) irregularly (B) curiously (C) mostly (D) markedly

05

Many successful business owners believe that reducing employee absences and enhancing staff productivity can help maintain the long-standing reputation.

The word "maintain" in this sentence is closest in the meaning to,

(A) look out (B) declare (C) defend (D) keep up

06

A $ 100 late-payment fee will be charged if the rented equipment and supplied parts are not returned before the date mentioned on the front of this agreement.

The word "charged" in this sentence is closest in the meaning to,

(A) demanded (B) appointed (C) admitted (D) sent

07

Louise Banks has worked as the Chief Executive Officer for ten years and also participated in the product development project for older and disabled people.

The word "participated" in this sentence is closest in the meaning to,

(A) permitted (B) completed (C) waited on (D) taken part in

08

If the topic you sent out is covered during the time management seminar, please contact me as soon as possible.

The word "covered" in this sentence is closest in the meaning to,

(A) substituted (B) encouraged (C) discussed (D) protected

09

Candidates wishing to receive serious consideration must have at least 2 years related experience and ability to work independently.

The word "consideration" in this sentence is closest in the meaning to,

(A) kindness (B) attention (C) solicitation (D) business

10

October 25, last Friday was a landmark occasion for graduate students across the United States who would like to live and work in Japan.

The word "landmark" in this sentence is closest in the meaning to,

(A) typical (B) objective (C) important (D) boundary

Unit 24 문자메시지, 온라인 채팅

Reading Point 1 문자메시지, 온라인 채팅의 출제 경향

두 명 이상이 전화메시지(text message chain) 또는 온라인으로 업무와 관련된 내용을 주고받는 대화 형식(online chat discussion)의 지문으로 짧지만, 전후 상황 파악이 중요한 문제들이 출제된다. 의도 파악 문제의 경우 문제에 언급된 인용구를 직역하기보다는 전후 문맥을 파악하는 과정이 필요하다.

Reading Point 2 문자메시지, 온라인 채팅

문자메시지, 온라인 채팅의 구성

Ms. Choi 1:45
Smith, I got a message from a client and he will be here at 2:00. I'll be a little late.

> 대화의 주제
> 메시지를 보낸 목적을 통해 등장인물들 간의 관계를 빠르게 정의하자.

Mr. Smith 1:47
It's okay. There is usually a long introduction about the speaker before the ceremony.

> 본문(세부사항)
> 메시지의 주제에 대한 해결책 또는 제2의 의견이 나온다. 화자들이 앞으로 할 일을 예상하기 위해 부탁 또는 추가 질문을 하게 된다.
> 의도 파악 문제가 출제될 수 있는 부분이기도 하다.

Ms. Choi 1:48
Hmm.. If I miss the entire presentation, what am I going to do?

Mr. Smith 1:48
Don't worry. I'll be sure to bring you a copy of the speaker's handout.

> 향후 할 일, 의도 파악 문제가 나올 수 있는 부분이기 때문에 앞부분에서 내용을 파악하지 못하면 간단한 구어체 표현을 놓치게 되므로 주의하자.

Ms. Choi 1:50
Great. See you later.

문자메시지, 온라인 채팅의 질문 유형 및 전략

	대표적인 질문 유형	해결 전략
주제와 목적	• What problem does Mr. Gray mention? • Why did Ms. Brewer contact Ms. Julio? • For what kind of company does Ms. Hobbs most likely work? • What is true about Ms. Wilson?	첫 문장에서 상대방에게 던지는 질문, 최근 들은 소식 또는 자신이 한 일에서 힌트가 나온다.
인물	• Who most likely is Ms. O'Connor? • Who is Antyony Lopkins?	첫 대화에서 등장인물의 관계를 빠르게 정리해야 단순한 문제 및 대화 도중에 합류하는 인물까지 쉽게 이해할 수 있다.
의도파악	• At 3:10 P.M., what does Mr. Coloman mean when he writes "No problem"? • At 6:32 A.M., what does Ms. Dennis mean when she writes "Got it"? • At 1:10 P.M., what does Mr. Dommar mean when he writes "He is currently working on it"? • At 9:00 A.M., what does Ms. Brown mean when she writes "That would be good"?	" " 앞뒤로 단서가 제시되므로, 직역보다는 문맥상의 의미를 이해하도록 해야 한다.
세부사항	• What will Ms. Wilson mostly likely tell Mr. Coburn? • What will Ms. Osborne submit to the Human Resources Department?	온라인 채팅의 성격상 사람 이름과 같은 고유명사 또는 특정 대상이 키워드가 되며, 그 주변에서 정답을 찾을 수 있다.

Practice TEST 24

Question 01-02 refer to the following text message chain.

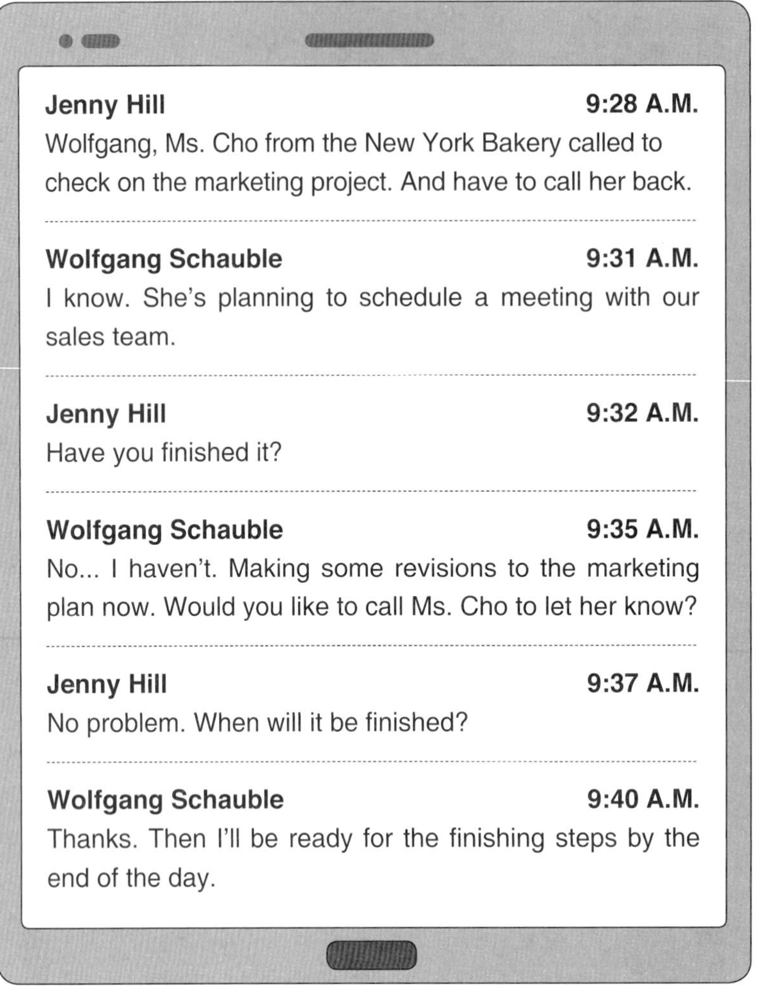

Jenny Hill **9:28 A.M.**
Wolfgang, Ms. Cho from the New York Bakery called to check on the marketing project. And have to call her back.

Wolfgang Schauble **9:31 A.M.**
I know. She's planning to schedule a meeting with our sales team.

Jenny Hill **9:32 A.M.**
Have you finished it?

Wolfgang Schauble **9:35 A.M.**
No... I haven't. Making some revisions to the marketing plan now. Would you like to call Ms. Cho to let her know?

Jenny Hill **9:37 A.M.**
No problem. When will it be finished?

Wolfgang Schauble **9:40 A.M.**
Thanks. Then I'll be ready for the finishing steps by the end of the day.

01 At 9:37 A.M., what does Ms. Hill most likely mean when she writes, "No problem."?

(A) She will extend the deadline.
(B) She will help Mr. Schauble for the plan.
(C) She will contact Ms. Cho.
(D) She will visit the New York Bakery.

02 What does Mr. Schauble say he's doing now?

(A) Rescheduling transportation
(B) Calling an office
(C) Making an order
(D) Making some changes to the plan

Question 03-06 refer to the following online chat.

Edie Brickell [10:19 A.M.]	Steve, I'm concerned about the new sports car our firm will soon launch. We haven't chosen a name for it yet.
Steve Martin [10:19 A.M.]	Why don't we address that matter at the meeting this afternoon?
James Corden [10:20 A.M.]	I agree. I spoke to designers in my office and got several suggested names. Let me prepare a list to share at the meeting.
Steve Martin [10:22 A.M.]	Great. That way, we will have a chance to hear a variety of opinions.
Edie Brickell [10:23 A.M.]	Good idea. We have to select a name as soon as possible. We will start advertising the car on March 1.

Send

03 Where does Mr. Corden work?

(A) In Sales
(B) In Design
(C) In Human Resources
(D) In Advertising

04 According to the chat, what is suggested about the company?

(A) It plans to ask other marketing firm to give some ideas.
(B) It failed to utilize data from the design department.
(C) It will choose an advertising company for the new product.
(D) It needs to rush to meet the deadline for advertising.

05 At 10:22, what does Mr. Martin mean when he writes, "That way"?

(A) He hopes to conduct a survey.
(B) He believes that the advertisement will be more helpful than expected.
(C) He wants to take advantage of the list at the discussion.
(D) He plans to ask his supervisor about the name.

06 What will Mr. Corden most likely do next?

(A) Hold a meeting
(B) Narrow down the opinions
(C) Delay the launch of the new car
(D) Call the advertising company

Unit 25 이중지문

Reading Point 1 이중지문의 출제 경향

TOEIC R/C 영역에서 파트 7 독해의 176번부터 185번까지의 10문제는 연계된 두 개의 독해 지문을 보고 5문제를 풀게 된다. 이 부분을 이중지문(double passages) 영역이라 하는데, 두 지문의 내용과 연계된 문제들이 꼭 출제된다는 점이 특징이다. 5문제 중에서 두 지문의 내용을 종합하여 풀어야 하는 연계 문제는 1~2문제에 불과하므로 나머지는 단일 지문에 따른 공략을 그대로 활용하면 된다.

Reading Point 2 두 지문간의 관계 파악

두 지문 간의 관계를 파악하는데 단서가 되는 첫 번째 힌트는 첫 지문 위에 있는 지문 소개 문구이다. 지문의 성격이 편지인지 이메일인지, 기사인지, 공지사항인지 등을 규명하고 들어가자.

두 지문간의 관계

❶ 전달 + 답변

첫 번째 지문에서 한 사람이 편지나 이메일, 공지사항을 전달하면 두 번째 지문에서 그에 대한 직접적인 답변을 하는 것이다.

첫 번째 지문	두 번째 지문
Letters (편지) E-mails (이메일) Memorandums (회람) Notices (공지) 등	Letters (답장) E-mails (답 메일) Applications (지원서) Complaint forms (불평 신고서) 등

❷ 주된 내용 + 보충지문

첫 번째 지문에서 주된 내용으로 무언가를 전달하거나 설명하고 나서 두 번째 지문에서 그에 대한 보충을 하는 경우이다. 삼중지문에서도 자주 출제되는 유형이다.

첫 번째 지문	두 번째 지문
Letters (편지) E-mails (이메일) Memorandums (회람) Notices (공지) Article (기사) 등	Schedules (스케줄) Itineraries (일정표) Invoices (송장) Receipts (영수증) Forms (서식) 등

❸ 주된 내용 + 제 3자 등장

최근에 부쩍 늘은 유형으로 첫 번째 지문에서 A가 B에게 편지를 보냈는데, 두 번째 지문에서는 B가 등장하는 게 아니고 갑자기 C라는 제 3자가 등장하여 B에게 이메일을 보내는 식이다. 이런 경우 B라는 당사자는 아예 등장하지도 않고 두 지문 속에서의 내용을 통해서만 파악해야 하므로 가장 까다로운 지문 관계이다. 또는 첫 번째 지문에서 어떤 제품을 광고한다면 두 번째 지문에서는 다른 회사가 등장하여 유사한 제품을 광고하는 식이 될 수도 있다.

첫 번째 지문	두 번째 지문
A가 B로 보내는 Letters (편지)	C가 B로 보내는 Letters (편지)
A가 B로 보내는 E-mails (이메일)	C가 B로 보내는 E-mails (이메일)
A제품을 홍보하는 Advertisements (광고)	유사제품을 홍보하는 Advertisements (광고)
사람을 구하는 A사의 Advertisements (광고)	사람을 구하는 B사의 Advertisements (광고)

Practice TEST 25

Question 01-05 refer to the following article and e-mail.

Passage from "the world's water supply" by Jonathan Edwards, March edition

Covering more than 90% of the Earth's surface, water is a vital resource. Unfortunately, 97% of Earth's water is saltwater and therefore, is not usable to humans. Only 3% of the Earth's water is actually usable to humans.

Additionally, humans have taken advantage of the accessibility of water. People use water for an array of jobs such as agriculture, cooking, washing, and landscaping. This array of tasks combined with a continuously growing population has stressed the water system on Earth.

While the quality and quantity of the water on this planet is at risk, deficiency of the water supply in the future can be treated through a change in use of the water.

To	jedwards@globalissues.net
From	shawna@hmail.net
Date	March 30
Subject	Water

I read your article in March's Global Issues Magazine. I respect your effort in trying to inform the public about Earth's water. However, I need to disagree with some of your information.

Foremost, your numbers are not accurate. Seventy percent of the Earth is actually covered with water, not ninety as you mentioned in your article. In relation to the Earth's water quantity, approximately 97% of water is unusable saltwater. In addition to that 97%, 2% more is water frozen in ice caps. Consequently, only about 1% of water is accessible to humans, not 3% as you previously stated.

Additionally, aside from agriculture, cooking, washing, and landscaping, industry and manufacturing also require freshwater for cleaning, production, and other miscellaneous processes. However, the quantity used differs by industry.

In conclusion, I concur that we have to change our habits with using water to maintain our water supply. Such advances as irrigation and canals are crucial for conserving. More water-saving technologies will have a great influence on our ability to conserve water in the future.

I look forward to the next edition.

Sincerely,
Shawn Andrews

01 What is not mentioned as a use of water in the article?

(A) Farming
(B) Manufacturing
(C) Gardening
(D) Culinary

02 In the article, the word "stressed" in paragraph 2, line 3 is closest in meaning to:

(A) emphasized
(B) lengthened
(C) worried
(D) overburdened

03 What is the main reason for the email?

(A) To oppose the arguments in the article
(B) To announce analysis on the research
(C) To talk about agricultural advances
(D) To request the reprint of the article

04 What can be inferred from Jonathan Edwards and Shawn Andrews?

(A) They attended the same university.
(B) The Global Issues Magazine is printed monthly.
(C) Jonathan Edwards is the new chief editor at the Global Issues Magazine.
(D) The Global Issues Magazine keeps track of their water use.

05 What would Jonathan Edwards and Shawn Andrews most likely agree on?

(A) More than 90% of the Earth is covered by water.
(B) Advances in irrigation are a great way to conserve water.
(C) Humans need to change the water use habits.
(D) Agriculture is the most important way water is used.

Question 06-10 refer to the following two e-mail messages.

To	Mary Quota <mquota@jen&jan.com>
From	Clark M. Ball <amball@jen&jan.com>
Subject	Internet Difficulties
Date	November 1

Dear Ms. Quota

I was having trouble with the Internet the other day. It worked fine today morning. However, after lunch, I was unable to reach the web sites other than the company's networks. I immediately called the technical support manager, but there hasn't been a response yet. And then I told the situation to one of my colleagues, Adrian Good. He informed me that you were able to help with her technical difficulties before, and suggested that I contact you.

I'm wondering if this is a problem throughout the company's network or if it is just my workstation.

I would appreciate your help.

To	Clark M. Ball <amball@jen&jan.com>
From	Mary Quota <mquota@jen&jan.com>
Subject	Re: Internet Difficulties
Date	November 1

I deeply apologize for your inconvenience. John Morrison, the technical support manager, is in charge of Internet difficulties but he will be out of his office until Monday. It seems that the problem is occurring randomly at this point. Some of the employees have been able to use the Internet without difficulty, but it might be that your workstation is one of few having connection problems. I have forwarded your e-mail to system administrators to investigate and determine the cause of the problem and to prevent it from reoccurring. I expect to resolve the situation within an hour.

Temporary Internet files on your computer might have caused your problems. The files may be corrupted in some way, augmenting to the problem at hand. To settle this trouble, you should delete your temporary Internet files. The guidelines for deleting such files are in your employee manuals.

I am leaving my office at 4 p.m. today. If further assistance is necessary, contact my assistant, Ronaldo Chavez.

Mary Quota
Technical Support

06 What is true about Clark Ball's computer problem?

(A) It started in the morning.
(B) The problem is confined to his workstation.
(C) The problem is due to a certain program.
(D) The cause of the problem is unknown.

07 Who was the person Clark Ball first contacted?

(A) Ronaldo Chavez
(B) Mary Quota
(C) John Morrison
(D) Audrian Good

08 In the second e-mail, the word "randomly" in paragraph 1, line 3 is closet in meaning to

(A) irregularly
(B) casually
(C) carelessly
(D) accidentally

09 What is Mary supposed to do?

(A) Check with an instruction manual
(B) Purchase a new security program
(C) Arrange a technical service
(D) Consult a system administrator

10 What is Clark Ball instructed to do?

(A) Use a computer at a different workstation
(B) Delete some internet files
(C) Inform the problem to another department
(D) Shut down his computer

Unit 26 삼중지문

Reading Point 1 삼중지문의 출제 경향

토익에 등장하는 모든 종류의 지문들(이메일, 광고, 기사, 공지, 표, 텍스트 메시지 등) 중에서 세 개가 제시(Triple passages)되며, 특정 지문에 대한 문제가 나오거나 두 개 이상의 지문을 연결해야 해결할 수 있는 문제가 5문제 중 1~3개 출제된다. 세 지문을 먼저 다 읽은 후 문제를 풀게 된다면, 5문제를 시간 내에 풀기가 거의 불가능하기 때문에, 각 지문별 성격을 충분히 이해하는 것이 가장 중요하며, 필요한 정보만을 찾기 위해 최대한 많은 문제를 풀어보며 문제 유형을 익히도록 한다.

Reading Point  각 지문간의 관계 및 연계문제 공략

편지, 이메일

가장 중요한 수신인과 발신인을 정확하게 인지하자. 지문에서 요청하거나 불만을 제기하는 등의 분위기는 서로 간의 관계를 정의해준다. 그 다음 지문에 또 다른 편지/이메일이 나온다면 응답 또는 해결하는 내용이 되고, 문제 풀이의 핵심 내용으로 이어지므로 수신인과 발신인에 대해 빠르게 정의를 내리도록 한다.

표

표의 경우 불필요한 고유명사(제품명, 사람 이름 등)와 수치 등이 많이 등장한다. 제목 등의 굵은 글씨를 보며 표의 종류 정도만 확인하고, 다른 지문에서 표의 내용을 요구하는 키워드를 놓치지 않도록 한다.

기사

유독 사람 이름, 행사, 지역 등의 고유명사가 많이 등장하는 지문으로, 표와 함께 출제되기 좋은 종류의 지문이다. 표에는 불필요한 정보가 많으므로, 기사에 소개된 인물, 행사, 상품 등을 표에서 찾아 추가적인 정보를 알아내는 순서가 필요하다.

평가, 후기

정보문, 광고문 등과 함께 연계 문제로 나오는 지문으로, 상품 또는 서비스를 이용한 후 남긴 글의 성격상, 앞 지문에서 광고한 제품을 찾기, 이용 후 광고와 다른 점 등이 문제로 출제된다.

Reading Point 3 해결전략

이중지문, 삼중지문 모두 토익에 등장하는 모든 종류의 지문에 대한 정확한 이해를 요구한다. 단순히 이중지문과 삼중지문을 구분하기보다, 비즈니스 영어라는 토익의 성격을 이해하고, 각 지문이 연결될 수밖에 없는 상황과 등장인물의 관계를 생각한다면 지문 속 키워드가 보이고, 지문이 빠르게 읽히게 되고, 연계 문제는 자연스럽게 해결될 것이다.

Question 01-05 refer to the following letter and e-mail.

May 15
Howard Johnson
Music and Arts Magazine

Dear Mr. Johnson,
I was recently present at the World Piano Contest. While I was there, I took pictures that I believe would be well suited for your magazine. The photographs are attached to this letter and are provided with a title and short summary. I have made it more convenient for you by providing a synopsis. I hope that my photographs will appear in your upcoming editorial.

Sincerely,
Regina Carter
Independent photographer

The photographs at the World Piano Contest

taken by Regina Carter

Name	Description
Runner-up	Second prize winner of contest
Sebastian A	John Sebastian First place winner playing his finale
Sebastian B	Sebastian receiving award
Sebastian C	Sebastian exchanging handshake with concert coordinator, Alex Walsh
Judges	Judges conferring after concert

To	RCphotos@photobank.com
From	hjohnson@musicartmag.com
Date	May 17

Dear Ms. Carter.

Thank you for submitting your pictures. The rest of the editors and I have reviewed your work and we would like to have "Sebastian C" as our cover page photograph. We also want to use "Sebastian A" and "Judges" for the upcoming article.

Our standard rate per picture is $250. If there is any problem in the compensation, please let us know; otherwise, we will send you our photograph release agreement for your signature.

With regards,
Howard Johnson

01 Why did Ms. Carter write a letter to Mr. Johnson?

(A) To apply for entry to a contest
(B) To ask for subscription to a magazine
(C) To take pictures for an upcoming event
(D) To offer her work for sale

02 What was included in Ms. Carter's letter?

(A) Samples of her recent work
(B) Schedules for the upcoming competitions
(C) List of the concert performers
(D) Concert tickets

03 What would Mr. Johnson like to use on the cover page?

(A) Picture of Sebastian playing at the concert
(B) Picture of the judges
(C) Picture of Sebastian with Mr. Walsh
(D) Picture of the runner-up

04 What is inferred about Mr. Johnson in the e-mail?

(A) He submitted an article about the contest.
(B) He is working with a team of editors.
(C) He was one of the judges at the contest.
(D) He has recently been hired to work for the magazine company.

05 What does Mr. Johnson probably want Ms. Carter to do next?

(A) See if the offered pay is acceptable
(B) Contact the magazine company immediately
(C) Obtain more information on a musician
(D) Photograph another upcoming contest

Question 06-10 refer to the following news letter, schedule and notice.

To: Stewart Inc. Employees
From: Director of Human Resources

Dear Coworkers,
Stewart Inc. acknowledges the significance of maintaining an exceptional exercise facility for its employees. In the recent years, we have been working on improving the quality of this facility. In doing so, we have bought new exercise equipment, renovated locker rooms, and are offering a new safety-training course called "Safety First."

Just a month ago, we had you respond to a survey based on our fitness facility. Based on your comments, we plan on making changes soon. These changes will take effect on November 22. Foremost, the fitness facility will extend its daily hours Monday through Friday by three hours. Additionally, there will be new group exercise programs. Finally, long-time members will also be pleased to hear that Jacob Soares has been promoted to the manager of the facility.

We would like to encourage more colleagues to utilize our facility and all it has to offer. We are trying to keep membership costs down and it still remains at $20 a month. In addition, we are offering for a limited time a special rate for new members. Those who sign up before December 7 will have a $15 per month rate for 6 months. For those who are interested, please contact Jacob Soares for the special offer.

Stewart Inc. Fitness Facility Schedule

Hours of Operation		Classes	
Monday	7:00 A.M. - 8:00 P.M.	Boxing	12:00 P.M. - 1:00 P.M.
Tuesday	7:00 A.M. - 8:00 P.M.	Aerobic (Group)	6:00 P.M. - 7:00 P.M
Wednesday	7:00 A.M. - 8:00 P.M.	Cycling	12:00 P.M. - 1:00 P.M.
Thursday	7:00 A.M. - 8:00 P.M.	Yoga (Group)	6:00 P.M. - 7:00 P.M.
Friday	7:00 A.M. - 8:00 P.M.	Dancing (Group)	7:00 A.M. - 8:30 A.M.
Saturday	7:00 A.M. - 8:00 P.M	Weights	9:00 A.M. - 10:30 A.M.
Sunday	CLOSED		CLOSED

*(Group) = New Group Exercise Program

Attention all Members

- If other patrons are waiting, please limit use to 30 minutes.
- One guest per visit is allowed. Patrons under the age of 18 must be accompanied by a member.
- Registrations will not be required for group classes. However, class size is limited to 20 members so arrive early to ensure a place.
- Please leave belongings in lockers to maximize space in the classroom.
- New comers who attend the group program are required to take the "The Beginner" before using the facility.
- Please carry membership card at all times when at the facility.

06 What is the purpose of the letter?

(A) To announce the opening of a new facility
(B) To notify employees of the changes at the facility
(C) To ask for recommendations to improve the facility
(D) To address the problems about the facility

07 What can be inferred from the letter?

(A) Jacob Soares is the training course coordinator.
(B) The company introduced a new employee of the facility.
(C) Employees requested extended hours of operation at the facility.
(D) Employees may share free fitness classes.

08 Which class will start from November 22?

(A) Boxing
(B) Cycling
(C) Dancing
(D) Weights

09 What is not asked to use this facility?

(A) Bear membership card
(B) Use the equipment as much as they want
(C) Leave for class early
(D) Bring belongings into classrooms

10 What must a new Yoga program member do in order to use the facility?

(A) Get a physical examination
(B) Attend the safety training course first
(C) Fill out an application form
(D) Issue a membership card

딱! 한 권

TOEIC 스타트

해설집

왕초보를 위한 토익 입문서

랭기지플러스

딱! 한 권

TOEIC 스타트

RC

왕초보를 위한 토익 입문서

정답 및 해설

Practice Test Answer Key

Practice TEST 01 정답&해설

01. (B) 02. (D) 03. (A) 04. (B) 05. (C) 06. (A) 07. (C) 08. (B) 09. (B) 10. (B)

01 There has been great _____ in the computer industry.

(A) grows (B) growth
(C) grew (D) grown

great 훌륭한, 거대한
industry 산업
grow 성장하다, 크다
growth 발전, 성장

해석 컴퓨터 산업이 발전하고 있다.
풀이 형용사 great의 수식을 받는 자리이므로 명사인 (B) growth가 정답이 된다.

02 By following safety guidelines, you can _____ your personal information.

(A) protection (B) protective
(C) protecting (D) protect

by -ing ~함으로써
follow 따르다, 준수하다
safety guideline 안전 규정
personal 개인의
information 정보
protection 보호
protective 보호하는
protect 보호하다

해석 안전 절차를 준수함으로써, 당신은 당신의 개인 정보를 보호할 수 있다.
풀이 빈칸은 주어에 대한 서술어인 동사가 들어가야 한다. 따라서 '보호하다'라는 뜻의 동사 (D) protect가 정답이 된다.

03 Please call me _____ you need further information.

(A) if (B) on
(C) however (D) during

call 전화하다, 부르다
need 필요하다
further 더욱이
information 정보
however 그러나
during ~하는 동안

해석 더 필요한 정보가 있다면 나에게 전화 주세요.
풀이 빈칸에는 문장과 문장을 연결해주는 접속사가 들어가야 하므로 (A) if가 정답이 된다. on과 during은 전치사이고, however는 접속 부사이므로 오답이다.

04 Mr. Ron is the _____ person to lead this project.

(A) idea (B) ideal
(C) idealize (D) idealism

person 사람
lead 이끌다
project 계획
idea 생각
ideal 이상적인
idealize 이상화하다
idealism 이상주의

해석 론 씨는 이 프로젝트를 이끌 이상적인 사람이다.
풀이 빈칸은 명사 person을 꾸며줄 수 있는 형용사 자리이다. 따라서 형용사 (B) ideal이 정답이다.

05 Staff members in the shipping department work _____.

(A) rapid (B) rapidity
(C) rapidly (D) rapidness

staff 직원
rapid 빠른
rapidity 급속, 신속
rapidly 빨리, 급속히
rapidness 신속, 민첩

해석 배송부의 직원들은 빨리 일한다.
풀이 빈칸에는 동사 work를 수식하는 품사가 와야 하므로 부사인 (C) rapidly가 정답이다.

06 Most workers complained that the new uniforms do not fit _____ properly.

(A) them (B) they
(C) their (D) themselves

most 대부분
complain 불평하다
fit 적합하다, (옷이) 맞다
properly 적절하게

해석 대부분의 직원들은 새 유니폼이 맞지 않아서 불평했다.
풀이 빈칸은 목적어 자리이므로 목적격 대명사인 (A) them이 적절하다.

07 Some experts in economics expect that the _____ of the nation's currency will fall harply.

(A) worth (B) expense
(C) value (D) fare

expert 전문가
economics 경제학
currency 통화
fall 떨어지다
sharply 급격하게
worth 가치
expense 비용
value 가치
fare 교통요금

해석 경제학 분야의 일부 전문가들은 나라의 통화 가치가 급격히 떨어진다고 예상한다.
풀이 (C) value는 가치, 가격이라는 의미로 주로 「the value of 금액명사」: '~의 가치'라는 용례로 쓰이며 a good value for money (금전적으로 가치 있는 물건)라는 표현도 있다. 따라서 (C) value는 의미상으로나 용법상으로나 적절하기 때문에 정답이다.
(A) worth(가치)는 명사일 때 의미상 적절하지만 2 dollars' worth of meal (2달러치의 식사)처럼 주로 돈 액수와 같이 어울려 쓴다. (B) expense는 '경비, 비용'이라는 의미로 내용상 적절하지 않다. (D) fare는 교통 요금을 말하므로 오답이다.

08 The personnel division decided to _____ 6 more sales representatives.

(A) expand (B) recruit
(C) approve (D) increase

personnel division 인사부
decide to do ~를 결정하다
sales representative 영업사원
expand 확장하다
recruit 채용하다
approve 허가하다, 승인하다
increase 증가하다

해석 인사부는 6명의 영업사원을 더 채용하기로 결정했다.
풀이 목적어 sales representatives와 의미상 가장 적절한 동사는 (B) recruit이다. (A) expand는 '확장하다'라는 의미로 expand the market (시장을 확장하다), expand the business (사업을 확장하다)로 쓰인다. (C) approve는 '승인하다', (D) increase는 '증가하다, 증가시키다'로 의미상 적절하지 않다.

Questions 09-10 refer to the following notice.

회람

수신: 부서장들
발신: 제이 빌링스
제목: 연례 워크샵 및 야유회

유감스럽게도, 롱레이크 별장에서 보내게 될 주말의 세부적인 일정을 아직 확정 짓지 못하고 있습니다. 숙박 시설에는 문제가 없으나 초청 연사인 라이온즈 박사님께서 일정에 문제가 생기셨습니다. 그분이 이미 같은 날 약속을 잡아 놓으셨고 우리 측 초대를 수락하실 당시만 해도 그것을 알지 못하신 것 같습니다. 늦어도 이번 주 안에는 우리에게 확답을 주시겠다고 분명히 말씀하셨고 다른 쪽 약속 날짜를 변경할 수 있으실 것이라고 생각하시고 계십니다. 계속 진행 상황을 여러분께 알려 드리겠습니다.

단어

- □ be unable to do ~할 수 없다
- □ facility 시설
- □ have trouble with ~에 어려움이 있다
- □ engagement 약속, 약혼
- □ ensure 사람 that ~ ~에게 ~를 확신시키다
- □ confident 확신하는
- □ detail 세부사항
- □ guest speaker 초청 연설자
- □ be booked for 예약하다
- □ invitation 초대장
- □ later 다음의, 나중의
- □ arrange 준비하다, 배열하다, 계획하다

09 (A) We have some trouble with the schedule
(B) There is no problem with the facility
(C) He is unavailable at that date
(D) The center is an entirely volunteer-run organization

풀이 문맥상 빈칸에 들어갈 알맞은 문장을 고르는 문제로 빈칸 뒤에 but으로 이어지는 내용에서 문제가 있는 부분을 언급하고 있으므로 빈칸에는 '다른 부분에서는 문제가 없다'라고 하는 것이 가장 알맞다. 따라서 정답은 (B) '시설과 관련된 문제는 없다'가 적절하다. (A) '우리는 일정에 대해 약간의 문제가 있다'는 but과 어울리지 않으며 (C) '그는 그날에 올 수 없다'는 Dr. Lyons 씨가 아직 언급되지 않았기 때문에 He로 받을 수 없고, 접속사 but 역시 이어지기에 어색하다. (D) '센터는 전적으로 자원봉사자들에 의해 운영되는 기관이다'는 문맥상 아무런 관계가 없다.

10 (A) my
(B) his
(C) her
(D) its

풀이 빈칸은 명사(schedule)를 수식하는 소유격 자리로, 남자 Lyons 씨를 대신하는 (B) his가 정답이다. (A) my는 앞에 언급된 주체가 I, (C) her는 앞에 언급된 주체가 '여성', (D) its는 앞에 언급된 주체가 '사물'일 때 뒤에서 대신하는 소유격 대명사들이다.

Practice TEST 02 정답&해설

01. (A) 02. (B) 03. (A) 04. (D) 05. (A) 06. (B) 07. (A) 08. (B) 09. (C) 10. (C)

01 _____ their project by deadline is almost impossible.

(A) To finish (B) Finish
(C) Finished (D) Have finished

해석 그들의 프로젝트를 마감일까지 끝내는 것은 거의 불가능하다.

풀이 their project를 목적어로 수반하면서 문장에서 주어 역할을 할 수 있는 명사구는 (A) To finish이다.

project 계획
deadline 마감 기한
almost 거의
impossible 불가능한
finish 끝내다

02 _____ 35th Street is under construction, please take a detour.

(A) Where (B) Since
(C) Although (D) After

해석 35번가는 공사 중이므로 우회하십시오.

풀이 절과 절이 있으므로 빈칸은 접속사 자리이다. 우회를 하라고 하므로 문맥상 이유를 나타내는 (B) Since가 가장 적절하다.

under construction 공사중
detour 우회, 우회하다
take a detour 우회하다
since ~때문에, ~이래로
although ~일지라도
after ~이후에

03 _____ recent reports, consumer confidence is at a five-year low.

(A) According to (B) Responding
(C) Ever (D) In response to

해석 최근 보고서에 따르면 소비 심리가 5년 만에 최저이다.

풀이 recent reports를 수반할 수 있는 전치사구를 찾아야 하므로 (A) According to(~에 따르면)가 정답이다. (B) Responding은 to와 어울려 사용되며 (D) In response to(~에 답하여)는 해석이 맞지 않고 (C) Ever(심지어)는 부사로 구나 절을 이끌 수 없다.

recent 최근의
report 보고서
consumer confidence (경제 전망에 대한) 소비 심리, 소비자 신뢰
at a five-year low = at the lowest in 5 years 5년 중 최저

04 I attached a copy of the document _____ you requested.

(A) what (B) whose
(C) who (D) that

해석 나는 당신이 요청했던 서류 한 부를 첨부했습니다.

풀이 선행사가 사물(the document)이고 관계대명사 절의 목적어 자리가 비어 있으므로 빈칸에는 (D) that이 와야 한다.

attach 첨부하다
a copy of ~한 부, ~의 사본
document 서류
request 요청하다

05 The results of a recent study show _____ the global economic downturn hit the bottom last year.

(A) that (B) about

(C) what (D) it

result 결과
recent 최근의
study 연구
show ~을 보여주다
economic downturn 경기 침체
bottom 바닥

해석 최근 연구 결과는 글로벌 경기 침체가 작년에 최악이었다고 보고했다.

풀이 완전한 문장을 이끌며 타동사 show의 목적어 역할을 수행하고 명사절을 이끄는 접속사 (A) that이 정답이다. that은 관계대명사와 접속사로 모두 활용이 가능한 출제 빈도가 높은 어휘이다. (B) about은 전치사이므로 절을 수반할 수 없다. (C) what은 뒤에 불완전한 문장이 나온다.

06 The task was _____ my capabilities.

(A) from (B) beyond

(C) with (D) through

task 임무
capability 능력
beyond ~을 넘어서
from ~로부터
with ~와 함께
through 내내, ~을 통과해서

해석 그 임무는 내 능력 밖의 일이었다.

풀이 전치사의 관용적 표현을 묻는 문제로 beyond one's capability는 '~의 능력의 한계를 벗어난'이란 뜻이다.

07 The Remy store _____ customers to check their order status online.

(A) allows (B) prohibits

(C) makes (D) lets

customer 고객
check 확인하다
order 주문하다, 주문
status 상황
order status 주문 상황
allow 목적어 to do ~에게 ~하는 것을 허락하다
prohibit 목적어 from 명사 ~에게 ~하는 것을 금하다
let 목적어 동사 원형 ~에게 ~을 시키다
make 목적어 동사 원형 ~에게 ~을 시키다

해석 레미 상점은 고객들이 주문 상황을 온라인상으로 확인할 수 있도록 해준다.

풀이 알맞은 동사를 찾는 어휘 문제이다. (A) allows는 목적어 다음에 to부정사를 취할 수 있어 「allow + 목적어 + to do」 '목적어가 ~하는 것을 허락하다'로 쓴다. 따라서 문맥상이나 용법상 (A) allows가 정답이다. (B) prohibits는 목적어 다음에 전치사 from을 취한다. (C) makes와 (D) lets은 사역동사이므로 목적어 다음에 동사 원형을 취한다.

08 By providing better service, we are trying to meet our _____ to our customers.

(A) remittance (B) commitment

(C) appraisal (D) speculation

remittance 송금
commitment 약속, 헌신
appraisal 평가
speculation 사색, 고찰

해석 우리는 보다 좋은 서비스를 제공함으로써 우리 고객에 대한 약속을 지키려고 노력 중이다.

풀이 (B) commitment는 전치사 to와 어울려 사용되는 명사이며 「commitment + to + N」 '~에 대한 헌신, 약속'으로 쓴다.

Questions 09-10 refer to the following sign.

> 승선 절차:
>
> 티켓을 구입하기 위해서, 2층에 있는 판매소로 가주세요. 승선하기 전에 가방 보안 검색을 위한 시간이 필요하므로 배가 출발하기 적어도 40분 전에는 반드시 표를 구입하도록 하십시오. 표를 소지한 승객들만이 승선할 수 있으며 승무원의 승선 안내가 있을 때까지는 부두의 노란 선 뒤에서 대기하셔야 한다는 것을 명심해 주십시오.

단어

- □ procedure 절차
- □ be sure to do 확실히 하다, 명심하다
- □ at least 적어도
- □ security check 보안검색
- □ be reminded that ~ ~을 기억하다, 상기하다
- □ remain ~에 있다, ~에 남아있다
- □ direct 지시하다
- □ purchase 구입하다
- □ get 구입하다
- □ depart 출발하다
- □ passenger 승객
- □ behind ~뒤에
- □ dock 부두

09 (A) Purchase
(B) Purchased
(C) To purchase
(D) Purchases

풀이 Purchase your ticket(s)의 위치는 문장 전체를 수식하는 완전한 문장 앞 '부사' 자리에 있다. 동사(purchase)를 '부사구'로 만들 수 있는 to부정사(목적을 나타내는 부사적 용법: ~하기 위하여)가 필요하므로 (C) To purchase가 가장 적절한 선택이다.

10 (A) Please remember that it will be delivered
(B) The permit needs to be approved
(C) Be sure to get your ticket at least 40 minutes
(D) At least five years in a related field is required

풀이 문맥상 빈칸에 들어갈 알맞은 문장을 고르는 문제로, 빈칸 앞에는 티켓을 사라는 문장, 뒤에는 승선 전 충분한 시간이 필요하다는 문장이 있으므로 (C) '적어도 40분 전에 티켓을 구입해두세요'가 가장 적절한 선택이다. (A) '그것이 배달될 것을 기억하세요'는 카운터에서의 티켓 구입과 어울리지 않는다. (B) '허가증은 승인될 필요가 있다'에서 '허가증'은 이 글의 내용과 어울리지 않는다. (D) '관련된 분야에서 적어도 5년이 필요하다'는 구인광고와 어울리는 문장이다.

Practice TEST 03 정답&해설

01. (D) 02. (A) 03. (C) 04. (B) 05. (A) 06. (B) 07. (B) 08. (C) 09. (B) 10. (D)

01 The _____ of these subway lines will be stopped.

(A) operative (B) operator
(C) operate (D) operation

해석 이 지하철 노선의 운영은 중단될 것이다.

풀이 빈칸은 주어 역할을 할 수 있는 명사 자리이다. (B) operator(운영자)는 명사지만 의미상 적절하지 않다. 따라서 (D) operation(운영)이 가장 적절하다. (A) operative(운영하는)는 형용사이고 (C) operate(운영하다)는 동사이다.

subway line 지하철 노선
operative 움직이는, 운영하는
operator 운영자
operate 운영하다
operation 운영

02 Smart shoppers will _____ different but similar brands before making a purchase.

(A) compare (B) comparative
(C) comparison (D) comparable

해석 현명한 쇼핑객은 구입을 하기 전에 비슷한 상품과 다른 상품을 비교할 것이다.

풀이 빈칸은 문장에서 서술어 역할을 할 수 있는 동사 자리이다. 조동사 will이 있으므로 동사 원형을 찾아야 한다. 따라서 (A) compare(비교하다)가 동사이므로 가장 적절하다.

different 다른
similar 유사한
brand 상품, 상표
make a purchase 구매하다
compare 비교하다
comparative 비교의
comparison 비교, 대조
comparable ~에 필적하는

03 Please change your password _____ in order to protect personal information.

(A) frequent (B) frequenting
(C) frequently (D) frequency

해석 개인 정보를 보호하기 위해서 당신의 비밀번호를 자주 변경하세요.

풀이 빈칸은 동사 change를 꾸며줄 수 있는 부사 자리이다. 따라서 (C) frequently(빈번하게)가 부사이므로 가장 적절하다.

change 변경하다
password 비밀번호
in order to do ~하기 위하여
protect 보호하다
personal 개인의
information 정보
frequent 빈번한
frequently 빈번하게
frequency 빈번

04 Doctors have to keep patients' records completely _____.

(A) confidence (B) confidential
(C) confidentially (D) confide

해석 의사는 환자의 기록의 기밀을 확실하게 지켜야 한다.

풀이 빈칸은 keep의 목적어인 patients' records를 설명해 줄 수 있는 보어 자리이다. 보어 자리에는 형용사와 명사가 올 수 있는데 명사가 보어가 되면 목적어와 동격이 되므로 이 문장에서는 어색하다. 따라서 (B) confidential(기밀의)이 형용사이므로 가장 적절하다. 「keep + 목적어 + 형용사」 '목적어를 형용사인 상태로 유지하다'의 구문을 기억하자.

keep 유지하다
patient 환자
record 기록
completely 완전하게
confidence 신뢰
confidential 기밀의
confidentially 기밀로
confide 신뢰하다

05 We are looking forward to the _____ in a week to ten days.

(A) delivery (B) deliver
(C) delivered (D) delivers

해석 우리는 배달한 물건이 7일에서 10일 이내에 도착하기를 기대하고 있다.

풀이 빈칸은 전치사 to의 목적어 역할을 하면서 앞에 정관사 the를 취할 수 있는 명사 자리이다. 따라서 (A) delivery(배달, 배달물)가 명사이므로 가장 적절하다.

look forward to 명사 ~를 학수고대하다
in a week to ten days 7일에서 10일 내에
delivery 배달, 배달물
deliver 배달하다
delivered 배달된

06 The device is extremely _____ and can detect even the smallest motion in the room.

(A) sensible (B) sensitive
(C) sensing (D) sensibility

해석 그 장치는 매우 민감하고 심지어 방 안에서 아주 작은 움직임도 감지할 수 있다.

풀이 빈칸은 주어 the device를 설명할 수 있는 보어 역할을 하고 부사 extremely의 수식을 받을 수 있는 형용사 자리이다. (A) sensible(분별 있는)은 형용사이지만 의미상 어울리지 않고 (B) sensitive(민감한)가 의미상 가장 적절하다.

device 장치
extremely 매우
detect 감지하다
even 심지어
motion 동작
sensible 분별 있는
sensitive 민감한
sensibility 감각, 민감, 감성

07 If a defective product is returned, we will send a replacement _____.

(A) recently (B) promptly
(C) newly (D) lately

해석 결함이 있는 제품을 반납하시면 우리는 즉시 교체품을 보내드리겠습니다.

풀이 동사 send(보내다, 발송하다)를 수식해 줄 수 있는 알맞은 부사를 찾아야 한다. (A) recently와 (D) lately(최근에)는 현재완료 시제랑 잘 어울리고 (C) newly(새롭게)는 의미상 적절하지 않다. (B) promptly(즉시, 신속하게)가 send와 의미상 잘 어울리므로 가장 적절하다.

defective 결함이 있는
product 제품
return 반납하다
send 보내다, 발송하다
replacement 교체품
recently 최근에
promptly 즉시, 신속하게
newly 새롭게
lately 최근에

08 You are required to submit different versions of resumes to _____ your various careers in the field.

(A) conduct (B) stipulate
(C) reflect (D) reopen

해석 당신은 그 분야에서 당신의 다양한 경력을 반영할 수 있는 다른 버전의 이력서를 제출해야 합니다.

풀이 to부정사의 알맞은 동사를 찾는 어휘 문제이다. 목적어 your various careers를 수반하면서 동시에 resumes를 의미상 자연스럽게 수식할 수 있는 동사를 찾아야 하므로 (C) reflect(반사하다, 반영하다)가 가장 적절하다.

be required to do ~해야 한다
submit 제출하다
different 다른
resume 이력서
various 다양한
career 경력
field 분야
conduct 시행하다
stipulate 규정하다
reflect 반사하다, 반영하다
reopen 다시 열다

Questions 09-10 refer to the following advertisement.

당신이 3개월 만에 컴퓨터 기술자가 될 수 있을까? 그럼요!

시트로닉스 학원은 당신이 꿈꾸어 오던 컴퓨터 관련 직종의 일에 종사할 수 있게 해 드립니다.

저희 수강 과정은 아주 다양해서 당신이 관심을 가지고 계시는 어떤 컴퓨터 관련 과학 기술 분야라도 전문적인 강의와 실습을 제공해 드릴 수 있습니다. 게다가 당신이 어떤 과정을 선택하시든 간에 자신에게 알맞은 직장을 찾을 수 있는 모든 방법들을 다루고 있는 저희만이 독점적으로 제공하는 '경력 쌓기 노하우'에 대한 강의 시리즈들을 무료로 수강하실 수 있습니다. 강의는 저희 내부 강사들과 컴퓨터 기술 분야에서 국내의 가장 큰 규모를 가진 고용회사들 몇 곳에서 초청한 인사 전문 담당자들이 이력서 작성법, 일자리 알아보는 법 그리고 효과적인 면접법과 기타 주제들을 가지고 강의합니다.

단어

- □ institute 교육기관, 학원
- □ range 다양성
- □ whatever 무엇이든
- □ exclusive 독점적인
- □ get you started 당신이 시작하도록 시키겠습니다
- □ provide 제공하다
- □ participation in ~에 참석
- □ aspect 양상, 면

09 (A) extend
(B) extensive
(C) extension
(D) extends

풀이 같은 어원을 가진 여러 가지 단어 중에서 빈칸에 들어갈 알맞은 형태를 고르는 문제로 뒤에 명사가 이어지므로 명사를 수식할 수 있는 수식어인 형용사를 골라야 한다. 따라서 (B) extensive(광범위한)가 정답이 된다. (A) extend 넓히다 (C) extension 넓힘, 확대 (D) extends 넓히다

10 (A) All contracts must be signed and delivered
(B) Membership forms can be downloaded
(C) To receive the discount, employee identification number will be needed
(D) Resume writing, finding job openings, effective interview techniques and other topics are addressed

풀이 문맥상 빈칸에 들어갈 알맞은 문장을 고르는 문제로, 빈칸 앞의 all aspects of finding the right job are covered에서 '알맞은 직장을 찾는 모든 방법들이 다뤄진다'라고 했으므로 그와 관련된 주제인 (D) '이력서 작성법, 일자리 알아보는 법 그리고 효과적인 면접 기술과 기타 주제들이 다뤄진다'가 가장 적절한 선택이다. (A) '모든 계약서는 서명되고 배송된다'와 (B) '회원 신청 서식은 다운로드 될 수 있다'는 빈칸 뒤에 '우리의 직원들과 초청 인사 전문 담당자들에 의해서'와 어울리지 않는다. (D) '할인을 받기 위해서, 직원 신분증 번호가 필요할 것이다'는 글의 대상이 직원이 아니므로 어울리지 않는다.

Practice TEST 04 정답&해설

01. (B) 02. (C) 03. (B) 04. (B) 05. (D) 06. (C) 07. (A) 08. (D) 09. (D) 10. (B)

01 The booklet also contains expansive _____ on LG Electronics products with images.

(A) idea (B) information

(C) description (D) plan

해석 그 소책자는 또한 LG 전자 제품에 관한 광범위한 정보를 사진과 함께 소개한다.

풀이 빈칸은 동사 contain(포함하다)과 잘 어울리는 목적어를 찾는 문제로 명사 자리이다. 형용사 expansive 앞에 관사가 없고 보기에 제시된 명사들 모두 단수 형태이므로 불가산 명사를 찾아야 한다. 따라서 (B) information이 불가산 명사이므로 가장 적절하다. (C) description(설명, 해설)은 의미상 적절하지만 가산 명사이므로 단독으로 쓰일 수 없다.

booklet 소책자
contain 포함하다
expansive 광범위한
idea 생각
information 정보
description 설명
plan 계획

02 The sales _____ showed an example of her new product.

(A) represent (B) representation

(C) representative (D) represented

해석 영업사원은 그녀의 신제품의 견본을 보여주었다.

풀이 명사 sales와 함께 어울려 복합명사를 만들 수 있는 알맞은 단어를 찾아야 한다. sales representative(영업사원)는 명사와 명사가 합쳐져서 굳어진 복합명사로 한 개의 단어로 인식하면 된다. 따라서 (C) representative가 가장 적절하다.

sales representative 영업사원
show ~을 보여주다
example 견본
represent 대표하다
representation 묘사
representative 대표자, 대표적인

03 The passenger made a written _____ against the airline.

(A) appearance (B) complaint

(C) benefit (D) receipt

해석 승객들은 항공사에 대하여 서면으로 불만을 제기하였다.

풀이 형용사 written(서면으로 작성된)과 동사 made와 잘 어울릴 수 있는 단어를 찾아야 한다. (B) complaint(불평, 불만)는 가산 명사이며 동사 make와 형용사 written과 어울려 make a written complaint(서면으로 불만을 제기하다)라고 쓰이며 문맥상 그 의미도 자연스럽다.

passenger 승객
written 작성된, 문서화 된
make a complaint 불만을 제기하다
against ~에 대항하여
appearance 외관, 출현
complaint 불평, 불만
benefit 혜택
receipt 영수증, 수령

04 The chef received many _____ from our dinner party guests about his cooking.

(A) compliment (B) compliments

(C) complimented (D) complimentary

해석 그 주방장은 그의 요리에 대하여 우리 저녁 파티 손님들로부터 호평을 받았다.

풀이 동사 received의 목적어 역할을 할 수 있는 명사를 찾는 문제이다. 형용사 many(많은)가 빈칸 앞에 있으므로 가산 명사의 복수형을 찾아야 한다. 따라서 (B) compliments(칭찬)가 가장 적절하다.

chef 주방장
receive 받다
many 많은
cooking 요리
compliment 칭찬, 칭찬하다
complimentary 무료의, 칭찬하는

05 Once you get enough rest, your sleep patterns will gradually return to _____.

(A) regular (B) practical
(C) common (D) normal

해석 당신이 충분한 휴식을 취하자마자, 당신의 수면 패턴은 점차 정상으로 회복될 것이다.
풀이 동사구 return to와 함께 어울려 쓸 수 있는 알맞은 단어를 찾아야 한다. return to normal(정상으로 회복하다)이라는 덩어리 표현을 기억하자. 따라서 (D) normal이 가장 적절하다.

get rest 휴식을 취하다
enough 충분한
sleep pattern 수면 패턴
gradually 점차적으로
regular 보통의, 정기적인
practical 실제의, 실용적인
common 공통의, 보통의
normal 표준의, 정상, 표준
return to normal 정상으로 돌아오다

06 _____ at these lectures is not compulsory.

(A) Attend (B) Attendee
(C) Attendance (D) Attendant

해석 이 강연들에 대한 참석이 의무사항은 아니다.
풀이 빈칸은 주어 역할을 할 수 있는 명사 자리이다. 관사가 없고 동사가 단수 형태이므로 의미상 적절한 불가산 명사를 찾아야 한다. (A) Attend(참석하다)는 동사이므로 오답이다. (B) Attendee(참석자)와 (D) Attendant(시중드는 사람)는 가산 명사이며 의미상 적절하지 않으므로 오답이다. 따라서 (C) Attendance(참석, 출석)가 불가산 명사이고 문맥상 자연스럽기 때문에 가장 적절하다.

lecture 강연
compulsory 의무적인
attend 참석하다
attendee 참석자
attendance 참석, 출석
attendant 시중드는 사람

07 Changing the existing equipment spends much money, but management believes that it will bring _____.

(A) rewards (B) prices
(C) advice (D) experts

해석 기존의 설비를 바꾸는 것이 너무 많은 비용을 소비했으나 경영진은 그것이 보상해줄 것이라고 생각한다.
풀이 빈칸은 동사 bring의 목적어 역할을 할 수 있는 명사 자리이므로 (A) rewards(보상)가 문맥상 가장 적절하다.

change 변경하다
existing 기존의
equipment 설비
spend 소비하다, 쓰다
management 경영, 경영진
believe 믿다, 생각하다
bring 가져오다
reward 보상
advice 조언
expert 전문가

08 The _____ for more high-performance computers has risen with the new technologies.

(A) statement (B) replacement
(C) requests (D) demand

해석 고성능 컴퓨터에 대한 수요가 신기술과 동반하여 증가했다.
풀이 빈칸은 주어의 역할을 할 수 있는 명사 자리이다. 동사 has risen이 단수 형태이기 때문에 복수 형태의 명사는 올 수 없다. (D) demand(수요)가 명사일 때 전치사 for와 함께 어울려 demand for ~(~에 대한 수요)라는 표현이 있다. 따라서 (D) demand가 가장 적절하다. (B) replacement(반환, 교체)는 전치사 for와 어울려 쓸 수 있지만 문맥상 자연스럽지 못하고, (C) requests(요청)도 명사일 때 전치사 for와 함께 어울려 쓰이지만 복수형이므로 오답이다.

high-performance 고성능
rise 올라가다, 상승하다
technology 기술
statement 명세서
replacement 반환, 교체
request 요청, 요청하다
demand 수요, 요청하다

Questions 09-10 refer to the following letter.

친애하는 Mr. 팔머스톤,

제 이름은 힐다 프랭크스로 귀하의 백화점을 자주 이용하고 있는 사람입니다. 제가 당신에게 편지를 쓰는 이유는 백화점 사원 한 명을 칭찬해 드리고 싶어서입니다. 저는 그녀의 이름을 알지 못하지만 아마도 생긴 모습이나 일의 자초지종을 말씀드리면 찾으실 수 있으실 겁니다. 제가 보기로는 고등학생인 것처럼 보였고 10대 후반으로 약 162 센티미터의 키에 체격이 작고 엷은 갈색이 도는 금발 머리였습니다.

제가 거기에 갔던 날-이번 달 23일 토요일 2시경-그녀는 여성복 코너에서 근무 중이었습니다. 저는 딱 제 마음에 드는 것을 고르느라 애를 먹고 있었습니다. 이 젊은 아가씨는 저의 우유부단함에도 잘 참아 주었을 뿐 아니라 상품이나 제조업체, 가격이나 기타 여러 가지 문제들에 대해 매우 해박한 지식을 가지고 있었습니다. 저는 매우 감동받았습니다. 또한 나이가 아주 어린데도 그렇게 성숙하고 책임감이 있다는 사실을 발견하고는 놀랐습니다. 끝으로 그런 사원을 두시게 된 것은 아주 행운이라고 말씀드리고 싶고 정말 그녀가 당신 회사에서 오랫동안 일할 수 있기를 바랍니다.

단어

- ☐ regular customer 단골
- ☐ commend 칭찬하다, 추천하다
- ☐ circumstance 상황
- ☐ identify 확인하다, 동일시하다
- ☐ slight build 날씬한 몸매, 가는 몸매
- ☐ have trouble (in) ~ing ~하는데 어려움을 겪다
- ☐ indecisiveness 우유부단
- ☐ be impressed 감명을 받다
- ☐ would like to do ~하고 싶다
- ☐ describe 설명하다
- ☐ be able to do ~할 수 있다
- ☐ appear ~처럼 보이다, 나타나다
- ☐ on the day 그날에
- ☐ patient 인내심이 있는, 환자
- ☐ not only A but also B A 뿐만이 아니라 B도

09 (A) employ
(B) employed
(C) employers
(D) employees

풀이 빈칸은 소유격(your) 뒤 명사 자리로, 문맥상 (D) employees(직원들)가 가장 적절한 선택이다. (A) employ 고용하다 (B) employed 고용된 (C) employers 고용주들

10 (A) I provide shoppers with a variety of information.
(B) I was very impressed.
(C) I am currently seeking locations for a new store.
(D) My schedule is booked the remainder of this week.

풀이 문맥상 빈칸에 들어갈 알맞은 문장을 고르는 문제로, 빈칸 앞의 '직원은 매우 아는 것이 많았다'와 빈칸 뒤의 '또한 놀라웠다'에서 (B) '나는 매우 감동을 받았다.'가 연결하기에 가장 자연스럽다. (A) '나는 쇼핑객들에게 다양한 정보를 제공한다.'는 고객의 입장과 어울리지 않는다. (C) '나는 현재 새 가게를 위한 장소를 찾고 있다.'와 (D) '내 일정은 이번 주 남은 날 동안 꽉 차있다.'는 쇼핑 경험에 관한 문맥과 어울리지 않는다.

Practice TEST 05 정답&해설

01. (B) 02. (C) 03. (D) 04. (C) 05. (B) 06. (B) 07. (A) 08. (D) 09. (B) 10. (D)

01 She stayed late at the office to finish the entire project by _____.

(A) themselves (B) herself

(C) itself (D) himself

stay late 늦게까지 머무르다
finish 끝내다
entire 전체의
project 계획, 기획, 과제
by oneself 혼자서

해석 그녀는 혼자서 전체의 프로젝트를 끝내기 위해 사무실에 늦게까지 있었다.

풀이 by oneself(혼자서)의 알맞은 대명사의 인칭을 찾는 문제이다. 동사 finish의 주체가 she이므로 (B) herself가 가장 적절하다.

02 The population of the city has increased more than _____ of surrounding cities.

(A) this (B) those

(C) that (D) these

population 인구
increase 증가하다
more than ~보다 더 많이

해석 그 도시의 인구는 주변 도시보다 더 많이 증가했다.

풀이 명사 population을 받을 수 있는 적절한 대명사를 찾는 문제이다. population이 단수이므로 (C) that이 가장 적절하다. 대명사 that은 앞에 나온 명사를 반복을 피하기 위하여 받을 수 있다. 이때 명사가 단수면 that을, 복수면 those를 쓴다.

03 The manager has closed the contract with _____ new clients.

(A) herself (B) she

(C) hers (D) her

manager 매니저, 부장
close the contract 계약을 체결하다
client 고객

해석 그 매니저는 그녀의 새 고객들과 함께 계약을 체결했다.

풀이 전치사와 명사 사이에 들어갈 수 있는 알맞은 대명사를 찾는 문제로 빈칸은 소유격 대명사의 자리이다. 따라서 (D) her가 가장 적절하다.

04 When our lawn mower was out of order, our neighbours let us use _____.

(A) mine (B) yours

(C) theirs (D) ours

lawn mower 잔디 깎는 기계
out of order 고장난
neighbour 이웃
let 목적어 동사 원형 목적어에게 ~하라고 시키다

해석 우리 잔디 깎는 기계가 고장이 났을 때 우리 이웃은 우리에게 그들의 것을 사용하게 해 주었다.

풀이 동사 use의 목적어 역할을 할 수 있는 알맞은 대명사를 찾는 문제이다. 우리 이웃들의 lawn mower(neighbours' lawn mower)를 대신 받을 수 있는 대명사는 (C) theirs가 가장 적절하다.

05 Because of limited seating capacity, _____ interested in attending the dinner should make a reservation in advance.

(A) they (B) those
(C) these (D) that

해석 제한된 좌석의 수용력 때문에 저녁 식사를 참석하는데 관심이 있는 사람들은 미리 예약을 해야 한다.

풀이 문장에서 주어 역할을 할 수 있으면서 동시에 형용사 interested의 수식을 받을 수 있는 대명사를 찾는 문제이다. 대명사 those는 '사람들'이라는 의미가 있고 형용사의 수식을 받을 수 있다. 따라서 (B) those가 가장 적절하다. those와 interested 사이에 who are가 생략되었다고도 볼 수 있다.

because of ~ 때문에
limited 제한된
seating capacity 좌석 수용력
attend 참석하다
make a reservation 예약하다
in advance 미리

06 Most people who lose their job find a new _____ quite quickly.

(A) it (B) one
(C) its (D) them

해석 대부분 직업을 잃어버린 사람들은 새로운 일자리를 꽤 빨리 찾는다.

풀이 형용사 new의 수식을 받으면서 job을 대신할 수 있는 대명사를 찾는 문제이다. 대명사 one은 형용사의 수식을 받을 수 있으며 가산 명사를 대신해서 쓸 수 있다. 따라서 (B) one이 가장 적절하다.

most 대부분
people 사람들
lose ~을 잃어버리다
find ~을 찾다
quite 꽤
quickly 빨리

07 All the members of a board of directors should _____ take into account all the options.

(A) thoughtfully (B) periodically
(C) finally (D) initially

해석 모든 이사회 멤버들은 모든 선택사항에 대해서 깊이 생각해야 한다.

풀이 동사 take into account(숙고하다, 고려하다)를 자연스럽게 수식할 수 있는 알맞은 부사를 찾아야 하는 어휘 문제이며 (A) thoughtfully(사려 깊게)가 문맥상 가장 적절하다.

a board of directors 이사회
take into account 숙고하다, 고려하다
option 선택사항
thoughtfully 사려 깊게
periodically 주기적으로
finally 결국
initially 처음에, 최초로

08 NHN company has all customer service representatives trained to take care of customer complaints _____.

(A) narrowly (B) carelessly
(C) sufficiently (D) efficiently

해석 NHN 회사는 고객의 불만을 효율적으로 처리하기 위해 모든 고객 서비스 담당 직원을 훈련시켰다.

풀이 동사 take care of(처리하다)를 자연스럽게 수식할 수 있는 알맞은 부사를 찾아야 하는 어휘 문제이며 (D) efficiently(효율적으로)가 문맥상 가장 적절하다.

customer service representative 고객 서비스 담당직원
have 목적어 p.p. 목적어가 ~되도록 시키다
take care of 돌보다, 처리하다
complaint 불만, 불평
narrowly 간신히, 좁게
carelessly 부주의하게
sufficiently 충분히
efficiently 효율적으로

Questions 09-10 refer to the following notice.

넬리 주택지구 입주자 협의회

주민 여러분께:

작은 우리 마을이 이 지역의 환경 문제를 잘 인식하고 책임감을 가질 수 있도록 도움이 되고자 하는 노력의 일환으로 저희 입주자 협회에서는 여러 가지 사항을 변경함으로써 쓰레기 처리 방침을 확장하거나 개선하기로 정하였습니다.

그 방침 중 첫 번째인 재활용/분리수거 장소에 대한 문제는 이번 달 15일부터 실행하게 될 것입니다. 그때까지 저희는 주택지구 내의 네 곳에 소규모 처리장을 만들어 놓을 것입니다. 그곳은 바로 다음과 같습니다.

1. 엔더바이 길과 스코트 길의 모퉁이
2. 플릿웨이 주차장의 북쪽 끝부분
3. 메모리얼 분기점
4. 전력회사의 변압기가 있는 곳 옆쪽의 스콜라드 지점

각각의 장소에는 어떤 종류의 쓰레기들을 담아야 하는지 라벨이 부착된 커다란 네 개의 통들이 있을 것입니다. 또한 당신이 집에서 먼저 분리를 해서 오지 않은 경우 분리를 할 수 있도록 공간도 마련할 것입니다.

음식 쓰레기가 빈 병이나 캔, 플라스틱 등과 같은 것들과 섞이지 않도록 하는 것이 중요한데 그렇게 하시면 재활용을 더욱 어렵게 하는 것은 물론 너구리나 다른 야생 동물을 쓰레기장에 끌어들이게 될 것입니다. 귀하의 협조에 감사드립니다.

단어

- ☐ resident 거주자
- ☐ make 목적어 형용사 목적어를 형용사 하게 만들다
- ☐ responsible ~할 책임이 있는
- ☐ expand 확장하다
- ☐ a number of 많은
- ☐ go into effect 효력이 발생하다
- ☐ be comprised of ~로 구성되다
- ☐ attract 유인하다, 이끌다
- ☐ in an effort to do ~하려는 노력으로
- ☐ environmentally 환경적으로
- ☐ elect 선출하다, 결정하다
- ☐ improve ~을 향상시키다, 향상하다
- ☐ Recycling/Separation Depots 재활용/분리수거 장소
- ☐ erect 세우다, 건설하다
- ☐ label 라벨을 붙이다
- ☐ racoon 미국 너구리

09 (A) we
(B) our
(C) ourselves
(D) ours

풀이 빈칸은 동사(improve)의 목적어인 명사(waste management policies: 쓰레기 처리 방침)를 수식하는 소유격 대명사 자리이므로 (B) our가 정답이다. (A) we는 주어 자리, (C) ourselves는 강조 또는 전치사 by 등과 함께 특정 표현에, (D) ours는 'our+명사'를 대신하는 소유대명사로 쓰인다.

10 (A) It is taking place in the evening
(B) We are currently offering a 25% discount on fees
(C) We have studios in different cities
(D) There will also be areas provided for separation

풀이 문맥상 빈칸에 들어갈 알맞은 문장을 고르는 문제로, 빈칸 앞뒤를 보면 분리수거 장소에 관한 내용이면서 집에서 '분리를 미리 하지 않은 분들을 위한 장소'라는 문맥이 필요하므로 (D) '또한 분리를 위해 제공되는 공간도 있을 것이다'가 가장 적절한 선택이다. (A) '그것은 저녁에 일어날 것이다'는 시간과 관련된 내용이므로 적절하지 않다. (B) '우리는 현재 비용에 대한 25퍼센트 할인을 제공해주고 있다'는 설명하고 있는 분리수거가 비용이 드는 일에 관한 내용이 아니므로 적절하지 않다. (C) '우리는 다른 도시들에 스튜디오를 가지고 있다' 역시 스튜디오와 타 도시가 언급되기 어려운 문맥이므로 적절하지 않다.

Practice TEST 06 정답&해설

01. (C) 02. (C) 03. (B) 04. (C) 05. (D) 06. (B) 07. (A) 08. (A) 09. (C) 10. (B)

01 It was announced that SG Electronics _____ a CS LCD monitor.

(A) develop (B) developing
(C) had developed (D) had been developed

announce 발표하다
develop 개발하다

해석 SG전자가 CS LCS모니터를 개발했다고 발표되었다.

풀이 빈칸은 동사 자리이다. 동사를 찾는 문제는 단수와 복수, 능동과 수동, 그리고 시제 순서로 포인트를 잡아 답을 찾으면 문제를 빨리 해결할 수 있다. 주어는 3인칭 단수이며 목적어를 수반할 수 있는 타동사를 찾아야 한다. 따라서 (C) had developed가 가장 적절하다. (A) develop(개발하다)은 주어가 3인칭 단수이기 때문에 오답이 된다. (B) developing은 동사가 아니고 (D) had been developed는 수동태 표현이기 때문에 뒤에 목적어를 수반할 수 없다.

02 Our sales in Japan _____ since brand new mobile phones were introduced.

(A) increase (B) increased
(C) have increased (D) will increase

sales 판매량, 영업량
increase 증가하다
brand new 신제품의
introduce 도입하다, 소개하다

해석 신제품 휴대전화기가 도입된 이래로 일본에서 우리의 판매량은 증가했다.

풀이 빈칸은 동사 자리이다. 주어는 Our sales로 복수 형태이고 목적어를 수반하지 않는 동사이다. 그리고 since절이 과거 시제이기 때문에 시제는 현재 완료 시제인 동사를 찾아야 한다. 따라서 (C) have increased가 가장 적절하다.

03 Effective tomorrow, Mr. Park _____ in charge of accounting department.

(A) was (B) will be
(C) to be (D) had been

effective 효력이 있는
effective + 날짜 ~부로
effective tomorrow 내일부로
be in charge of ~를 담당하다
accounting department 회계부서

해석 내일부로 박씨는 회계부서를 담당할 것이다.

풀이 빈칸은 동사 자리이다. 주어는 Mr. Park으로 3인칭 단수이다. 시간을 나타내는 부사구 Effective tomorrow(내일부로)로 미루어 미래 시제인 동사를 찾아야 한다. 따라서 (B) will be가 가장 적절하다.

04 The powerful computers _____ to gain popularity a year ago.

(A) is starting (B) starts
(C) started (D) will start

gain 얻다
popularity 인기
start to do ~하는 것을 시작하다

해석 고성능 컴퓨터는 작년에 인기를 얻기 시작했다.

풀이 빈칸은 동사 자리이다. 주어는 The powerful computers로 3인칭 복수이다. 시간을 나타내는 부사구 a year ago(1년 전에)로 미루어 과거 시제인 동사를 찾아야 한다. 따라서 (C) started가 가장 적절하다.

05 By the time Mr. Tanaka retires from M&T bank, he _____ a lot of money from his CD accounts.

(A) accumulated (B) accumulates
(C) have accumulated (D) will have accumulated

by the time ~할 때쯤
retire from 퇴직하다
accumulate 축적하다
CD accounts [Certificate of Deposit accounts] 양도성 예금 계정 [금융상품의 하나]

해석 Tanaka 씨가 M&T bank를 퇴직할 무렵에, 그는 그의 양도성 예금 계좌로부터 많은 돈을 모을 것이다.

풀이 빈칸은 동사 자리이다. 주어는 he이며 3인칭 단수이다. 그리고 a lot of money를 목적어로 취하는 타동사를 찾아야 한다. By the time이 이끄는 절이 현재 시제이므로 빈칸은 미래를 표현하는 시제의 동사가 와야 한다. 따라서 (D) will have accumulated가 가장 적절하다.

06 Mr. Hopkins usually _____ out at the Goodlife fitness club with his family whenever he finds time.

(A) work (B) works
(C) working (D) is working

usually 항상
work out 운동하다
whenever ~ 할 때 마다

해석 Hopkins 씨는 그가 시간이 날 때마다 그의 가족과 함께 Goodlife 헬스클럽에서 항상 운동을 한다.

풀이 빈칸은 동사 자리이다. 주어는 Mr. Hopkins로 3인칭 단수이다. 빈도 부사 usually(항상)의 영향으로 동사는 행위의 지속성을 표현할 수 있는 현재 시제의 동사를 찾아야 한다. 따라서 (B) works가 가장 적절하다.

07 Please review the attached report and _____ it to me with your comment.

(A) return (B) terminate
(C) lead (D) respond

review 검토하다
attached 첨부된
report 보고서
comment 의견
return 돌아오다, 돌려주다
terminate 종결하다
lead 이끌다, 안내하다
respond 응답하다

해석 첨부된 보고서를 검토하시고 당신의 의견과 함께 그것을 저에게 돌려주세요.

풀이 빈칸은 동사 자리이다. 목적격 대명사 it을 수반할 수 있는 타동사이며 문맥상 자연스러운 동사를 찾아야 하므로 (A) return(돌려주다)이 가장 적절하다. (B) terminate(종결하다)와 (C) lead(안내하다, 이끌다)는 의미상 어색하다. (D) respond(응답하다)는 자동사로 전치사 to와 함께 써야 목적어를 취할 수 있다.

08 Internet is growing at a _____ rate and the users are doubling every year.

(A) rapid (B) radical
(C) busy (D) active

grow 성장하다
rate 속도, 비율, 가격
user 사용자
double 두 배가 되다
every year 매년
rapid 빠른
radical 근본적인
busy 바쁜
active 활동적인

해석 인터넷은 빠른 속도로 성장하고 있고 그 이용자는 매년 두 배가 되고 있다.

풀이 빈칸은 형용사 자리이며 명사 rate(속도, 비율, 가격)를 의미적으로 자연스럽게 꾸며줄 수 있는 단어를 찾아야 한다. 따라서 (A) rapid(빠른)가 문맥상 적절하다.

Questions 09-10 refer to the following advertisement.

페낭에서 선호되는 고급 소비자를 노린 틈새시장의 목적지인 아일랜드 아웃은 중산층과 상류층에게 인기 있는 곳입니다. 조지 타운의 끝에 있는 최상의 위치로 란투와 스털링의 주거 지역에서 가장 가까운 쇼핑몰입니다.

국제적인 브랜드와 서비스를 제공하는 상점들 외에, 주말마다 열리는 시장과 교육적 활동을 하는 키즈 클럽이 있습니다. 따라서, 당신의 자녀들이 보살펴지는 동안 당신 자신도 즐기실 수 있습니다.

아일랜드 아웃은 쇼핑몰 전역에 걸쳐 무료로 무선 인터넷을 제공합니다. 하루 종일 유효한 패스워드를 받으실 수 있도록 안내 창구로 영수증만 가져오시면 됩니다.

1층에는 거의 모든 주요 은행들의 현금 지급기들과 한 시간 세탁 서비스 그리고 텔레콤 지불 창구도 마련되어 있습니다. 오셔서 엘리트층의 일원이 되시고 아일랜드 아웃에서 쇼핑의 경이로움을 느껴보십시오.

단어

- □ preferred 선호하는
- □ favorite 좋아하는
- □ residential 주거의, 주택에 알맞은
- □ look after 돌보다
- □ bring 가져오다
- □ information counter 안내 창구
- □ laundry 세탁
- □ niche up-market 틈새시장
- □ at the edge of ~끝에
- □ apart from 게다가
- □ wireless connections 무선 인터넷
- □ receipt 영수증
- □ be valid for ~가 유효하다
- □ come by 들리다

09
(A) So register early to reserve a seat.
(B) So I'm eagerly looking forward to using the facilities.
(C) So you can enjoy yourself while your kids are looked after.
(D) So let me know what time is best for you.

풀이 문맥상 빈칸에 들어갈 알맞은 문장을 고르는 문제로, 빈칸 앞에서 나온 추가적인 서비스로 kids club(키즈 클럽)을 제시하는 것으로 보아 (C) '그래서 당신의 자녀들이 보살펴지는 동안 당신 자신도 즐기실 수 있습니다.'라고 하는 것이 가장 적절한 선택이다. (A) '그래서 당신은 좌석을 예약하기 위해서 일찍 등록하세요.'는 문맥상 어울리지 않는다. (B) '그래서 나는 그 시설들을 이용하기를 열렬히 열망한다.'는 주체가 I(나)이기에 알맞지 않다. (D) '그래서 당신에게 언제가 가장 좋은지를 나에게 알려주세요.'는 다른 사람과 약속을 정할 때 날짜 선택사항을 제안한 후 나오는 문장으로 적절하다.

10
(A) offer
(B) offers
(C) offered
(D) will offer

풀이 이 지문은 광고 지문으로, 상품 설명 또는 정책을 설명할 때는 현재시제를 쓴다. 빈칸 역시 'Island Out(쇼핑몰)이 무료의 무선 인터넷을 제공해 준다'라는 '사실'을 홍보를 하는 것이므로, 현재시제 (B) offers가 가장 적절한 선택이다. (A) offer는 주어가 복수(여러 개)일 때 쓴다.

Practice TEST 07 정답&해설

01. (C) 02. (B) 03. (C) 04. (A) 05. (B) 06. (A) 07. (A) 08. (C) 09. (C) 10. (A)

01 If you are not _____ with the product you purchased, we will exchange it for another one.

(A) satisfaction (B) satisfying
(C) satisfied (D) satisfy

해석 당신이 구입한 물건에 만족을 하지 않는다면 우리는 다른 제품으로 교환해 줄 것입니다.

풀이 동사 satisfy(만족시키다)의 알맞은 형태를 찾는 문제이다. 동사 satisfy는 목적어를 수반할 수 있는 타동사인데 빈칸 뒤에 목적어를 찾을 수 없고 빈칸 앞에는 be동사 are가 있다. 문맥상 '당신이 구입한 제품에 만족하지 않는다면'이라는 의미가 되어야 하므로 수동태 표현을 찾아야 한다. 따라서 (C) satisfied가 가장 적절하다.

product 제품
purchase 구입하다
exchange A for B A를 B로 교환하다
satisfaction 만족
satisfying 만족시키는
satisfied 만족하는
satisfy 만족시키다
be satisfied with ~에 만족하다

02 Children who are under the age of 7 are _____ to be admitted to the park free of charge.

(A) permit (B) permitted
(C) to permit (D) permitting

해석 7세 이하의 어린이들은 공원에 무료 입장하는 것이 허가되어 있다.

풀이 동사 permit(허락하다)의 알맞은 형태를 찾는 문제이다. 동사 permit은 목적어를 수반할 수 있는 타동사인데 빈칸 뒤에 목적어를 찾을 수 없고 빈칸 앞에는 be동사 are가 있다. 따라서 (B) permitted가 가장 적절하다.

under ~이하
be permitted to do ~하는 것이 허락되다
admit 입장하다
free of charge 무료로
permit 허가하다, 허락하다

03 The outdoor event _____ despite the recent bad weather.

(A) taken place (B) was taken place
(C) took place (D) taking place

해석 야외 행사는 최근 악천후에도 불구하고 진행되었다.

풀이 빈칸은 동사 자리이다. 주어는 3인칭 단수인 The outdoor event이다. 목적어가 없으므로 자동사나 수동태 표현의 동사를 찾아야 한다. 동사 take place(발생하다)는 자동사이므로 (C) took place가 정답으로 가장 적절하다.

outdoor event 야외행사
take place 일어나다, 발생하다
despite ~에도 불구하고
recent 최근의

04 Application forms must _____ to the human resources department by June 10.

(A) be submitted (B) submitted
(C) submit (D) submits

해석 지원양식은 6월 10일까지 인사부서로 제출되어야 합니다.

풀이 빈칸은 동사 자리이다. 빈칸 앞에 조동사가 must가 있으므로 동사 원형이 와야 하고 빈칸 뒤에 목적어를 찾을 수 없으므로 자동사나 수동태 표현을 찾아야 한다. 동사 submit(제출하다)은 타동사이다. 따라서 (A) be submitted가 가장 적절하다.

application form 지원양식
human resources department 인사부
submit 제출하다

05 Mr. Pitt is involved _____ developing the new software program.

(A) of (B) in

(C) on (D) by

involve ~를 포함하다
be involved in
~에 속해있다, ~에 종사하다
develop 개발하다

해석 Pitt 씨는 새로운 소프트웨어를 개발하는 일에 종사한다.

풀이 알맞은 전치사를 찾는 문제이다. 타동사 involve(~을 포함하다)는 수동태로 표현할 때 전치사 by 대신 in을 동반하여 be involved in(~에 속해 있다)으로 쓴다. 따라서 (B) in이 가장 적절하다.

06 A new promotion campaign _____ by the advertising agency.

(A) has been launched (B) launches

(C) is launching (D) launcher

promotion campaign
홍보활동
launch 출시하다, 착수하다
advertising agency
광고대행사

해석 새로운 홍보활동은 그 광고 대행사에 의해서 착수되었다.

풀이 빈칸은 동사 자리이다. 주어는 A new promotion campaign이며 3인칭 단수이다. 빈칸 뒤에 목적어가 없으므로 자동사나 수동태로 표현한 타동사를 찾아야 한다. launch(~를 출시하다)는 타동사이므로 (A) has been launched가 가장 적절하다.

07 All employees are required to _____ in the company picnic to enhance employee morale.

(A) participate (B) connect

(C) associate (D) attend

employee 직원
be required to do
~을 해야 한다
enhance ~를 강화하다
employee morale 직원사기
participate in ~에 참석하다
connect 연결하다
associate 제휴하다, 연합하다
attend 참석하다

해석 모든 직원들은 직원들의 사기를 강화하기 위한 야유회에 참석해야 한다.

풀이 빈칸은 to부정사의 알맞은 동사를 찾는 문제이다. 빈칸 다음에 목적어를 찾을 수 없으므로 자동사를 찾아야 한다. (C) associate는 전치사 in과 함께 어울려 associate in(~에 협동하다)이라는 표현이 있지만 문맥상 어색하다. (D) attend(참석하다)는 의미적으로 맞지만 타동사이기 때문에 오답이다. 따라서 (A) participate가 가장 적절하다. 동사 participate는 자동사이며 전치사 in과 함께 어울려 participate in(~에 참석하다)이라는 표현으로 쓴다.

08 The manager has successfully developed _____ sales strategies.

(A) accountable (B) manageable

(C) profitable (D) perishable

manager 매니저, 부장
successfully 성공적으로
develop 개발하다
sales strategy 영업 전략
accountable 책임이 있는
manageable 다루기 쉬운
perishable 상하기 쉬운

해석 매니저는 수익성 있는 영업 전략을 성공적으로 개발했다.

풀이 빈칸은 명사 sales strategies를 자연스럽게 수식할 수 있는 알맞은 형용사를 찾아야 하는 어휘 문제이다. 문맥상 (C) profitable(이익이 되는, 수익이 되는)이 가장 적절하다.

Questions 09-10 refer to the following advertisement.

저렴한 가격으로 건강해지세요!

'핏 포 올 패밀리 헬스클럽'에서는 반갑게도 '슈퍼 패밀리 헬스' 특별 프로그램을 연장하기로 했다는 사실을 알려 드립니다. '슈퍼 패밀리 헬스'는 운동 수업에 대한 할인 티켓과 월간지에 대한 반값 구독과 같은 엄청난 혜택들로 유명합니다. 맞습니다. 이 프로그램은 아주 인기가 많아서 원래 종료하기로 했던 날짜인 5월 12일이 지나서도 계속 등록을 받기로 결정했습니다. 여러분은 이제 6월 1일까지, 단 한 사람의 성인 회원 등록 가격으로 전 가족이 모든 프로그램을 포괄해서 다 사용할 수 있는 이 특별한 기회를 누리실 수 있습니다. 식구가 몇 명이냐에 따라 절약할 수 있는 액수는 1년에 수백 달러가 될 것입니다. 자세한 사항을 알고 싶으시면 오늘 전화 주세요.

단어

- ☐ healthy 건강한
- ☐ be pleased to do ~해서 기쁘다
- ☐ prove ~을 증명하다, ~로 판명되다
- ☐ have until 날짜 to do ~까지 ~해야 한다
- ☐ enroll in ~에 등록하다
- ☐ run into 합계가 ~이 되다
- ☐ cheap 저렴한
- ☐ announce 발표하다
- ☐ beyond ~을 넘어
- ☐ take advantage of ~을 이용하다
- ☐ inclusive 포함하여
- ☐ several 몇몇의

09 (A) knows
(B) has known
(C) is known
(D) knew

풀이 빈칸은 문장의 동사 자리인데, 빈칸에 들어갈 타동사 know의 목적어[명사]가 없는 상황이므로, 수동태형인 (C) is known이 들어가야 한다. be known for는 '~으로 유명하다'라는 뜻으로 자주 사용되는 표현이므로 for를 보고 답을 유추할 수도 있다.

10 (A) The savings can run into several hundred dollars a year
(B) Renew your membership today
(C) The health club membership fees will increase
(D) Memberships may be renewed at any time by visiting our membership office

풀이 문맥상 빈칸에 들어갈 알맞은 문장을 고르는 문제로, 빈칸 앞의 내용은 special offer 즉, 특별 할인 제안을 의미하므로, 할인 정도를 말해주는 세부 사항인 (A) '절약은 1년에 수백 달러가 될 수 있습니다'가 가장 적절한 선택이다. (B) '당신의 회원 자격을 오늘 갱신하세요', (C) '헬스클럽 회원 가입비가 오를 것입니다', 그리고 (D) '회원 자격은 우리의 회원 관리 사무실에 방문함으로써 언제든지 갱신 가능합니다'는 '특별 할인 혜택'에 이어지는 문장으로 어색하다.

Practice TEST 08 정답&해설

01. (C) 02. (B) 03. (A) 04. (D) 05. (A) 06. (B) 07. (A) 08. (D) 09. (C) 10. (B)

01 _____ you need anything, please contact the reception desk.

(A) How (B) Can
(C) Should (D) Perhaps

need 필요하다
anything 어떤 것
contact 연락하다
reception desk 안내 데스크

해석 당신이 필요한 것이 있다면, 안내 데스크에 연락을 주세요.

풀이 두 개의 문장이 이어져 있으므로 빈칸은 접속사가 필요하다. 하지만 보기에는 접속사가 없으므로 접속사를 대신할 수 있는 단어를 찾아야 한다. if절에 should를 사용할 경우 if가 생략되고 should가 주어 앞으로 도치되는 경우 조건절을 대신할 수 있으므로 (C) Should가 가장 적절하다.

02 If we had known that the company was in financial difficulty, we _____ with another firm.

(A) collaborated (B) would have collaborated
(C) were collaborating (D) had collaborated

financial 경제적인
difficulty 어려움
firm 회사
collaborate with ~와 협력하다

해석 우리가 그 회사가 경제적 어려움을 겪고 있다는 것을 알았다면, 우리는 다른 회사와 협력했을 것이다.

풀이 if절의 동사가 had known이므로 이 문장은 가정법 과거 완료로 표현한 문장이다. 따라서 (B) would have collaborated가 가장 적절하다.

03 If you _____ to this magazine right now, online, we will give you five issues for that $25 price.

(A) subscribe (B) will subscribe
(C) had subscribed (D) subscribed

subscribe to ~를 구독하다
magazine 잡지
right now 지금 당장
online 온라인으로
issue 호, 권
price 가격

해석 당신이 지금 온라인으로 이 잡지를 구독하신다면 우리는 5권을 25달러의 가격으로 드리겠습니다.

풀이 주절에서 동사가 will give이므로 if절은 가정법으로 표현한 문장이 아니라 조건을 나타내는 부사절이다. 시간이나 조건의 부사절에서 if가 이끄는 절의 동사는 현재시제가 미래를 대신하므로 (A) subscribe가 가장 적절하다.

04 If you _____ a $50,000 investment in the Balanced Strategy for a year, your investment management fee would be $948.

(A) will maintain (B) had maintained
(C) maintains (D) maintained

maintain 유지하다, 보수하다
investment 투자
management 관리
fee 비용, 수수료

해석 당신이 1년 동안 Balanced Strategy에 5만 불 투자를 유지하신다면 투자 관리 비용은 948달러가 될 것입니다.

풀이 주절에서 동사가 would be이므로 이 문장은 가정법 과거로 표현한 문장이다. 따라서 (D) maintained가 가장 적절하다.

05 He required that all managers _____ a mandatory meeting explaining new health insurance coverage.

(A) attend (B) attends
(C) attended (D) will attend

require 요구하다, 요청하다
mandatory 의무적인
explain 설명하다
health insurance coverage 건강보험

해석 그는 모든 매니저에게 새로운 의료보험에 대해 설명하는 의무적인 모임에 참석해야 한다고 요청했다.

풀이 빈칸은 동사 자리이다. 주어는 all managers이며 3인칭 복수 형태이다. 빈칸 뒤에 a mandatory meeting이 있으므로 목적어를 수반할 수 있는 동사를 찾아야 한다. 동사 required(요청하다)처럼 요구, 주장, 제안, 충고를 나타내는 동사가 이끄는 that절의 동사는 주어의 수와 관계없이 동사를 동사 원형으로 표현한다. 따라서 (A) attend가 가장 적절하다.

06 It is imperative that the merchandise _____ by the end of this month.

(A) delivers (B) be delivered
(C) delivered (D) deliver

imperative 필수적인, 필수 불가결한
merchandise 상품
deliver 배달하다

해석 그 상품을 이번 달 말일까지 발송시키는 것은 필수적이다.

풀이 빈칸은 동사 자리이다. 주어는 the merchandise이며 3인칭 단수 형태이다. 빈칸 뒤에 목적어를 수반하지 않으므로 동사는 자동사이거나 타동사의 수동태 표현을 찾아야 한다. 형용사 imperative(필수적인)처럼 필요나 당위성을 나타내는 형용사가 이끄는 that 절에서의 동사는 주어의 수와 관계없이 동사를 동사 원형으로 표현한다. deliver(배달하다)는 타동사이므로 (B) be delivered가 가장 적절하다.

07 _____ from a DNA test of the virus are expected this afternoon.

(A) Results (B) Voucher
(C) Publication (D) Brochure

expect 기대하다
result 결과
voucher 상품권, 보증인
publication 출판, 출판물
brochure 소책자

해석 바이러스에 대한 DNA 검사 결과는 오늘 오후쯤에 나올 것이다.

풀이 빈칸은 주어 역할을 할 수 있는 명사 자리이다. 동사가 are expected이므로 복수 형태의 명사를 찾아야 한다. 따라서 (A) Results(결과)가 문법적으로나 의미적으로 가장 적절하다.

08 The budget did not include _____ costs, such as paper and pens.

(A) necessary (B) durable
(C) substantial (D) incidental

budget 예산
include 포함하다
cost 비용
such as ~와 같은
necessary 필수적인
durable 내구성이 있는
substantial 상당한
incidental 부수적인

해석 그 예산은 종이와 펜 같은 부수비용을 포함하지 않는다.

풀이 빈칸은 형용사 자리이고 명사 costs를 의미적으로 가장 자연스럽게 수식할 수 있는 단어를 찾아야 하므로 문맥상 (D) incidental이 가장 적절하다. incidental costs(부수비용, 잡비)라는 표현을 기억하자.

Questions 09-10 refer to the following notice.

> 클럽 회원 여러분께
>
> 원래 예정했던 날짜보다 2주일 더 앞당겨서 클럽의 문을 다시 열기로 확정했습니다. 지금으로 보아선 원래 예정일인 4월 15일이 아닌 늦어도 3월 28일까지는 개조 공사를 마무리 지을 수 있으리라 확신합니다. 만약 우리가 더 많은 재정적인 문제들을 겪고 있다면, 우리는 이번 개조 공사를 빠르게 진행할 수 없을 것입니다.
>
> 그러므로 물건들을 정리하고 모든 것이 잘 돌아갈 수 있도록 점검하는 며칠간의 여유를 더하여 4월 1일을 영업을 다시 시작하는 날로 계획하고 있습니다.

단어

- □ confirm 확인하다
- □ rather than ~ 보다
- □ be sure to do ~하는 것을 확신하다
- □ renovation work 개조 공사
- □ therefore 그러므로
- □ tidy up ~을 정돈하다
- □ anticipate 예상하다
- □ original 원래의
- □ complete 완성하다, 완료하다
- □ at the latest 늦어도
- □ allow 시간표현 to do ~를 하기 위해 ~일 잡아두다
- □ schedule 일정을 잡다, 계획하다

09 (A) the club will move two weeks earlier than originally anticipated
(B) the club will open two weeks earlier than originally anticipated
(C) the club will reopen two weeks earlier than originally anticipated
(D) the club will close two weeks earlier than originally anticipated

풀이 문맥상 빈칸에 들어갈 알맞은 문장을 고르는 문제로, 빈칸 뒤 complete the renovation work(개조를 완료하다)에서 (C) '클럽은 원래 예정된 것보다 2주 일찍 재개장을 할 것이다'가 가장 적절한 선택이다. (A) '클럽은 원래 예정된 것보다 2주 일찍 이전할 것이다', (B) '클럽은 원래 예정된 것보다 2주 일찍 개장할 것이다', (D) '클럽은 원래 예정된 것보다 2주 일찍 문을 닫을 것이다'는 '개조 공사'에 어울리지 않는다.

10 (A) experience
(B) experienced
(C) had experienced
(D) should experience

풀이 문장의 주절 'we could not process the renovation ~'을 보면 가정법 과거임을 알 수 있다. If절에 동사의 과거시제를 넣어야 하므로 (B) experienced가 가장 적절한 선택이다. 가정법 과거는 현재의 반대를 나타낸다. 즉, '더 많은 재정적인 문제들이 없기 때문에, 이렇게 빠르게 공사를 끝낼 수 있다'라는 의미를 가진다.

Practice TEST 09 정답&해설

01. (D) 02. (D) 03. (C) 04. (A) 05. (D) 06. (A) 07. (A) 08. (A) 09. (D) 10. (C)

01 _____ the online banking services, you must have access to a personal computer.

(A) Uses (B) To using
(C) To be used (D) To use

해석 온라인 뱅킹 서비스를 이용하기 위해서 당신은 개인 컴퓨터로 접속을 해야만 한다.

풀이 문장 전체의 주어와 동사는 you must ~ 부분이다. 따라서 the online banking services를 수반할 수 있는 전치사가 필요하다. 하지만 보기에는 전치사가 없으므로 전치사를 대신할 수 있는 단어를 찾아야 한다. to부정사는 '~하기 위하여'라는 목적을 나타내는 부사처럼 쓸 수 있다. 따라서 목적어를 수반할 수 있는 능동 표현의 (D) To use가 가장 적절하다.

use 이용하다
have access to ~에 접근하다
personal 개인의

02 It's not necessary _____ us to make payment for the damaged goods under the terms of the contract.

(A) in (B) to
(C) of (D) for

해석 계약상의 조건하에서 우리가 파손된 제품에 대해 비용을 지불할 필요는 없다.

풀이 to부정사는 의미상의 주어를 「for + 명사」로 표현한다. 따라서 (D) for가 가장 적절하다. (C) of는 앞에 사람의 성품을 나타내는 형용사(kind, wise, rude)와 함께 쓰이기 때문에 오답이다.

necessary 필수적인
make payment 지불하다
damaged good 손상된 제품
terms 조항
contract 계약

03 Qualified applicants must be able _____ both independently and cooperatively.

(A) work (B) working
(C) to work (D) worked

해석 자격을 갖춘 지원자는 독립적으로 그리고 협력해서 일할 수 있어야 한다.

풀이 형용사 able과 함께 쓸 수 있는 알맞은 동사의 표현을 찾아야 한다. 형용사 able은 be동사와 함께 to부정사를 동반하여 be able to do(~할 수 있다)라는 표현으로 쓴다. 따라서 (C) to work가 가장 적절하다.

qualified 자격을 갖춘
applicant 지원자
be able to do ~할 수 있다
both A and B A와 B 둘 다
independently 개별적으로
cooperatively 협력하여

04 When Shanghai hosts the World Expo, the airport is _____ to handle 70 million passengers.

(A) expected (B) expect
(C) expecting (D) expects

해석 상하이가 월드 엑스포를 주최할 때, 공항은 7천만 명의 승객을 다룰 것으로 예상된다.

풀이 공항이 7천만 명의 승객을 다룰 것을 예상된다는 의미가 되어야 하므로 (A) expected가 가장 적절하다.

host 주최하다
airport 공항
be expected to ~하는 것이 예상되다
handle 다루다, 처리하다
million 100만
passenger 승객

05 The University reserves the right _____ enrollment.

(A) limiting (B) limited
(C) limit (D) to limit

reserve the right 권리를 보유하다
limit 제한하다
limited 한정된
enrollment 등록

해석 대학은 등록을 제한할 권리를 가지고 있다.

풀이 명사 right과 함께 어울려 쓸 수 있으며 enrollment를 수반할 수 있는 알맞은 단어를 찾아야 한다. 명사 right는 to do를 동반하여 right to do(~하는 권리)라는 표현이 있다. 따라서 (D) to limit이 가장 적절하다.

06 The company has decided _____ its production by 15% across all its plants.

(A) to cut (B) cut
(C) to cutting (D) cutting

decide 결정하다
production 생산
across ~에 걸쳐, ~ 전역에
plant 공장
cut 자르다, 삭감하다

해석 회사는 모든 공장에 걸쳐 15% 생산을 감축하는 것을 결정했다.

풀이 동사 decide는 목적어로 to do를 수반할 수 있다. 빈칸 뒤에 목적어 its production이 있으므로 능동형의 to부정사를 찾아야 한다. 따라서 (A) to cut이 가장 적절하다.

07 Representatives of the Logistics Association reached _____ that the development of logistics industry is key factors to build a strong economy.

(A) consensus (B) debate
(C) attention (D) dispute

representative 대표, 직원
logistics 배송, 운송
association 연합
reach consensus 합의에 도달하다
development 개발, 발전
industry 산업
key 중요한
factor 요소
build a strong economy 안정적인 경제를 확립하다
debate 토론, 논쟁
attention 집중, 주목
dispute 분쟁

해석 운송 연합회 대표자들은 운송 사업의 발전이 안정적인 경제를 확립하는 핵심사항이라는 것에 의견을 모았다.

풀이 빈칸은 목적어 역할을 할 수 있는 명사 자리이다. 동사 reach와 어울리며 동격절 「that ~」과 의미상 가장 잘 어울리는 단어를 찾아야 하므로 (A) consensus가 문맥상 가장 적절하다. reach consensus(합의에 도달하다)는 빈출 표현이므로 덩어리처럼 묶어서 기억하자.

08 Her face looks completely _____ since she's had plastic surgery.

(A) different (B) occupied
(C) former (D) various

completely 완전하게
since ~ 때문에
plastic surgery 성형수술
different 다른
occupied 차지한
former 이전의

해석 그녀의 얼굴은 성형수술을 했기 때문에 완전히 달라 보였다.

풀이 빈칸은 보어 역할을 할 수 있는 형용사 자리이며, 문맥상 (A) different가 가장 적절하다.

Questions 09-10 refer to the following advertisement.

좋은 것이 너무 많아요!

실버스톤에서 사상 처음으로 전 매장을 통틀어서 열었던 세일 행사가 굉장한 성공을 거두어서 1주일 동안 예정했었던 세일 기간의 처음 3일 이내에 상품이 모두 소진되었습니다. 저희들은 저희 고객들을 실망시켜드리고 싶지 않고 모든 사람들에게 이러한 바겐세일을 이용하실 수 있는 기회를 드리고자 10일 더 세일 행사를 연장하려고 합니다. 판매대는 지금 거의 텅 비어 있지만 금요일까지는 다시 상품을 채워놓을 예정이니 앞으로 일주일 내내 최고의 쇼핑 기회를 누리세요!

단어

- □ overwhelming 압도적인
- □ hate 싫어하다
- □ extended 연장된
- □ take advantage of ~을 이용하다
- □ almost 거의
- □ run out of product 재고가 없다
- □ disappoint 실망시키다
- □ allow 목적어1 목적어2 ~에게 ~을 제공하다
- □ bargain 할인, 값싼 물건
- □ empty 빈

09 (A) Our store will be closed next week
(B) You can trace the delivery progress of your package online
(C) Appliance is still covered under our standard two-year warranty
(D) We hate to disappoint our customers

풀이 문맥상 빈칸에 들어갈 알맞은 문장을 고르는 문제로, 빈칸 앞 '3일 만에 상품이 모두 소진되었다'와 빈칸 뒤 '그래서 할인행사가 추가로 10일 더 연장된다' 사이에 (D) '우리는 우리의 고객들을 실망시키고 싶지 않다'가 가장 적절한 선택이다. (A) '우리 가게는 다음 주 문을 닫을 것이다'는 '할인 행사 10일 연장'이라는 문맥과 어울리지 않는다. (B) '당신은 소포의 배송 진행을 온라인으로 추적할 수 있다'와 (C) '기기는 여전히 우리의 2년 품질 보증 하에 보장된다'는 할인 행사와 관련 없으므로 알맞지 않다.

10 (A) allow
(B) allowed
(C) to allow
(D) has allowed

풀이 빈칸 앞까지는 완전한 수동태 문장(주어: the sale, 동사: will be extended)으로, 빈칸에는 부사가 들어갈 자리이다. 따라서 동사(allow)를 '부사'로 만들 수 있는 to부정사(부사적 용법 목적: ~하기 위하여)가 가장 적절한 선택이므로 (C) to allow가 정답이다.

Practice TEST 10 정답&해설

01. (B) 02. (C) 03. (B) 04. (A) 05. (D) 06. (B) 07. (B) 08. (B) 09. (D) 10. (B)

01 _____ your hands thoroughly is a way to prevent norovirus infection.

(A) Wash (B) Washing
(C) Washed (D) Washable

해석 당신의 손을 깨끗하게 씻는 것이 노로바이러스의 감염을 예방하는 방법이다.

풀이 your hands를 목적어로 수반하면서 문장에서 주어 역할을 할 수 있는 명사구는 동명사 (B) Washing이다. 이때 부사 thoroughly는 동명사 Washing을 수식한다. 형용사는 소유격 앞에서 명사를 수식할 수 없으므로 (C) Washed와 (D) Washable은 오답이다.

wash 씻다
thoroughly 철저하게
a way to do ~하는 방법
prevent 예방하다
norovirus 겨울철 식중독 병원체
infection 감염

02 Toyota Motor Corp. is considering _____ the number of its regular employees.

(A) reduce (B) reduced
(C) reducing (D) reduction

해석 토요타 자동차 회사는 정규직 근로자의 감축을 고려하고 있는 중이다.

풀이 the number of its regular employees를 수반하면서 동사 is considering의 목적어 역할을 하는 단어를 찾아야 한다. 동사 consider는 동명사를 목적어로 취하므로 (C) reducing이 가장 적절하다. 형용사는 관사 앞에서 명사를 수식할 수 없으므로 (B) reduced는 오답이다.

consider 숙고하다
the number of + 복수명사 ~의 숫자
regular employee 정규직원
reduce 줄이다, 축소하다
reduction 축소, 삭감

03 We maintain our good customer relations by _____ our commitment to client satisfaction.

(A) continue (B) continuing
(C) continued (D) to continue

해석 우리는 고객만족에 대한 헌신을 지속함으로써 좋은 고객 관계를 유지하고 있다.

풀이 our commitment를 목적어로 수반하면서 전치사 by의 목적어 역할을 할 수 있는 명사구는 동명사 (B) continuing이다.

maintain 유지하다, 보수하다
customer relations 고객관리
by ~ing ~함으로써
commitment 헌신
client satisfaction 고객만족
continue 지속하다

04 We look forward to _____ you at our next event.

(A) seeing (B) see
(C) saw (D) be seen

해석 우리는 다음 행사에서 당신을 뵙기를 기대하고 있습니다.

풀이 구동사 look forward to(~을 학수고대하다)에서 to는 전치사이기 때문에 동사 원형을 수반할 수 없고 명사나 동명사를 목적어로 취할 수 있다. 빈칸 뒤에 대명사 you가 있다. 따라서 (A) seeing이 가장 적절하다.

look forward to 명사 ~을 학수고대하다
event 행사

05 Please remember _____ the feedback form to the previous office, not to us.

(A) sent (B) to be sent
(C) sending (D) to send

해석 의견 양식을 우리가 아닌 이전 사무실로 보내는 것을 명심하세요.

풀이 동사 remember(기억하다)는 목적어로 to부정사와 동명사를 목적어로 모두 수반할 수 있는 동사이다. 동사 remember가 to부정사를 목적어로 취할 때는 미래 상황의 일을, 동명사를 목적어로 취할 때는 과거 상황의 일을 표현할 때 쓴다. 문장이 please로 시작하는 명령문이므로 앞으로 일어날 일에 대해 설명한다고 볼 수 있다. 따라서 (D) to send가 가장 적절하다.

remember 기억하다
feedback 의견
form 양식
previous 이전의
send A to B A를 B에게 보내다

06 Ms. Morris is thinking about _____ the location of her store.

(A) change (B) changing
(C) changes (D) to changes

해석 Morris 여사는 그녀의 상점 위치를 변경하는 것에 대하여 생각 중이다.

풀이 the location of her store를 목적어로 수반하면서 전치사 about의 목적어 역할을 할 수 있는 명사구는 동명사 (B) changing이다.

think about ~에 대하여 생각하다
change 변경하다
location 위치

07 The traffic congestion is _____ to the sales event at the department store.

(A) marked (B) due
(C) popular (D) prevalent

해석 교통 체증은 백화점에서 하는 할인행사 때문이다.

풀이 빈칸은 형용사 자리이다. 형용사 due는 be동사와 전치사 to와 같이 어울려 be due to 라는 하나의 덩어리 표현으로 쓴다. be due to 다음에 동사 원형이 오면 의미가 '~할 예정이다'이고 명사가 오면 '~ 때문이다'이다. 따라서 (B) due가 가장 적절하다.

traffic congestion 교통체증
sales event 할인행사
marked 현저한, 표시된
due 만기가 된, ~에 돌려야할
popular 인기가 있는
prevalent 유행하는

08 _____ the initial meeting, the clients emphasized that they want an "aggressive" advertising campaign.

(A) Since (B) During
(C) Except (D) While

해석 첫 미팅 동안 고객들은 좀 더 공격적인 광고 활동을 원한다고 강조했다.

풀이 빈칸은 전치사 자리이다. 의미상 the initial meeting과 가장 자연스러운 전치사를 찾아야 하므로 (B) During(~ 동안)이 문맥상 가장 적절하다. 전치사 (A) Since(~이래로)는 문맥상 적합하지 않고 보통 완료 시제와 함께 쓴다. 전치사 (C) Except(~을 제하고, ~외에는)는 문두에서 쓸 수 없으며 문두에 쓰려면 except for만 가능하다. (D) While(~하는 동안)은 의미는 적절하지만 접속사이므로 오답이다.

initial 처음의, 초기의
client 고객
emphasize 강조하다
aggressive 공격적인
advertising campaign 광고활동

Questions 09-10 refer to the following note.

제이미:

차고에서 일을 시작하기 전에 목재를 쌓아 놓은 야적장에 가서 2 x 8 피트 크기의 판자들을 3개 골라 가져와 주시겠어요? 제가 도면을 살펴보니 이것들이 부족하다는 것을 알게 되었는데 그것들은 기초 공사에 꼭 필요한 것들이라, 일을 시작하는 것은 아무 소용이 없거든요. 당신은 한두 시간 작업 후 그 자재들이 없기 때문에 하는 일을 멈춰야만 합니다.

헬렌

단어

□ garage 차고
□ lumber yard 야적장
□ drawing 그림, 스케치
□ there is no point in ~ing ~하는데 효과가 없다
□ make a trip 여행하다, 이동하다, 실수하다
□ pick up 가져오다, 사다
□ be short of ~이 부족하다

09 (A) start
(B) has started
(C) to start
(D) starting

풀이 빈칸 앞 before를 접속사로 생각한다면, 주어 없이 선택지에 있는 동사인 (A) start 또는 (B) has started는 들어갈 수가 없다. before를 전치사로 생각하면, 목적어(the work)를 가지면서 전치사(before) 뒤 '명사 자리' 역할까지 할 수 있는 동명사가 들어갈 수 있으므로 (D) starting이 정답이다. to부정사는 전치사의 목적어가 될 수 없다.

10 (A) Contact us for information or request a complete catalog of our building materials.
(B) You'd have to stop doing after an hour or two because you don't have the materials.
(C) Please provide an itemized price list including delivery costs for the items.
(D) If any changes need to be made, please notify me by October 15.

풀이 문맥상 빈칸에 들어갈 알맞은 문장을 고르는 문제로, '자재 부족으로 공사가 진행이 되지 않는다'는 문맥에 어울리는 것은 (B) '당신은 한두 시간 작업 후 그 자재들이 없기 때문에 하는 일을 멈춰야만 합니다.'이다. (A) '더 많은 정보를 위해 우리에게 연락하거나, 우리 건축 자재의 완전한 카탈로그를 요청하세요.'는 building material(건축자재)만 보면 문맥에 맞지만 전반적인 내용은 회사가 고객에게 보내는 글은 아니므로 어색하다. (C) '제품들에 대한 배송비를 포함하여 항목별 가격 목록을 보내주세요.'는 고객의 입장에서 제품을 주문할 때 요청하는 사항이므로 문맥에 어울리지 않는다. (D) '만약 변경들이 될 필요가 있다면 저에게 10월 15일까지 알려주세요.'는 '필요한 판자 3개'를 요청하는 문맥상 '변경'되는 내용이 있을 수 없으므로 적절하지 않다.

Practice TEST 11 정답&해설

01. (D) 02. (B) 03. (C) 04. (D) 05. (C) 06. (C) 07. (B) 08. (A) 09. (B) 10. (C)

01 Those employees _____ 30 hours per week or more are allowed to enroll in Rho's benefit plan.

(A) work (B) be worked
(C) worked (D) working

해석 주당 30시간 또는 그 이상 일하는 직원들은 Rho의 복리 후생 플랜에 가입하는 것이 승인되었다.

풀이 '주당 30시간 또는 그 이상 일하는 직원'이라는 능동의 의미가 되어야 하므로 (D) working이 가장 적절하다.

employee 직원
per ~마다
be allowed to do ~하는 것이 허락되다
enroll in ~에 등록하다
benefit plan 복리후생

02 When _____ the payment, please clearly indicate your name and address.

(A) sends (B) sending
(C) sent (D) send

해석 비용을 보낼 때, 당신의 이름과 주소를 분명히 표시하세요.

풀이 빈칸 앞 접속사 when 다음에는 「주어 + 동사」인 절이 와야 하지만 분사구문도 올 수 있다. 목적어 the payment를 수반해야 하므로 능동형 분사인 (B) sending이 가장 적절하다.

payment 비용
clearly 명확히
indicate 나타내다
send 보내다

03 The manager decided to upgrade the _____ system in order to eliminate errors and improve the quality of their services.

(A) exist (B) exists
(C) existing (D) existed

해석 매니저는 에러를 줄이고 서비스의 질을 개선시키기 위해서 기존 시스템을 업그레이드 하기로 결정했다.

풀이 빈칸은 형용사 자리이다. 명사 system과 잘 어울릴 수 있는 형용사를 찾아야 한다. 따라서 (C) existing(현존하는, 기존의)이 형용사이므로 가장 적절하다.

in order to do ~하기 위하여
eliminate 제거하다
improve 향상시키다, 개선하다
quality 품질
exist 존재하다
existing 현존의

04 The Law Partners Team consists of _____ lawyers and legal consultants as well as dedicated staff.

(A) qualifying (B) qualification
(C) qualify (D) qualified

해석 Law Partners Team은 자격을 갖춘 변호사와 법률상담원 뿐만 아니라 헌신적인 직원들로 구성되었다.

풀이 빈칸은 형용사 자리이다. 명사 lawyers and legal consultants와 가장 잘 어울릴 수 있는 형용사를 찾아야 하므로 (D) qualified(자격을 갖춘)가 가장 적절하다. (A) qualifying(자격을 주는)은 문맥상 적절하지 않다.

consist of ~로 구성되다
lawyer 변호사
legal 법률의
consultant 상담원
B as well as A A 뿐만 아니라 B도
dedicated 헌신적인
qualification 자격
qualify 자격을 주다
qualified 자격을 갖춘
qualifying 자격을 주는

05 Despite the attractive exterior, the hotel staff's service was truly _____.

(A) disappointed (B) disappoint
(C) disappointing (D) disappointment

해석 매력적인 외관에도 불구하고 호텔 직원의 서비스는 실망스러웠다.

풀이 빈칸은 보어 역할을 할 수 있는 형용사 자리이다. hotel staff's service가 실망시켰다는 능동의 의미가 되어야 하기 때문에 (C) disappointing이 가장 적절하다.

despite ~에도 불구하고
attractive 매력적인
exterior 외관
truly 정말로
disappointed 실망한
disappoint 실망시키다
disappointing 실망시키는
disappointment 실망

06 Once _____, the software will correct any disk errors automatically.

(A) install (B) installation
(C) installed (D) installing

해석 일단 설치되자마자 소프트웨어는 자동적으로 어떤 디스크의 에러라도 수정할 것이다.

풀이 빈칸 앞 접속사 once 다음에는 「주어 + 동사」인 절이 와야 하지만 분사구문도 올 수 있다. 빈칸 뒤에 목적어가 없으므로 수동형 분사인 (C) installed가 가장 적절하다.

once ~하자마자, 일단 ~하면
correct 수정하다
automatically 자동적으로
install 설치하다
installation 설치
installed 설치된

07 Their negotiations had made considerable _____ concerning the issues of fees for containers.

(A) receipt (B) progress
(C) reservation (D) conservation

해석 용기를 위한 비용 문제에 관한 그들의 협상에 상당한 진전이 있었다.

풀이 동사 had made의 목적어 역할을 할 수 있는 알맞은 명사를 찾아야 한다. 명사 progress는 동사 make와 함께 어울려 make progress(진전이 있다)라는 표현으로 쓴다. 주어가 Their negotiations이므로 문맥상 (B) progress가 가장 적절하다. (C) reservation도 동사 make와 함께 어울려 make reservations(예약하다)라는 표현이 있지만 문맥상 어색하다.

negotiation 협상
make progress 진보하다
considerable 상당한
concerning ~에 관하여
issue 문제
fee 비용
receipt 수령, 영수증
progress 전진, 진보
reservation 예약
conservation 보존

08 The position _____ all the applicants to speak English in addition to another European language.

(A) requires (B) insists
(C) indicates (D) recovers

해석 그 자리는 모든 지원자들에게 영어뿐만 아니라 다른 유럽 언어를 하는 것을 요구한다.

풀이 빈칸은 동사 자리이다. 동사 require(요청하다)는 「require + 목적어 + to do」 '~에게 ~하라고 요청하다'라고 쓴다. 따라서 (A) requires가 가장 적절하다.

position 직책, 자리
applicant 지원자
in addition to 게다가
require 요청하다
insist 주장하다
indicate 나타내다
recover 회복하다

Questions 09-10 refer to the following letter.

> 친애하는 Mr. 커빙턴:
>
> 주차장을 재포장하고 새로 조명을 설치하는 작업이 아직 완성되지 못한 관계로 공사 진행에 몇 가지 변경 사항이 있음을 알려 드리려고 합니다.
>
> 추후에 다시 공지가 있을 때까지는 주차장으로 들어갈 때 서쪽 출입구는 계속 사용하실 수 없으며 매일 2시 이후에만 남쪽 출입문을 이용하시기를 부탁드립니다. 이러한 출입 제한은 일시적인 것입니다. 양쪽 지역 공사를 하던 중 지하에 매몰된 전선에 공교롭게도 문제가 생겨 아직 공사를 마치지 못하게 됨으로 인해 부득이하게 시행되는 일입니다.
>
> 이해와 협조에 감사드립니다.
>
> 그럼 이만,
> H. L. 브래들리

단어

- □ inform A that ~ A 에게 ~를 알리다
- □ repave 다시 도로를 포장하다
- □ installation 설치
- □ until further notice 추후공지가 있을 때까지
- □ at any time 아무 때나
- □ temporary 일시적인
- □ underground wiring 지하에 있는 전선
- □ because of ~ 때문에
- □ parking lot 주차장
- □ procedure 절차
- □ entrance 입구
- □ restriction 제한, 한정
- □ incomplete 불완전
- □ encounter 우연히 만나다, 부닥치다

09 (A) enter
(B) entering
(C) entered
(D) will enter

풀이 접속사 when 뒤에 주어가 없으므로 동사인 (A) enter와 (D) will enter는 제외된다. 접속사 뒤 주어를 생략하고 분사로 문장을 시작하는 분사구문을 생각해보면 'When you enter the lot, ~'임을 알 수 있다. 참고로 능동태의 분사구문은 '현재분사'로, 수동태의 분사구문은 '과거분사'로 시작한다. 따라서 정답은 (B)이다.

10 (A) A special celebration in honor of the opening will take place on April 15.
(B) Two additional garages are currently under construction now.
(C) These restrictions are temporary only.
(D) The construction is being financed by the real estate firm K-Property Inc.

풀이 문맥상 빈칸에 들어갈 알맞은 문장을 고르는 문제로, '추후 공지가 있을 때까지'라고 했으므로 (C) '이 제한들은 일시적인 것입니다.'라고 하는 것이 가장 적절한 선택이다. (A) '개점을 기념하는 특별 행사가 4월 15일에 있을 것입니다.'는 '개점'이 문맥상 어울리지 않는다. (B) '두 개의 추가적인 주차장들은 현재 공사 중입니다.'는 뒤에 오는 '이 양쪽 구역에서의'와 어울리지 않는다. (D) '그 건설은 K-Property라는 부동산 회사에 의해 재정 지원을 받습니다.'는 서쪽 문을 이용하지 못하는 상황과 어울리지 않는다.

Practice TEST 12 정답&해설

01. (B) 02. (A) 03. (A) 04. (C) 05. (D) 06. (B) 07. (A) 08. (D) 09. (B) 10. (B)

01 Zydus Pharmaceuticals announced today that it has received _____ approval from the U.S. Food and Drug Administration.

(A) finally (B) final
(C) finalist (D) finals

해석 Zydus 제약회사는 미국 FDA로부터 최종 승인을 받았다고 오늘 발표했다.

풀이 빈칸은 형용사 자리이다. 따라서 (B) final이 가장 적절하다. 부사는 보통 동사를 수식할 때 「타동사 + 부사 + 목적어」처럼 동사와 목적어 사이에서 수식하지 않는다. 부사가 동사를 수식할 때 부사 자리는 「주어 + 부사 + 타동사 + 목적어」 또는 「주어 + 타동사 + 목적어 + 부사」이다.

pharmaceuticals 제약회사
announce 발표하다
approval 승인
Food and Drug Administration 미국 식품의약국
finally 결국에
final 마지막의, 최후의
finalist 결승전 출장 선수

02 The hospital and school are expected to be _____ by 2015.

(A) complete (B) completion
(C) completes (D) completely

해석 병원과 학교는 2015년까지 완공될 것으로 예상된다.

풀이 빈칸은 보어 역할을 할 수 있는 형용사 자리이다. 따라서 (A) complete가 가장 적절하다. 주어와 보어가 동격일 때 명사가 보어 역할을 할 수도 있지만 이 문장에서 문맥상 (B) completion은 어색하다.

be expected to do ~하는 것이 예상되다
complete 완료한, 완성하다
completion 완성
completely 완전히

03 The employee found it _____ to perform the job physically because of the long drive.

(A) difficult (B) difficulty
(C) difficultly (D) differ

해석 직원들은 장거리 운행 때문에 육체적인 업무를 하는 것이 어렵다는 것을 알았다.

풀이 빈칸은 형용사 자리이다. 동사 find는 「find + 목적어 + 형용사」의 구조로 표현할 수 있다. 따라서 (A) difficult가 가장 적절하다. 이 문장에서 it은 to perform the job physically를 지칭하는 것이며 목적어가 길어서 가목적어 it으로 대신 표현했다.

employee 직원
perform 수행하다
physically 육체적으로
because of ~ 때문에
difficult 어려운, 힘든
difficulty 어려움, 고난
difficultly 드물게
differ 다르다

04 We are looking for _____ people with experience and a good work ethic.

(A) rely (B) reliant
(C) reliable (D) reliance

해석 우리는 경험이 있고 좋은 직업윤리를 가진 믿을 만한 사람을 찾고 있다.

풀이 빈칸은 형용사 자리이다. 명사 people을 자연스럽게 수식할 수 있는 단어를 찾아야 한다. 따라서 (C) reliable(믿음직한)이 가장 적절하다. (B) reliant(의존적인)는 의미상 적절하지 않다.

look for ~을 찾다
work ethic 직업윤리
rely on ~에 의존하다
reliant 의존적인
reliable 믿을 만한
reliance 신뢰

05 Our new product received _____ reviews from domestic and foreign buyers.

(A) favorably (B) favor
(C) favorite (D) favorable

해석 우리의 신제품은 국내와 바이어들로부터 좋은 평가를 받았다.
풀이 빈칸은 형용사 자리이며 명사 reviews를 자연스럽게 수식할 수 있는 단어를 찾아야 하므로 (D) favorable(좋은, 우호적인)이 가장 적절하다. (C) favorite(가장 좋아하는)도 형용사이지만 문맥상 어색하다.

receive 받다
review 평가
domestic 국내의
foreign 외국의
favorably 호의적으로
favor 호의
favorite 가장 좋아하는
favorable 좋은, 호의적인

06 All candidates interested in applying for more than one position must fill out and submit application forms to their _____ departments.

(A) respectful (B) respective
(C) respectable (D) respect

해석 한 개 이상의 부서에 지원하는데 관심이 있는 모든 지원자들은 각각의 부서로 지원서를 작성해서 제출해야 한다.
풀이 빈칸은 형용사 자리이며 명사 departments를 자연스럽게 수식할 수 있는 단어를 찾아야 하므로 (B) respective(각각의)가 가장 적절하다. (A) respectful(정중한, 공손한)과 (C) respectable(훌륭한)도 형용사이지만 문맥상 어색하다.

candidate 지원자
apply for 지원하다
more than ~ 이상
fill out 작성하다
submit 제출하다
application form 지원서
respectful 정중한, 공손한
respective 각각의
respectable 훌륭한
respect 존중하다

07 Because of his experience _____ international accounts, Mr. Andrew has been asked to take care of the overseas sales department.

(A) supervising (B) fulfilling
(C) cancelling (D) demanding

해석 그의 국제 계좌를 관리했던 경험 때문에 Andrew 씨는 해외 영업부 담당을 요청받았다.
풀이 빈칸은 명사 experience를 뒤에서 수식할 수 있는 분사 자리이다. 그리고 빈칸 뒤에 목적어 international accounts를 자연스럽게 수반할 수 있는 단어를 찾아야 한다. 문맥상 (A) supervising(관리하는, 감독하는)이 가장 적절하다.

because of ~ 때문에
international accounts 국제 계좌
be asked to do 요청을 받다
take care of 담당하다
overseas 해외의
supervise 감독하다
fulfill 시행하다
cancel 취소하다
demand 요구하다

08 Scientists have made a significant _____ in a stem cell technique that could pave the way to finding treatments for dozens of genetic diseases.

(A) innovator (B) engagement
(C) hazard (D) advance

해석 과학자들은 12가지 유전 질병에 대한 치료법을 찾는 것을 가능하게 하는 줄기세포 기술 분야에서 상당한 진보를 했다.
풀이 빈칸은 명사 자리이다. 동사 make의 목적어 역할을 하면서 형용사 significant(상당한)의 수식을 받을 수 있는 가장 적절한 단어를 찾아야 한다. 문맥상 (D) advance(진보, 발전)가 가장 적절하다. 명사 advance는 뒤에 전치사 in과 함께 어울려 advance in ~(~ 분야의 발전)이라는 표현으로 자주 쓴다.

make an advance 진보하다
advance in ~에서의 진보
significant 상당한
stem cell 줄기세포
pave the way to 명사 ~을 이용 가능하게 하다
treatment 치료법
dozen 12개
genetic disease 유전 질환
innovator 혁신자, 도입자
engagement 약속, 계약
hazard 위험물

Questions 09-10 refer to the following advertisement.

고가구 식탁세트 팝니다.

이 가구 세트는 어떤 공식 만찬 자리에서나 두드러지게 눈에 띌 독특한 아름다움을 지닌 물건입니다. 식탁의 다리는 12개 짜리이며 등을 받치는 부분이 높은 의자 10개로 구성되어 있습니다. 식탁은 윤기가 잘잘 흐르는 마호가니 재질이고 의자들도 마찬가지인데 앉는 부분에는 수를 놓아 장식했고 등받이 쿠션들이 있습니다. 7천 달러 이상의 감정가를 받은 이 18세기 프랑스에서 만들어진 수공예 가구를 단 3천 2백 달러의 횡재가로 드립니다.

단어

- ☐ dining room set 식탁세트
- ☐ stand out 눈에 띄다
- ☐ mahogany [식물] 마호가니
- ☐ cushion 쿠션
- ☐ exceptional 예외적인, 우수한
- ☐ polished 광택이 있는, 세련된
- ☐ embroider 수놓다, 장식하다
- ☐ appraise 견적을 내다

09 (A) exceptionally
(B) exceptional
(C) exception
(D) except

풀이 빈칸은 목적어인 명사(beauty)를 수식하는 형용사 자리이므로 (B) exceptional(특출한, 훌륭한)이 정답으로 가장 적절하다. 부사인 (A) exceptionally(예외적으로, 유난히, 특별히)는 beautiful(아름다운)과 같은 형용사를 수식한다. 주어, 목적어, 보어 등으로 쓰이는 명사 (C) exception(예외), 명사 앞에 위치하는 전치사인 (D) except(~는 제외하고)는 정답으로 알맞지 않다.

10 (A) Compared to other tables
(B) Appraised at over $7000
(C) Conveniently located in downtown area
(D) Damaged during shipping

풀이 문맥상 빈칸에 들어갈 알맞은 문장을 고르는 문제로, 빈칸 뒤 'is a steal(거저먹는 가격이다)'로 표현된 것으로 보아 (B) '7000 달러 이상으로 평가된'이 문맥상 가장 적절한 선택이다. (A) '다른 테이블들과 비교하여', (C) '시내에 편리하게 위치된', (D) '운송 중 파손된' 모두 'is a steal'에 어색한 문장들이다.

Practice TEST 13 정답&해설

01. (C) 02. (B) 03. (C) 04. (B) 05. (D) 06. (C) 07. (C) 08. (B) 09. (B) 10. (B)

01 Climate scientists have _____ warned that large scale flooding will become increasingly common in the UK as a result of global warming.

(A) repeat (B) repetition
(C) repeatedly (D) repeating

해석 기상 과학자들은 지구 온난화의 결과로 영국에서 큰 규모의 홍수가 점점 흔해질 것이라고 반복해서 경고했다.

풀이 빈칸은 부사 자리이다. 따라서 (C) repeatedly(반복적으로)가 가장 적절하다.

climate 기후
warn 경고하다
flooding 홍수
increasingly 점점
common 흔한
as a result of ~의 결과로
global warming 지구 온난화
repeat 반복하다
repetition 반복
repeatedly 반복적으로

02 Since the drivers' strike, citywide buses have been running thirty minutes _____.

(A) lately (B) late
(C) lateness (D) latest

해석 운전기사들의 파업 이래로, 도시 순환 버스는 30분 늦게 운영 중이다.

풀이 빈칸은 부사 자리이다. 동사 have been running를 자연스럽게 수식할 수 있는 단어를 찾아야 하므로 (B) late(늦게)가 가장 문맥상 적절하다. late는 형용사와 부사 모두 쓸 수 있다. (A) lately(최근에)도 부사이고 문장의 시제도 완료시제이기 때문에 답이 될 것 같지만 '도시 순환 버스가 최근에 30분 운영 중이다'라는 의미가 되어 문맥상 어색하다.

strike 파업
citywide bus 도시 순환 버스
lately 최근에
late 늦은, 늦게
lateness 지각
latest 최신의

03 Sales to China account for _____ 40 percent of POSCO's exports.

(A) nearing (B) near
(C) nearly (D) neared

해석 중국에서의 영업량은 포스코 수출의 거의 40%를 차지한다.

풀이 빈칸은 부사 자리이며 빈칸 뒤의 40 percent와 자연스럽게 어울릴 수 있는 단어를 찾아야 하므로 (C) nearly(거의)가 가장 적절하다. nearly는 수량이나 숫자의 표현과 함께 어울려 '거의'라는 의미로 쓴다.

sales 판매량
account for 차지하다, 설명하다
near 가까운
nearly 거의

04 We would like to know whether you _____ have an interest in the position.

(A) always (B) still
(C) already (D) yet

해석 우리는 귀하가 여전히 그 직책에 관심이 있는지 알고 싶습니다.

풀이 빈칸은 부사 자리이며 '그 직책에 관심이 여전히 있는지 알고 싶다'는 의미가 가장 자연스럽기 때문에 (B) still(여전히)이 가장 적절하다.

would like to do ~하고 싶다
whether ~인지 아닌지
always 항상
still 여전히
already 이미
yet 벌써, 아직

05 _____, he will be promoted to Assistant Sales Manager next year because of the high quality of his work.

(A) Increasingly (B) Otherwise
(C) Only (D) Undoubtedly

해석 그의 일의 높은 우수성 때문에 의심할 여지없이 그는 내년에 Assistant Sales Manager로 승진될 것이다.

풀이 빈칸은 부사 자리이고 문장 전체를 가장 자연스럽게 수식할 수 있는 단어를 찾아야 하므로 문맥상 (D) Undoubtedly(의심할 여지없이)가 가장 적절하다.

be promoted to 직책 ~로 승진되다
quality 품질, 양질의
increasingly 점점
otherwise 그렇지 않다면
only 오직
undoubtedly 의심할 여지없이

06 We are seeking a _____ talented web designer to help us promote a private event.

(A) sensitively (B) lately
(C) highly (D) successively

해석 우리는 개인 행사 홍보를 도와줄 유능한 웹 디자이너를 찾고 있다.

풀이 빈칸은 부사 자리이며 형용사 talented(유능한)를 자연스럽게 수식할 수 있는 단어를 찾아야 한다. 따라서 (C) highly(매우)가 문맥상 가장 적절하다.

seek ~을 찾다
talented 우수한
private 개인의, 민간의
promote 홍보하다, 판촉하다
sensitively 민감하게
lately 최근에
highly 매우
successively 연속적으로

07 _____ all of the products have already been sold out, many people are still calling us to buy them.

(A) Instead (B) As if
(C) Even though (D) So that

해석 모든 제품이 이미 매진되었음에도 불구하고, 많은 사람들은 여전히 그것들을 사기 위해 우리에게 전화를 한다.

풀이 두 개의 절이 이어져 있으므로 빈칸은 접속사가 필요하며 문맥상 가장 적절한 단어를 찾아야 하므로 (C) Even though가 가장 적절하다. (A) Instead(대신에)는 부사이므로 오답이다. (B) As if(마치 ~인 것처럼)와 (D) So that(~하기 위하여)은 접속사이지만 의미상 적절하지 못하다.

be sold out 매진되다
call 전화하다
instead 대신에
as if 마치 ~인것처럼
even though ~에도 불구하고
so that ~하기 위해서

08 The local government has _____ 3 million dollars for drought relief and crops protection.

(A) consisted (B) allocated
(C) settled (D) enrolled

해석 지역 정부는 가뭄 완화와 수확물 보호를 위해 300만 달러를 할당했다.

풀이 빈칸은 동사 자리이며 빈칸 뒤에 목적어 3 million dollars가 있으므로 타동사를 찾아야 하므로 문맥상 (B) allocated(할당하다)가 가장 적절하다. (C) settled(정착하다, 해결하다)는 타동사이지만 의미가 자연스럽지 못하다. (A) consisted(구성하다)는 자동사이고 전치사 of를 동반하면 명사를 취할 수 있다. (D) enrolled(등록하다)는 자동사이고 전치사 in과 함께 써야 명사를 취할 수 있다.

local government 지역정부
million 백만
drought 가뭄
relief 완화
crop 농작물
protection 보호
consist of ~로 구성되다
allocate 할당하다
settle 해결하다, 정착하다
enroll 등록하다

Questions 09-10 refer to the following memo.

발신: 테리 링
수신: 부서장들
제목: 금요일 오후 휴가 건에 대하여

마침내, 이번 주 금요일 오후로 예정했었던 특별 휴가를 연장하기로 결정했습니다.

좀 더 생각을 해 보니 최근에 직원들 모두가 초과 근무를 해 준 것에 대한 보상으로 반일 휴가는 불충분하다는 결론을 내렸습니다. 그래서, 우리는 간단히 목요일 저녁에 전체적으로 문을 닫겠습니다. 직원들은 금요일 하루 전부를 쉬면서 진정한 긴 주말을 보내셔도 좋습니다. 즐겁게 보내세요.

단어

- ☐ time off 휴식
- ☐ think about ~에 대해 생각하다
- ☐ reward 보상
- ☐ simply 간단하게, 단지
- ☐ genuine 진짜의
- ☐ scheduled 예정된
- ☐ conclude 결론짓다
- ☐ extra 여분의, 남아있는
- ☐ shut down 문을 닫다

09 (A) Final
(B) Finally
(C) Finalize
(D) Finalist

풀이 문장 맨 앞에 있는 빈칸은 문장 전체를 수식하는 부사 자리이므로 (B) Finally(마침내)가 가장 적절한 선택이다. 명사를 수식하는 형용사 (A) Final(마지막의), 동사인 (C) Finalize(마무리 짓다), 명사인 (D) Finalist(결승전 진출자)는 정답으로 알맞지 않다.

10 (A) A new vacation policy will go into effect on next Monday.
(B) So, we will simply shut down entirely on Thursday evening.
(C) All employees will be reimbursed for registration fees, lunch, and transportation.
(D) To request vacation time, please print, sign, and return the form to Mary Wilson.

풀이 문맥상 빈칸에 들어갈 알맞은 문장을 고르는 문제로, 빈칸 앞 'a half-day off is inadequate(반일 휴가는 불충분하다)'와 빈칸 뒤 '금요일 하루 전부를 쉬면서 진정한 긴 주말을 보낼 수 있다'라는 내용으로 보아 (B) '그래서, 우리는 간단히 목요일 저녁에 전체적으로 문을 닫겠습니다.'가 빈칸에 가장 적절하다. (A) '새 휴가 정책은 다음 주 월요일부터 시행될 것입니다.'는 휴가 정책에 대한 것이므로, 특별 휴가에 관한 글과 어울리지 않는다. (C) '모든 직원들은 등록비, 점심 식사 및 운송수단에 대해 상환 받을 것입니다.'는 출장 때 쓴 비용을 회사에로부터 돌려받는 지문에서 나올 수 있다. (D) '휴가를 요청하기 위해서, 서식을 인쇄하고, 서명하고 Mary Wilson 씨에게 보내세요.'는 직원들에게 특별 휴가를 주는 문맥과 어울리지 않는다.

Practice TEST 14 정답&해설

01. (A) 02. (B) 03. (A) 04. (B) 05. (B) 06. (A) 07. (A) 08. (B) 09. (B) 10. (C)

01 Information about rental procedures and fees is provided _____ the beginning of each year.

(A) at (B) by
(C) with (D) since

information 정보
rental 임대
procedure 절차
fee 비용
be provided 제공받다

해석 임대 절차와 비용에 대한 정보는 매년 초에 제공된다.

풀이 빈칸은 전치사 자리이며 빈칸 뒤에 시간을 나타내는 표현 the beginning of each year와 문맥상 가장 자연스럽게 어울릴 수 있는 단어를 찾아야 하므로 (A) at(~에)이 가장 적절하다. (B) by(까지)와 (D) since(이래로)도 시점을 나타내는 표현과 어울려 쓸 수 있지만 의미상 적절하지 못하다.

02 Both companies have agreed to resolve the issue _____ negotiation.

(A) beside (B) through
(C) into (D) around

agree to do ~하는 것을 동의하다
resolve 해결하다
issue 문제
negotiation 협상
beside 옆에
through ~을 통해서, 내내
into ~ 안으로
around 주위에

해석 두 회사는 협상을 통해서 그 문제를 해결하는데 합의했다.

풀이 빈칸은 전치사 자리이며 빈칸 뒤에 명사 negotiation(협상)과 가장 자연스럽게 어울리는 단어를 찾아야 한다. 전치사 through(~를 통하여)는 수단, 방법을 표현할 때 쓸 수 있으므로 (B) through가 정답으로 가장 적절하다.

03 Full refunds are available to customers _____ 3 days of purchase.

(A) within (B) for
(C) from (D) since

full refund 전액 환불
available 이용할 수 있는
within ~이내에
for ~를 위해서
from ~로 부터
since 이래로

해석 구입 후 3일 이내에 고객들은 전액 환불을 받을 수 있다.

풀이 빈칸은 전치사 자리이며 빈칸 뒤에 3 days of purchase와 잘 어울리는 단어를 찾아야 한다. '구매 후 3일 이내에'라는 의미가 가장 자연스럽기 때문에 (A) within(이내에)이 적절하다. (B) for(동안)도 의미상 자연스러워 보이기는 하지만 within을 더 많이 사용한다.

04 Pencils and yellow paper will be provided to you free of charge _____ the fifth floor.

(A) to (B) on
(C) around (D) in

be provided 제공받다
free of charge 무료로

해석 연필과 노란 종이는 5층에서 무료로 제공될 것이다.

풀이 빈칸은 전치사 자리이며 빈칸 뒤에 the fifth floor와 잘 어울리는 단어를 찾아야 한다. 층을 표현할 때 쓰는 전치사는 on이다. 따라서 (B) on이 가장 적절하다.

05 If you are interested in this opportunity, please respond to this message _____ Tuesday.

(A) until (B) by
(C) within (D) to

opportunity 기회
respond to ~에 응답하다
until ~까지
by ~까지
within ~이내에
to ~에게, ~로

해석 당신이 이번 기회에 관심이 있다면 화요일까지 이 메시지에 대해 답변을 해주세요.

풀이 빈칸은 전치사 자리이며 빈칸 뒤에 시점 표현 Tuesday(화요일)와 가장 자연스럽게 어울리는 단어를 찾아야 한다. 동사 respond(응답하다)는 행동을 표현하고 있는 동사이다. 다시 말해 지속적인 상태를 표현한 것이 아니고 동작의 1회성을 표현한 것이기 때문에 (B) by가 가장 적절하다. (A) until도 같은 의미이고 전치사 by처럼 시점 표현 앞에 쓸 수 있지만 보통 지속적인 상태를 표현하는 동사 표현과 함께 많이 쓴다. (C) within(~이내에)은 기간을 나타내는 표현과 함께 많이 쓴다.

06 Do not hesitate to contact me if you have any questions _____ my work.

(A) concerning (B) with
(C) in addition to (D) due

hesitate to do ~하는 것을 주저하다
contact 연락하다
concerning ~에 관하여
with ~와 함께
in addition to 게다가
due 만기가 된

해석 나의 일에 대해 문의 사항이 있다면 주저하지 마시고 연락 주세요.

풀이 빈칸은 전치사 자리이며 문맥상 '나의 업무에 대한 질문'이 가장 자연스럽기 때문에 (A) concerning(~에 대하여, 관하여)이 적절하다.

07 Most doctors warn against trying to lose too much weight _____.

(A) quickly (B) possibly
(C) specifically (D) extensively

warn against ~에 대해 경고하다
try to do ~하려고 노력하다
lose weight 살을 빼다
quickly 빨리, 급하게
possibly 가능하게
specifically 특별하게
extensively 광범위하게

해석 대부분의 의사들은 급하게 너무 많은 체중 감량을 시도하는 것에 대해 경고한다.

풀이 빈칸은 부사 자리이다. to lose를 의미상 자연스럽게 수식할 수 있는 단어를 찾아야 한다. 따라서 문맥상 (A) quickly(빨리)가 가장 적절하다.

08 Arena has designed a new line of swimming suits _____ at the teenage market.

(A) produced (B) aimed
(C) designed (D) made

Arena 회사이름, 경기장
swimming suit 수영복
teenage 10대
produce 생산하다
aimed at ~를 목표로 둔
aim ~을 목표로 두다

해석 Arena는 10대 시장을 겨냥하여 신제품 수영복을 디자인했다.

풀이 빈칸은 명사 swimming suits를 뒤에서 수식할 수 있는 분사 자리이다. (B) aimed는 전치사 at과 함께 어울려 aimed at(~에 목표를 둔)이라는 표현으로 쓴다. 따라서 (B) aimed가 가장 적절하다.

Questions 09-10 refer to the following letter.

토마스 씨께

저희 회사 계약직 콜센터 상담원으로 근무하기로 결정해 주셔서 매우 기쁘게 생각합니다. 업무는 4월 30일에 시작합니다. 급여는 일주일에 925달러입니다.

첫 출근하시는 날에 유효한 신분증과 지원양식 1부를 가져오십시오. 필요한 양식과 신분증을 제시하시면, 인사팀 직원이 나와 사우스 강당에서 하계기간 동안 근무하실 직원들을 대상으로 환영회를 가질 것입니다. 정보 나눔의 시간을 가진 뒤에는 상세한 직무설명을 해 드릴 것입니다. 여러분과 함께 알찬 여름을 보내기를 기대합니다.

진심으로,

존 스튜어트
인사팀 과장
베아트리스 콜센터

단어

- ☐ be thrilled that ~ ~를 기쁘게 생각하다
- ☐ part-time position 계약직
- ☐ arrive 도착하다
- ☐ bring 가져오다
- ☐ form of identification 신분증
- ☐ submit 제출하다
- ☐ auditorium 강당
- ☐ welcome 환영하다
- ☐ specific 상세한
- ☐ job responsibility 직무설명
- ☐ productive 생산적인
- ☐ accept 수용하다
- ☐ employee 직원
- ☐ remember to do ~하는 것을 기억하다
- ☐ valid 유효한
- ☐ application form 신청서
- ☐ necessary 필수적인
- ☐ present 참석한
- ☐ following 다음에
- ☐ detail 세부사항
- ☐ anticipate 예상하다
- ☐ profitable 수익이 있는

09 (A) at
(B) on
(C) in
(D) to

풀이 빈칸은 요일, 날짜 앞에 쓰는 전치사 자리이므로 (B) on이 정답이다. 빈칸 뒤 April(4월)만 보고 in을 쓰지 않도록 주의해야 한다.

10 (A) The seminar will focus on methods for training new staff members.
(B) Thomas will also present ways to mentor new employees effectively.
(C) We anticipate a productive and profitable summer with you.
(D) We would be happy if you could join us.

풀이 문맥상 빈칸에 들어갈 알맞은 문장을 고르는 문제로, 먼저 이 지문이 part-time position(계약직)에 근무하기로 결정한 신입 사원에게 보내는 글이라는 것을 이해하면, 맨 마지막에 (C) '우리는 당신과 생산적이며 수익이 있는 여름을 기대합니다.'로 마무리하는 것이 가장 적절한 선택임을 알 수 있다. (A) '그 세미나는 신규 직원들을 훈련하는 방법에 대해서 집중할 것입니다.'는 이 편지의 대상이 신규 직원인 것과 어울리지 않는다. (B) 'Thomas 씨는 또한 신규 직원들을 효과적으로 상담하는 방법을 발표할 것이다.'는 Thomas 씨가 이 편지를 받는 신규 직원이므로 어울리지 않는다. (D) '우리는 만약 당신이 우리와 함께 할 수 있다면 행복할 것이다.'는 신입 사원인 Thomas가 참가 여부를 결정하는 상황이 아니므로 어색하다.

Practice TEST 15 정답&해설

01. (D) 02. (B) 03. (A) 04. (B) 05. (B) 06. (A) 07. (B) 08. (A) 09. (A) 10. (B)

01 We want to develop the best marketing campaigns possible to increase product sales _____ attract new customers.

(A) but (B) nor
(C) so (D) and

해석 우리는 상품의 매출량을 높이고 새로운 고객을 유치하기 위해서 가능한 한 최고의 마케팅 활동을 개발하고 싶다.

풀이 빈칸은 접속사 자리이며 to increase product sales와 attract new customers는 내용상 서로 반대되는 부분이 없고 하나씩 열거하고 있으므로 (D) and(그리고)가 가장 적절하다.

develop 개발하다
marketing campaign 마케팅 활동
increase 증가하다, 증가시키다
product sales 제품 판매량
attract 끌어당기다, 유인하다

02 Mr. Ali is reminded _____ his membership is due to expire on March 31.

(A) if (B) that
(C) what (D) because

해석 Ali 씨는 그의 회원자격은 5월 31일이 만기가 될 것이라고 통보받았다.

풀이 두 개의 절이 이어져 있으므로 빈칸은 접속사가 필요하다. 동사 remind는 「remind + 사람 + that ~」 '~에게 ~을 상기시키다'로 쓴다. 그래서 수동태가 되더라도 that 절을 그대로 수반할 수 있다. 따라서 (B) that이 가장 적절하다. 여기서 that은 명사절을 이끄는 종속 접속사이다.

be reminded that ~ ~을 전해 듣다
membership 회원자격
be due to do ~할 예정이다
expire 만기가 되다

03 Since installing the Local Network, it has significantly improved _____ communication and productivity.

(A) both (B) either
(C) as well (D) or

해석 Local Network을 설치한 이래로 그것은 직원 간의 교류와 생산성을 상당히 개선했다.

풀이 빈칸 뒤에 communication and productivity와 가장 잘 어울릴 수 있는 단어를 찾아야 한다. both A and B(A와 B 둘다)라는 표현이 있으므로 (A) both가 가장 적절하다.

install 설치하다
significantly 상당히
improve ~을 개선하다
communication and productivity 직원 간 소통과 생산성
as well 역시

04 _____ our market share has grown five percent from a year ago, our profits have not increased.

(A) And (B) Even though
(C) Nevertheless (D) However

해석 연 우리의 시장 점유율이 작년부터 5% 증가했을지라도, 우리의 수익은 증가하지 않았다.

풀이 두 개의 절이 이어져 있으므로 빈칸은 접속사가 필요하므로 (B) Even though(~일지라도)가 가장 적절하다. (A) And(그리고)는 문두에 쓸 수 없으며 (C) Nevertheless와 (D) However는 부사이다.

market share 시장 점유율
profit 수익
even though ~에도 불구하고
nevertheless ~에도 불구하고
however 그러나

05 Application forms must be received either by registered mail _____ fax.

(A) nor (B) or
(C) but also (D) and

application form 지원양식
registered 등록된

해석 지원 양식은 지정된 메일이나 팩스로만 받습니다.
풀이 상관 접속사 either는 전치사 or과 함께 either A or B(A 또는 B)로 쓴다. 따라서 (B) or이 가장 적절하다.

06 You should prepare to respond to many questions _____ you attend a job interview.

(A) when (B) even if
(C) as soon as (D) unless

prepare to do ~하는 것을 준비하다
respond to 명사 ~에 응답하다
attend 참석하다
when ~할 때
even if ~에도 불구하고
as soon as ~하자마자
unless ~하지 않는다면

해석 당신은 면접을 볼 때 많은 질문에 대해 대답하는 것을 준비를 해야 합니다.
풀이 두 개의 절이 이어져 있으므로 빈칸은 접속사가 필요하며 문맥상 (A) when(~할 때)이 가장 적절하다.

07 Students cannot leave the library to return to the classroom _____ permission from the librarian.

(A) although (B) without
(C) however (D) despite

leave 장소 ~를 떠나다
return to 장소 ~로 돌아오다
permission 허가
librarian 사서
although ~에도 불구하고
without ~없이
however 그러나
despite ~에도 불구하고

해석 도서관 사서의 허가 없이 학생들은 교실로 돌아오기 위해 도서관을 떠날 수 없다.
풀이 빈칸은 전치사 자리이며 문맥상 (B) without(~없이)이 가장 적절하다. (D) despite(~에도 불구하고)도 전치사이지만 의미상 적절하지 못하다.

08 The company will be _____ an educational program for all employees to improve employee productivity.

(A) implementing (B) behaving
(C) accompanying (D) progressing

improve ~을 개선하다
employee productivity 직원 생산성
implement 시행하다
behave 행동하다
accompany 동반하다
progress 진행하다

해석 그 기업은 직원 생산성을 향상시키기 위해서 교육 프로그램을 시행할 것이다.
풀이 빈칸 앞에 be동사와 함께 어울려 미래 진행시제를 만들 수 있는 알맞은 단어를 찾아야 한다. 빈칸 뒤에 목적어가 an educational program이므로 가장 적절한 것은 (A) implementing이다. 동사 implement는 어떤 결정된 일을 공식적으로 시행하고 수행할 때 쓴다. (B) behaving의 동사 behave(행동하다)와 (D) progressing의 동사 progress(진행하다)는 자동사이다. (C) accompanying은 문맥상 적절하지 못하다.

Questions 09-10 refer to the following article.

공장형 소매 아울렛이 많은 쇼핑객들 사이에서 점점 인기를 얻고 있습니다. 저가 정책을 내세우는 광고에 많은 비용을 들이는 기존의 슈퍼마켓들과는 달리 소매 아울렛에서는 훨씬 저렴한 가격의 제품을 제공할 수 있습니다.

공장형 소매 아울렛은 이전에는 도매상이나 중간 상인에게만 물건을 공급했었습니다. 그러나 이제는 새로운 사업 방식을 도입함으로써 이런 아울렛들은 개인 고객에게 어필하는 방법을 활용하여 소비자들의 쇼핑 방식을 크게 바꿔놓고 있습니다.

사실상 많은 쇼핑객들은 값비싼 백화점이나 기존 소매점에 가지 않고 공장형 소매 아울렛에서만 쇼핑을 하기 시작했습니다.

단어

- ☐ factory retail outlet 공장형 소매 아울렛
- ☐ popular 인기가 있는
- ☐ traditional 전통적인
- ☐ a lot of 많은
- ☐ have the ability to do ~할 능력이 있다
- ☐ in the past 과거에
- ☐ due to 명사 ~ 때문에
- ☐ capitalize on ~을 이용하다
- ☐ in fact 사실상
- ☐ increasingly 점점
- ☐ unlike ~와 달리
- ☐ pay 지불하다
- ☐ overhead 총경비
- ☐ products for even less 훨씬 저렴한 제품들
- ☐ distributor 유통업자
- ☐ approach to ~에 대한 접근
- ☐ appeal 간청, 애원, 매력
- ☐ exclusively 독점적으로

09 (A) Factory retail outlets in the past have sold only to other store owners and distributors.
(B) New products will be given away as prizes at the outlets.
(C) Retailers pay close attention to these survey results.
(D) Consumers are increasingly dissatisfied with the outlets' customer service.

풀이 문맥상 빈칸에 들어갈 알맞은 문장을 고르는 문제로, 빈칸 뒤 however(그러나)에 연결되는 것은 '개인 고객'과 거래를 한다는 내용이므로 (A) '공장형 소매 아울렛은 이전에는 도매상이나 중간 상인에게만 물건을 공급했었습니다.'가 가장 적절한 선택이다. (B) '신상품들이 아울렛에서 상품으로 배포될 것입니다.'와 (D) '소비자들은 점점 아울렛의 고객 서비스에 만족하지 못하고 있습니다.'는 뒤에 나오는 '그러나'와 문맥상 어울리지 않는다. (C) '소매업자들은 이 설문 결과들에 많은 관심을 기울입니다.'는 '이 설문 결과들'에 해당하는 '설문'이 빈칸 앞부분에 나오지 않으므로 어색하다.

10 (A) that
(B) and
(C) although
(D) as

풀이 빈칸은 주어 없이 동사(are significantly changing)를 이끌고 있으므로 앞에 나온 주어가 동일한 경우 생략할 수 있는 등위 접속사 (B) and(그리고)가 정답이다. (A) that은 형용사절 접속사 즉, 관계대명사일 경우 who를 대신하는 주격 관계대명사로 볼 수 있지만, that이 수식하는 선행사를 shoppers로 보게 되면 문맥상 어울리지 않는다. 주어와 동사가 연결되어야 하는 (A) although(비록 ~이지만)는 주어가 없으므로 오답이며 전치사 및 접속사로 쓰이는 (D) as 역시 접속사로 보더라도 주어가 빠져있으므로 알맞지 않다.

Practice TEST 16 정답&해설

01. (A) 02. (B) 03. (B) 04. (A) 05. (C) 06. (D) 07. (A) 08. (B) 09. (C) 10. (D)

01 We request that you review the list of employees _____ speak a foreign language.

(A) who (B) which
(C) whom (D) whose

request 요청하다
review 검토하다
list 명단

해석 우리는 당신이 외국어를 말하는 직원 명단에 대해 검토하는 것을 요청합니다.

풀이 선행사가 사람(employees)이고 빈칸 뒤에 동사 speak이 있으므로 빈칸은 주어 자리이기 때문에 주격 관계대명사를 찾아야 한다. 따라서 (A) who가 가장 적절하다.

02 Please forward me a list of companies _____ items are exported to Japan.

(A) who (B) whose
(C) which (D) that

forward A B A에게 B를 보내다
item 상품
export 수출하다

해석 일본으로 수출을 하는 회사 명단을 나에게 보내주세요.

풀이 빈칸 뒤 명사 items가 빈칸 앞의 명사 companies와 소유 관계에 있으므로 (B) whose가 가장 적절하다.

03 I have attached a copy of the report _____ you requested.

(A) what (B) that
(C) who (D) whose

attach 첨부하다
a copy of ~한 부, 사본
report 보고서
request 요청하다

해석 나는 당신이 요청했던 보고서 사본을 첨부합니다.

풀이 선행사가 the report로 사물이고 빈칸 뒤의 절에 목적어 자리가 비어있으므로 (B) that이 가장 적절하다.

04 Brochures will be mailed to those potential customers with _____ we met last week.

(A) whom (B) what
(C) where (D) which

brochure 소책자
mail 발송하다
potential customer 잠재 고객

해석 소책자는 지난주에 우리가 만났던 잠재적인 고객들에게 배송될 것입니다.

풀이 선행사가 those potential customers로 사람이고 빈칸 뒤 동사 met with에서 with가 빈칸 앞으로 왔다. 전치사 다음에 대명사는 목적격 대명사를 쓴다. 따라서 (A) whom이 가장 적절하다.

05 A label _____ shows the destination must be affixed to all parcels.

(A) who (B) whose

(C) which (D) whom

해석 목적지를 보여주는 라벨은 모든 소포에 붙어 있어야 한다.

풀이 선행사가 사물 A label이고 빈칸 뒤에 shows를 수반해야하므로 주격 관계대명사를 찾아야 한다. 따라서 (C) which가 가장 적절하다.

label 라벨
show ~을 보여주다
destination 목적지
affix A to B A를 B에 첨부하다
parcel 소포

06 During the first year of this position, you will be trained by Martin Rose _____ you met during your interviews.

(A) which (B) whose

(C) this (D) whom

해석 이 직책의 첫 1년 동안 당신은 인터뷰에서 만난 Martin Rose에 의해 교육을 받을 것입니다.

풀이 선행사가 사람 Martin Rose이고 빈칸 뒤의 절이 목적어가 없으므로 목적격 관계대명사를 찾아야 한다. 따라서 사람을 지칭하는 목적격 관계대명사 (D) whom이 가장 적절하다.

during ~동안
be trained 교육을 받다

07 This bridge will improve life for the people of Busan, reducing traffic congestion _____.

(A) significantly (B) simultaneously

(C) automatically (D) respectively

해석 이 다리는 교통 혼잡을 상당히 감소시키면서 부산 시민들의 생활을 개선할 것이다.

풀이 빈칸은 분사 reducing을 수식할 수 있는 부사 자리이며 문맥상 가장 적절한 것은 (A) significantly(상당히)이다.

bridge 다리
improve ~을 개선하다
reduce 줄이다
traffic congession 교통 혼잡
significantly 상당히
simultaneously 동시에
automatically 자동으로
respectively 각각

08 When _____ for the personnel department, you should submit a copy of your resume by the end of week.

(A) approving (B) applying

(C) indicating (D) reserving

해석 인사부에 지원할 때 당신은 이번 주말까지 이력서를 제출해야 합니다.

풀이 빈칸은 접속사를 포함한 분사구문에서 알맞은 분사를 찾는 문제이다. 빈칸 뒤에 전치사 for와 어울리며 문맥상 가장 자연스러운 것은 (B) applying이다.

personnel department 인사부
submit 제출하다
resume 이력서
approve 승인하다
apply for ~에 지원하다
indicate 나타내다
reserve 예약하다

Questions 09-10 refer to the following memo.

발신: 긴스버그 의장
수신: 퀘이커 사 직원
제목: 연금계획
날짜: 1월 13일

12월에 있었던 연례 이사회 이후에 저는 회사에서 지원하는 연금제도의 부족한 재정 안정성에 관해 직원들 사이에 우려가 일고 있고, 경영진에서 필요한 개혁 조치를 취하지 않으려는 것에 대해 직원들이 실망을 나타내고 있다는 사실을 알게 되었습니다.

가능한 한 빠르고 효율적으로 이 문제를 매듭짓기 위해 저는 이사회로부터 퇴직하는 직원들에게 제공되는 복지혜택을 확대할 수 있는 방안을 강구하도록 권한을 위임받았습니다.

더구나 전 직원들에게 월급 이외에 정기 인센티브로서 회사의 지분을 나눠드릴 것입니다. 새로이 시작되는 복지혜택으로 직원들이 재정적으로 안정되고, 생산성을 향상시킬 수 있으면 하는 바람입니다.

단어

- ☐ pension plan 연금계획
- ☐ board of directors meeting 이사회의
- ☐ concern 걱정, 염려
- ☐ regarding ~에 관하여
- ☐ financial security 재정 안정성
- ☐ be authorized by ~ ~로부터 권한을 받다
- ☐ expand 확장하다
- ☐ furthermore 더구나
- ☐ company shares 회사 주식
- ☐ in addition to 게다가
- ☐ annual 매년 열리는, 연례
- ☐ come to my attention that ~에 주의를 기울이다
- ☐ among ~사이에
- ☐ inadequate 부족한
- ☐ unwillingness 자발적이지 않음
- ☐ look into 조사하다
- ☐ the benefit package 복리후생
- ☐ offer 제공하다
- ☐ as a part of ~ ~의 일부분으로서
- ☐ productivity 생산성

09 (A) who (B) whose
(C) which (D) whom

풀이 선택지에서 동사(was held)를 이끌 수 있는 주격 관계대명사 (A) who와 (B) which 중 선행사인 directors meeting(이사진 회의)에 어울리는 (C) which가 정답이다. (A) who는 선행사가 사람일 때 알맞다.

10 (A) We are offering you the VP Travel Card, an exclusive benefit available only to members.
(B) In addition, members will receive a free newsletter every month which contains reviews by our team of editors.
(C) Also, you will be given free tickets to special exhibitions and an advanced notice of family and children's events.
(D) Furthermore, we will begin to offer company shares as a part of a regular incentive to all employees in addition to regular salaries.

풀이 문맥상 빈칸에 들어갈 알맞은 문장을 고르는 문제로, 글의 주제인 inadequate amount of financial security(부족한 재정 안정성)와 빈칸 뒤 more financially secure(재정적으로 더 안정된)로 보아 (D) '더구나, 전 직원들에게 월급 이외에 정기 인센티브로서 회사의 지분을 나눠드릴 것입니다.'가 가장 적절한 선택이다. (A) '우리는 우리 회원들에게만 이용 가능한 독점적인 혜택인 VP Travel Card를 제공해드립니다.'는 회사의 직원이 아닌, 고객으로서의 혜택(benefit)에 관한 문장이므로 적절하지 않다. (B) '게다가 회원들은 우리 편집자 팀에 의한 평론을 담고 있는 무료 신문을 매달 받을 것입니다.'는 잡지 구독자와 관련된 문장이므로 이 문맥과 어울리지 않는다. (C) '또한 당신은 특별한 전시에 대한 무료 티켓들을 받을 것이고, 가족 및 어린이들을 위한 행사에 대한 사전 공지를 받게 될 것입니다.'는 박물관 또는 미술관과 같은 기관의 회원들과 관련된 문장이므로 이 문맥과 어울리지 않는다.

Practice TEST 17 정답&해설

01. (D) 02. (A) 03. (B) 04. (D) 05. (C) 06. (D) 07. (D) 08. (A) 09. (D) 10. (C)

01 Every employee _____ the opportunity to become a STATS shareholder.

(A) give (B) given
(C) are given (D) is given

employee 직원
opportunity 기회
shareholder 주주

해석 모든 직원들은 STATS의 주주가 될 수 있는 기회를 얻는다.

풀이 빈칸은 동사 자리이다. 주어가 3인칭 단수 Every employee이므로 단수형 동사를 찾아야 한다. 따라서 (D) is given이 가장 적절하다. 형용사 every(모든)는 뒤에 단수 명사만을 수반한다.

02 As the wages were quite low, there were _____ applicants for the position.

(A) few (B) little
(C) much (D) many

as ~ 때문에
wage 임금
quite 꽤, 상당히
low 낮은
applicant 지원자

해석 봉급이 낮기 때문에 그 직책을 지원하는 사람이 거의 없었다.

풀이 빈칸은 형용사 자리이며 복수 명사 applicants를 자연스럽게 꾸며줄 수 있는 단어를 찾아야 하므로 문맥상 (A) few(거의 없는)가 가장 적절하다. (D) many(많은)도 복수 명사를 수반할 수 있지만 의미상 적절하지 못하다. (B) little(거의 없는)과 (C) much(많은)는 불가산 명사 앞에만 올 수 있다.

03 Using the building's side entrance _____ customers uncomfortable.

(A) make (B) makes
(C) have made (D) is made

entrance 입구
uncomfortable 불편한

해석 건물의 옆 출구는 고객들을 불편하게 만든다.

풀이 빈칸은 동사 자리이다. 주어가 동명사구 Using the building's side entrance이므로 단수형 동사가 와야 하고 목적어 customers가 있으므로 타동사이어야 한다. 따라서 (B) makes가 가장 적절하다.

04 According to Professor Sasaki, _____ factors do not affect election results, unless voter turnout is low.

(A) each other (B) another
(C) others (D) other

according to ~에 따라
professor 교수
factor 요인
affect 영향을 주다
election 선거
unless ~하지 않는다면
voter turnout 투표율
low 낮은

해석 사사키 교수에 따르면 투표율이 낮지 않다면 다른 요소가 선거 결과에 영향을 주지 않는다고 했다.

풀이 명사 factors와 함께 어울릴 수 있는 알맞은 형용사를 찾아야 한다. factors가 복수 명사이므로 (D) other가 가장 적절하다. (B) another는 단수 명사 앞에만 쓸 수 있으며 (C) others와 (A) each other는 형용사 역할을 하지 못한다.

05 One of _____ answered his mobile phone whose ring was set to the latest pop tune.

(A) customer (B) customers
(C) the customers (D) a customer

answer 대답하다
mobile phone 휴대폰
set 설정하다
latest 최신의
pop tune 미국 가요

해석 고객 중 한 명은 벨소리가 최신 가요로 설정되어 있는 휴대폰으로 전화를 받았다.

풀이 「one of the + 가산 복수 명사」는 사람이나 사물의 그룹 중의 하나를 말할 때 사용한다. 부분을 나타내는 표현이므로 항상 정관사 the를 사용하여 범위를 한정해야 하고 대명사 one이 가산 명사만을 지칭하는 대명사이므로 가산 복수 명사만 와야 한다. 따라서 (C) the customers가 가장 적절하다.

06 The number of local workers to be hired at your plants _____ far greater than I expected.

(A) are (B) have
(C) were (D) is

the number of ~의 수
local 지역의
be hired 고용되다
plant 공장

해석 당신의 공장에 고용된 지역 근로자의 수가 예상보다 많았습니다.

풀이 빈칸은 동사 자리이다. 문장에서 주어가 The number of local workers(지역 근로자의 수)이므로 단수형 동사를 찾아야 한다. 따라서 (D) is가 가장 적절하다.

07 You are eligible to receive _____ for visa expenses incurred for the purposes of project-related travel.

(A) coverage (B) advertisement
(C) conservation (D) reimbursement

be eligible to do ~할 자격이 있다
receive 받다
expense 비용
incur 초래하다, 손실을 입히다
coverage 범위
advertisement 광고
conservation 보존
reimbursement 상환, 변제

해석 당신은 프로젝트와 관련된 출장으로 인해 초래된 비자 비용에 대해 상환 받을 자격이 있습니다.

풀이 빈칸은 receive의 목적어 역할을 할 수 있는 명사를 찾아야 하며 문맥상 (D) reimbursement(상환)가 가장 적절하다.

08 Registration is not required for class, but class size is _____ to 15 participants.

(A) limited (B) imposed
(C) punished (D) conducted

registration 등록
require 요청하다
participant 참석자
limited 제한된
imposed 부과된
punished 벌 받은
conducted 시행된

해석 수업을 위한 등록은 필수는 아니지만 정원이 15명으로 제한되어 있습니다.

풀이 빈칸은 형용사 자리이며 문맥상 (A) limited(제한된, 한정된)가 가장 적절하다.

Questions 09-10 refer to the following letter.

친애하는 Mr. 로렌스:

현재의 임대 계약을 수정하겠다고 하신 귀하의 제안을 검토했다는 사실을 알려드리기 위해 이렇게 편지를 씁니다. 원칙적으로 저희 입장에서는 아무런 문제점이 없습니다만 할리팩스에 있는 본사로부터 확인을 받지 않고서는 정식으로 허가할 수도, 변경 절차를 진행할 수도 없습니다. 게다가 저희 입장에서 이러한 상황에 영향을 줄 수 있는 도시 구획 규제법과 관련해서 고려해 보아야 하는 몇 가지 문제점들이 있습니다. 저희는 이 두 가지 사항이 모두 일주일 안에 처리될 것으로 예상하고 있으며 그렇게 되면 귀하께 결과를 알려드리겠습니다.

그럼 이만 줄입니다.
사이먼 레저

단어

□ proposal 제안	□ amend 수정하다
□ current 현재	□ tenancy agreement 임대 계약
□ in principle 대체로, 원칙적으로	□ formally 공식적으로
□ consent 동의하다	□ proceed with 시작하다, 착수하다
□ confirmation 확인	□ in addition 게다가
□ a couple of 두 세가지	□ look into 조사하다, 연구하다
□ zoning 지역제	□ regulation 규제
□ affect ~에 영향을 미치다	□ handle 다루다, 처리하다
□ have 목적어 p.p. 목적어를 ~하게 만들다	□ get back 다시 연락하다, 돌아오다

09 (A) reviewing
(B) were reviewed
(C) have reviewed
(D) has been reviewed

풀이 빈칸은 that절의 주어인 your proposal의 동사 자리이며 주어가 단수이므로, (B) were reviewed, (C) have reviewed는 알맞지 않으며 (A) reviewing은 동사가 아니므로 적절하지 않다. 따라서 정답은 (D) has been reviewed이다. 동사의 형태 문제에서 수동태보다 '수일치'를 먼저 본다면 쉽게 해결할 수 있다.

10 (A) Furthermore, the city mayor's office released figures today that show a rise in rental prices for residential apartments.
(B) However, city council approved new regulations relating to street vendors.
(C) In addition, there are a couple of matters we must look into regarding city zoning regulations that might affect this.
(D) Therefore, developers are eager to take advantage of rising rental prices that average $1,000 per month there.

풀이 문맥상 빈칸에 들어갈 알맞은 문장을 고르는 문제로, 빈칸 앞은 '임대 계약서 수정 거절'에 관한 내용이고, 빈칸 뒤 have both things handled(두 문제가 처리되게 하다)로 보아, 수정을 거절하는 이유가 두 가지가 나와야 하므로 (C) '게다가, 이러한 상황에 영향을 줄 수 있는 도시 구획 규제법에 관하여 조사해 보아야 하는 몇 가지가 있다.'가 가장 적절한 선택이다. (A) '더욱이, 시장 직무실은 오늘 거주용 아파트에 대한 임대 가격의 상승을 보여주는 수치를 발표했다.' (B) '그러나, 시 의회는 노점 상인들에 관한 새로운 규정들을 승인했다.' (D) '그러므로, 개발업자들은 그곳의 매달 평균 1000달러에 이르는 상승하는 임대 가격을 이용하길 바란다.'는 '임대 계약 수정'과 관련 없는 문장들이므로 적절하지 않다.

Practice TEST 18 정답&해설

01. (D) 02. (B) 03. (C) 04. (A) 05. (B) 06. (A) 07. (C) 08. (A) 09. (C) 10. (B)

01 Most of the webmasters spend a lot of time and energy on making their websites as _____ as possible.

(A) attractively (B) most attractive
(C) more attractive (D) attractive

spend 소비하다
a lot of 많은
attractively 매력적으로
attractive 매력적인

해석 대부분 웹마스터들은 가능한 한 웹사이트를 매력적으로 만드는데 많은 시간과 에너지를 소비한다.

풀이 원급비교는 정도가 동등할 때 형용사나 부사의 원래 형태를 as와 as 사이에 넣어 비교한다. 빈칸이 형용사 자리인지 부사 자리인지 먼저 파악하는 것이 중요하다. 동사 make는 「make + 목적어 + 형용사」'목적어를 형용사한 상태로 만들다'로 표현할 수 있다. 따라서 빈칸은 형용사 자리이므로 (D) attractive가 가장 적절하다.

02 The OLED panel is superior _____ LCD panels for picture clarity, brightness and signal response.

(A) as (B) to
(C) than (D) for

picture clarity 사진 선명도
brightness 해상도
signal response 신호응답

해석 OLED panel이 LCD panel보다 사진의 선명도, 해상도, 신호 반응이 우수하다.

풀이 라틴어를 기원으로 하는 비교급 표현 superior(우수한)는 than 대신에 to로 비교를 표현한다. 따라서 (B) to가 가장 적절하다.

03 The more often you use a particular application program, _____ it'll perform.

(A) fast (B) the fastest
(C) the faster (D) the more fast

particular 특별한
application 지원
perform 수행하다
fast 빠른, 빠르게

해석 당신이 특정 응용프로그램을 사용하면 할수록 그것은 빨리 수행할 것이다.

풀이 「the 비교급 ~, the 비교급 ~」'~하면 할수록 더욱 ~하다'이라는 비교급 표현이 있다. 따라서 (C) the faster가 가장 적절하다.

04 The design of products has recently taken on much _____ importance than their function.

(A) greater (B) greatest
(C) greatly (D) great

take on importance 중요성을 두다
function 기능
recently 최근에

해석 최근 제품의 기능보다 디자인이 더 중요해지고 있다.

풀이 명사 importance를 수식할 수 있는 알맞은 형용사를 찾아야 한다. 빈칸 앞에 비교급을 강조하는 부사 much가 있고 뒤에 접속사 than their function이 있으므로 (A) greater가 가장 적절하다.

05 The mayor believes that improvements in the public transportation system would be _____ more effective way to reduce the heavy traffic.

(A) very (B) much
(C) so (D) such

mayor 시장
improvement 향상
public transportation 대중교통
effective 효과적인
reduce 감소하다
heavy traffic 교통 혼잡

해석 시장은 대중교통 체계의 개선이 교통체증을 감소하는 가장 효과적인 방법이라고 생각했다.

풀이 빈칸은 부사 자리이다. 비교급 표현 more effective를 수식할 수 있는 부사는 much, even, far 등이 있다. 따라서 (B) much가 가장 적절하다.

06 With $30 billion in assets we are one of the country's _____ financial services companies.

(A) strongest (B) strong
(C) stronger (D) strongly

billion 10억
asset 자산, 재산
financial 재정적인

해석 300억 달러의 재산이 있는 우리는 가장 강력한 금융기업 중 하나이다.

풀이 빈칸은 financial services companies를 알맞게 수식할 수 있는 형용사 자리이다. 보기에서 형용사는 (A) strongest와 (B) strong 그리고 (C) stronger이다. (C) stronger는 앞에 정관사 the가 있으므로 오답이다. 부분을 나타내는 표현 one of는 최상급과 잘 어울려 쓴다. 따라서 (A) strongest가 가장 적절하다.

07 These documents are extremely confidential, so they must be _____ with the greatest of care.

(A) traveled (B) practiced
(C) handled (D) discarded

document 서류
extremely 매우
confidential 극비의, 기밀의
travel 여행하다
practice 연습하다
handle 다루다
discard 버리다

해석 이 문서들은 매우 극비사항이므로 그것들은 특히 조심해서 다뤄져야 한다.

풀이 빈칸 앞에 be동사와 함께 수동태를 표현할 수 있는 알맞은 동사를 찾아야 한다. 서류는 주의 깊게 다뤄져야 하므로 문맥상 (C) handled가 가장 적절하다.

08 The company has spent a _____ amount of money on the development of their websites to attract the customers.

(A) substantial (B) wealthy
(C) consequential (D) spacious

amount 양
development 개발
attract the customers 고객을 유치하다
substantial 상당한
wealthy 부유한
consequential 필연적인
spacious 넓은

해석 그 기업은 고객 유치를 위하여 웹사이트 개발에 상당한 돈을 투자했다.

풀이 명사 amount를 수식할 수 있는 형용사를 찾아야 한다. 문맥상 (A) substantial(상당한)이 가장 적절하다. (B) wealthy(풍부한, 부유한)는 돈이 많다는 것을 의미하고 (C) consequential(필연적인), (D) spacious(공간이 넓은)는 의미상 적절하지 않다.

Questions 09-10 refer to the following advertisement.

초고속 인터넷을 전화선 모뎀 접속방식 가격으로

귀하께서 이미 슈퍼 커넥트를 이용하고 계시는 가입자라면 지금 사용하고 계시는 서비스를 업그레이드 받아서 6개월 동안 무료로 사용하실 수 있습니다. 맞습니다. 저희에게 전화만 주시면 자동으로 한 단계(초당 384 킬로바이트는 586 킬로바이트로, 586 킬로바이트는 1메가로) 업그레이드를 무료로 해드리겠습니다! 이 지역에서 가장 신뢰할 수 있는 인터넷 공급 업체인 슈퍼 커넥트와 함께 이메일을 보내거나 인터넷 서핑, 혹은 온라인 게임이든 다른 어떤 일이든 지금보다 훨씬 더 빠른 속도로 즐기십시오. 오늘 전화 주시거나 또는 자세한 사항을 알고 싶으시면 다음 청구서를 보낼 때 첨부해 드릴 안내서를 읽어 봐주십시오.

단어

- ☐ subscriber 구독자
- ☐ automatically 자동적으로
- ☐ reliable 믿을 만한
- ☐ bill 청구서
- ☐ at no charge 무료로
- ☐ boost 후원하다, 밀어주다
- ☐ insert 삽입물, 삽입광고, 첨부자료
- ☐ detail 세부사항

09 (A) no
(B) so
(C) even
(D) but

풀이 빈칸 뒤에 이어지는 단어가 비교급 형용사 faster이므로 그 앞에는 비교급 형용사를 수식해 줄 수 있는 부사가 와야 한다. 보기 중에서 비교급을 수식해주는 부사로 쓰일 수 있는 것은 (C) even(훨씬)이다. 그 외에 비교급을 수식해 줄 수 있는 부사로는 much, still, far, a lot 등이 있다.

10 (A) All mail subscription must be paid in advance by check or credit card.
(B) Call today or check the insert in your next bill for details.
(C) Super-Connect is giving away a free cosmetic kit to all new customers for a two-year subscription of its magazine.
(D) Participants will receive personalized attention and free internet access will be provided.

풀이 문맥상 빈칸에 들어갈 알맞은 문장을 고르는 문제로, 빈칸 앞 내용은 인터넷 서비스 이용자에게 보내는 광고이다. 광고할 내용을 알린 후 '서비스 접수 또는 추가 문의'를 위한 안내가 이어지는 것이 가장 자연스러우므로 (B) '오늘 전화 주시거나, 자세한 사항을 알고 싶으시면 다음 청구서에 있는 첨부물을 확인해보세요.'가 가장 적절한 선택이다. (A) '모든 우편 구독은 수표 또는 신용카드로 미리 지불되어야 합니다.'와 (C) 'Super-Connect 사는 잡지의 신규 2년 정기구독자들에게 무료 화장품 세트를 나눠줄 것입니다.'는 '인터넷 서비스'를 상품으로 하는 문맥과 어울리지 않는다. (D) '참여자들은 개인적인 보살핌을 받고, 무료 인터넷을 제공받을 것이다.'에서 participant(참여자)는 세미나, 강연 등의 내용과 어울린다.

Practice TEST 19 정답&해설

01. (A) 02. (C) 03. (C) 04. (C) 05. (A) 06. (A)

Questions 01-03 refer to the following letter.

친애하는 Mr. 알버츠:

귀하의 이력서와 자격증 그리고 Ms. 드래이크와의 인터뷰를 재고한 결과 저희 회사의 새 사무실에서 같이 일을 할 수 있는 기회를 드리기로 결정을 내렸습니다. 판매 마케팅 이사이신 샘 허프에게 직속으로 보고를 올리실 것이지만 인사부에 있는 수잔 와츠와 일과 관련된 것은 어떠한 것이라도 물어볼 것이 있으실 때 물어보시면 됩니다.

급여에는 협상한 것처럼 연봉, 의료 보험, 치과 보험, 연금, 정기 성과 보너스 등이 포함될 것입니다. 근무는 9월 15일부터 시작하시면 됩니다.

만약 동의하시면 늦어도 8월 12일까지 이 편지에 첨부한 복사본에 서명하시고 보내주십시오. 저희 스펙터 그래픽스사와 함께 일을 할 수 있게 되기를 기대합니다.

이반 스펙터

단어

- □ conclude 결론짓다
- □ resume 이력서
- □ be happy to do ~해서 행복하다
- □ compensation package 급여, 보수
- □ pension 연금
- □ be agreeable to 명사 ~에 기꺼이 응하다
- □ review 평가, 비평
- □ credential 자격증
- □ take the position 자리를 얻다
- □ include ~를 포함하다
- □ periodic 정기적인
- □ attached 첨부된

01

What is indicated about Spector Graphics Inc.?

(A) It has opened a new office.
(B) It has closed a branch office.
(C) It has a new Marketing Director.
(D) It will start operations on August 12th.

스펙터 그래픽스사에 대하여 무엇이라고 하였는가?

(A) 새 사무실을 오픈했다.
(B) 한 지점을 닫았다.
(C) 새 마케팅 디렉터를 채용했다.
(D) 8월 12일부터 영업을 시작할 것이다.

풀이

본문의 We have concluded our review of your resume, credentials and interview with Ms. Drake and are happy to invite you to take the position we discussed in our new office.에서 답을 알 수 있다. 스펙터 그래픽스사는 새 사무실에서 일할 사람으로 알버츠를 채용한다는 내용의 편지를 보내는 것에서 새로 사무실을 오픈한 것을 유추할 수 있으므로 답은 (A)이다.

02

To whom will the new employee report?

(A) Susan Watts
(B) Ivan Spector
(C) Sam Huff
(D) Ms. Drake

새 직원은 누구에게 보고를 할 것인가?

(A) 수잔 와츠
(B) 이반 스펙터
(C) 샘 허프
(D) 드래이크 씨

풀이

본문의 You will report directly to Sam Huff, the Director of Sales and Marketing, but you will always be free to discuss any work-related matters with Susan Watts in Human resources.에서 알버츠가 직속상관으로 모실 사람은 판매와 마케팅 이사인 샘 허프이며 일에 관련해서는 인사과에 있는 수잔 와츠에게 물어볼 수 있다고 했다. 따라서 그가 바로 보고를 올려야 하는 사람은 샘 허프이므로 답은 (C)이다.

03

In which of the positions marked [1], [2], [3], and [4] does the following sentence best belonging?

"Starting date would be September 15th."

(A) [1]
(B) [2]
(C) [3]
(D) [4]

[1], [2], [3], [4]로 표시된 곳들 중에서 다음 문장이 들어가기에 가장 적절한 곳은 어디인가?

'근무는 9월 15일부터 시작하시면 됩니다.'

(A) [1]
(B) [2]
(C) [3]
(D) [4]

풀이

문장 삽입 문제로, 제시된 문장 '근무는 9월 15일부터 시작하시면 됩니다.'는 제안을 수락하기 전, 회사가 제안하는 부분이므로 급료, 복리후생 등이 언급되어 있는 두 번째 문단이 가장 적절한 선택이다. 따라서 정답은 (C)이다.

Questions 04-06 refer to the following e-mail.

수신인	모든 판매 직원
발신인	금융 관리자 Jean Williams
날짜	2012년 10월 22일 월요일 10:45:15
주제	차량의 사용

직원들 누구나 회사 업무와 관련된 개인의 차량과 회사의 차량 이용에 있어 발생된 경비의 기록을 철저히 유지해야 합니다. 이와 관련하여 본 회사는 해당 직원의 모든 경비를 여과 없이 보상받길 바라며, 이를 위하여 기록을 잘 해 두어야 합니다.

가솔린 구입, 주차비용, 그리고 차량 수리와 같은 내역에 관한 영수증을 제출해야 합니다. 그리고 주행 거리계를 읽기 전후의 운행거리 수치, 운전하는 데 걸린 시간과 사용된 연료의 양에 관한 일일 기록도 필요합니다. 이러한 정보는 재무부의 Paul Battle에게 매주 보고해야 합니다. 거리계 요청은 당신이 개인 차량으로 움직일 때 매 마일마다 25센트의 배상이 있다는 점에서 특히 중요합니다.

협조해 주셔서 감사합니다.

단어

□ essential 필수적인
□ vehicle 탈것, 자동차
□ maintain 유지하다
□ incurred 초래된
□ reimburse 변상하다
□ in this regard 이 점에 있어
□ in addition 게다가
□ contain ~을 포함하다
□ personnel 직원(들)
□ in connection with ~와 관련하여
□ thorough 철저한
□ be certain that ~을 확실히 하다
□ expenditure 비용, 지출
□ receipt 영수증, 수령
□ odometer 거리계

04

What is the e-mail regarding?

(A) Increased use of the company vehicle
(B) Proper maintenance of the company vehicle
(C) Proper record keeping for the use of vehicles
(D) Company vehicles use in personal matters

무엇에 관한 이메일인가?

(A) 회사 운송수단의 이용 증가
(B) 회사 차량의 적절한 보수관리
(C) 회사 차량의 적절한 기록 관리
(D) 개인적인 문제로 회사 차량을 이용하는 것

풀이

첫 문장 It is essential that any of our personnel ~ maintain a thorough record of any expenses incurred.에서 업무에 관련된 차량 운영 경비에 대한 기록을 하라고 설명한다. 선택지에서는 maintain a thorough record of any expenses incurred를 Proper record keeping for the use of vehicles로 바꾸어 표현했으므로 (C)가 정답이다.

05

Which information should NOT be included in the weekly report?

(A) Location of visits
(B) Hours driven
(C) Amount of fuel consumed
(D) Odometer readings

주간 보고서에 포함되지 않아야 하는 정보는?

(A) 방문한 장소
(B) 운전 시간
(C) 연료 소모량
(D) 거리계

풀이

we will require your daily record of the number of miles driven, the odometer reading, before and after, the amount of time spent driving and the amount of fuel used. This information should be contained in your weekly report to Paul Battle of the finance department.에서 주행거리, 연료 소모량, 운행시간을 매주 보고하라고 하였다. 하지만 방문 장소를 보고하라는 정보는 지문에서 찾을 수 없으므로 (A)가 정답이다.

06

Why is it particularly important to note the miles driven in your personal vehicle?

(A) To ensure correct reimbursement
(B) To ensure proper maintenance of the vehicle
(C) To make sure the employee is working hard enough
(D) To make sure that the car is safe to drive

개인 차량으로 이동한 거리를 보고하는 것은 왜 특히 중요한가?

(A) 정확한 변상을 위해
(B) 차량을 잘 관리하기 위하여
(C) 직원이 매우 열심히 일하고 있다는 것을 확인하기 위해
(D) 차의 안전성을 확실히 하기 위해

풀이

지문 후반부 Odometer requests are particularly important in that you are reimbursed 25 cents for each mile traveled in your personal vehicle.에서 마일 당 25센트의 배상이 주어지므로 이동거리 보고가 특히 중요하다고 한다. 즉, 회사 입장에선 차량은 운행 거리마다 보상금 25센트를 계산하기 때문에 중요한 사항이라는 것이다. 더 나아가 정확한 배상을 위해 이동거리 보고를 요청한다고 생각할 수 있다. 따라서 정답은 (A)이다.

Practice TEST 20 정답&해설

01. (B) 02. (B) 03. (B) 04. (A) 05. (D)

Questions 01-02 refer to the following notice.

유학생을 위한 1년짜리 취업 비자

미국 내에 거주하는 유학생으로서 US-44 학생 비자를 가지고 있는 학생이라면, 연방 정부에서 최근 법안이 통과되어 여러분들은 학생 비자를 1년짜리 취업 비자인 US-60로 업그레이드할 수 있습니다. 이러한 업그레이드를 받을 자격이 되려면, 신청 전에 미국에서 최소한 6개월 이상을 거주해야만 합니다. 그리고 여러분들이 취업 비자를 받을 수 있도록 후원할 기업체를 찾아야 합니다.

이러한 자격 요건을 갖추었다면 미연방 정부 웹사이트 www.usgov.com에 가서서 취업 비자를 신청하십시오. 신청 양식을 출력한 뒤 여권, US-44 비자, 후원 기업의 추천서와 함께 의원 사무실로 가져가셔야 합니다. 여권용 사진 2장도 필요합니다. 업그레이드에 드는 비용은 US 50달러입니다.

업그레이드된 비자는 7일 이내에 발행됩니다.

이민노동국
미합중국

단어

□ qualify as ~로서의 자격이 주어지다	□ possess 소유하다
□ federal government 연방 정부	□ pass a law 법안이 통과되다
□ allow A to do A가 ~하도록 허가하다	□ reside in ~에 살다, ~에 거주하다
□ at least 적어도, 최소한	□ prior to ~전에
□ be willing to do 기꺼이 ~하다	□ register for ~을 신청하다
□ passport sized photo 여권용 사진	□ be issued within ~이내에 발행되다

01

What is the subject of this notice?

(A) The US-44 visa application information
(B) How to obtain legal documentation to work in U.S.
(C) Conditions on immigrating to the United States
(D) Responsibilities of international students

이 공지의 주제는 무엇인가?

(A) US-44 비자 신청에 관한 정보
(B) 미국에서 일할 수 있는 합법적 문서를 얻는 방법
(C) 미국으로 이민 갈 수 있는 조건
(D) 유학생의 책임

풀이

이 공지의 주제가 무엇인지를 묻고 있다. 공지의 첫 부분인 possessing a US-44 study visa, the federal government has recently passed a law that will allow you to upgrade your student visa to a US-60 one year work visa를 보면 학생 비자를 취업 비자로 바꿀 수 있는 법안이 통과되었음을 말하고 있고 그 이후로 그 방법에 대해 언급하고 있다. 취업 비자라는 것은 합법적으로 일할 수 있는 문서의 종류이므로 (B)가 정답이 된다.

02

What is NOT required when applying for a visa upgrade?

(A) A registration form
(B) A student card
(C) A sponsor's letter
(D) Photos

비자 업그레이드를 신청할 때 필요한 것이 아닌 것은?

(A) 신청 양식
(B) 학생증
(C) 추천서
(D) 사진

풀이

비자를 업그레이드할 때 필요한 것이 아닌 것을 묻는 문제로 먼저 필요한 것을 확인하면서 문제를 푸는 것이 더 효과적이다. (A) 신청 양식은 print the registration form에서, (C) 추천서는 sponsor's letter of support에서, (D) 사진은 two passport sized photos에서 언급이 되었지만 학생증은 언급된 바가 없으므로 정답은 (B)이다.

Questions 03-05 refer to the following article.

트렌튼, 뉴저지 - 시의회는 오늘 기자회견에서 도심 공원을 만들기로 한 계획을 발표했다. 공원 개발에 관한 계획은 3년 동안 논의되어 왔으나, 그 자리에 콘도미니엄을 짓고자 하는 사람들의 반대에 부딪혀 여러 차례 법적인 문제로 지연되어왔다. 지난 주에 법원에서 시 당국의 손을 들어주자 시정에서는 공원 건설의 첫 작업에 착수했다. 시에서 이번 프로젝트를 위해 75,000달러를 지원할 뿐만 아니라 뉴저지 주에서도 100,000달러에 달하는 예산을 지원했다. 공원 부지는 원래 대형 창고가 들어서 있었다. 6주 후에 개발 공사가 시작되면 이 창고는 철거될 것이다. 민간인 엔지니어들과 시 의회에서는 공원이 18개월 이내에 완성될 것으로 전망하고 있다.

단어

- ☐ City Council 시의회
- ☐ intend to do ~할 의도이다
- ☐ under discussion 논의 중인
- ☐ a number of 많은
- ☐ take steps 조치를 취하다
- ☐ dedicate to ~에 제공하다
- ☐ be demolished 철거되다
- ☐ press conference 기자 회견
- ☐ establish ~을 설립하다
- ☐ resistance from ~ ~로 부터의 반대(저지)
- ☐ legal 법적인
- ☐ in favor of ~ ~를 찬성하여
- ☐ primarily 원래

03

How was the land first used?

(A) As a shopping center
(B) As a storage facility
(C) As a location for condominiums
(D) As an entertainment complex

처음에 이 땅은 어떻게 사용되었나?

(A) 쇼핑센터로
(B) 저장 시설로
(C) 콘도미니엄으로
(D) 위락시설 단지로

풀이

처음에 땅의 용도가 무엇이었는지를 묻고 있다. 질문에서 first를 본문에서는 primarily로 표현했는데 The proposed park site was used primarily as a large warehouse로 원래 대형 창고로 사용이 되었다고 언급하고 있다. 따라서 창고의 용도인 저장 시설로 이용된 것이므로 (B)가 정답이 된다.

04

Why did development not start earlier?	개발은 왜 더 일찍 시작되지 못했는가?
(A) A group of people caused legal problems. (B) There was not enough funding to begin. (C) City residents didn't agree on the plan. (D) There was a lack of interest in the project.	(A) 특정 집단의 사람들이 법적 문제를 일으켰다. (B) 착수할 예산이 부족했다. (C) 시민들이 계획에 반대했다. (D) 프로젝트에 대한 관심이 부족했다.

풀이

개발을 일찍 시작하지 못했던 이유를 묻고 있다. 3년 동안 개발에 대한 논의가 진행이 되었지만 콘도미니엄을 짓고자 하는 사람들의 반대로 법적인 지연이 있었다는 resistance from a group of business people interested in establishing condominiums on the proposed site created a number of legal delays를 근거로 (A)가 정답임을 알 수 있다.

05

In which of the positions marked [1], [2], [3], and [4] does the following sentence best belonging?	[1], [2], [3], [4]로 표시된 곳들 중에서 다음 문장이 들어가기에 가장 적절한 곳은 어디인가?
"This will be demolished when development begins in six weeks' time."	'이 창고는 6주 후에 개발 공사가 시작되면 철거될 것이다.'
(A) [1] (B) [2] (C) [3] (D) [4]	(A) [1] (B) [2] (C) [3] (D) [4]

풀이

문장 삽입 문제로, 제시된 문장 '이 창고는 6주 후에 개발 공사가 시작되면 철거될 것이다.'에서 this가 키워드로, 공원을 개발하기 전에 철거해야 하는 '이것'인 '대형 창고'가 언급된 문장 뒤에 들어가는 것이 가장 적절한 선택이다. 따라서 정답은 (D)이다.

Practice TEST 21 정답&해설

01. (D) 02. (D) 03. (B) 04. (D) 05. (C) 06. (B)

Questions 01-03 refer to the following advertisement.

우수 비영리 사무실에서 좋은 급여

빠르게 성장하는 비영리 단체를 위한 회원 관리자
우수한 비영리 사무실에서 좋은 급여

Olana Partnership을 위하여 모든 종류의 회원 프로그램을 실행할 좋은 자격을 갖춘 회원 관리자를 찾고 있습니다. 새로운 회원 조달 아이디어를 만들어내고, 그것을 실행하며, 현 회원을 위해서는 사무 담당 서비스를 제공합니다. 회원 행사를 관리하고 관리 보고서를 제출하며, 다른 직무를 하는 가운데 회원 예산을 관리하게 될 것입니다. 학사 학위, 탁월한 의사소통 기술과 기획 기술, 1-2년의 회원 경험이 요구됩니다. 운영체제와 컴퓨터용 회계 프로그램을 능숙하게 다룰 수 있으면 유리합니다. 원하는 급여를 적어서 이력서와 자기소개서를 우편으로 보내십시오.

단어

- □ not-for-profit 비영리
- □ quality 우수한
- □ implement 실행하다, 시행하다
- □ generate 산출하다
- □ stewardship services 책임 있는 서비스
- □ manage 관리하다
- □ bachelor's degree 학사 학위
- □ look for 찾다
- □ membership manager 회원관리자
- □ aspect 양상, 면
- □ procurement 획득, 조달
- □ provide 사물 for 사람 ~에게 ~를 제공하다
- □ budget 예산
- □ facility 재능, 시설

01

What is NOT a responsibility of the position advertised?

(A) Planning programs
(B) Making reports
(C) Managing events
(D) Drawing up budgets

광고된 직책이 맡을 책무가 아닌 것은?

(A) 프로그램 기획
(B) 보고서 작성
(C) 행사 관리
(D) 예산 작성

풀이

지문에서 보기 (A)는 implement all aspects of its membership program 및 generate new membership procurement ideas로 표현되었고, 보기 (B)는 provide management reports로, 보기 (C)는 manage membership events로 표현되었다. (D)의 예산(budgets)과 관련하여서는 관리(manage membership budget)를 하라고 했지 예산을 작성(drawing up)하라고는 안 했다.

02

What is a requirement of applicants?

(A) Proficiency in foreign languages
(B) Experience in finances
(C) Computer literacy
(D) Academic degree

지원자의 자격요건은 무엇인가?

(A) 외국어 능통
(B) 재무 경력
(C) 컴퓨터 기술
(D) 학위

풀이

지문에서 언급된 지원 자격 Bachelor's degree, excellent communication and organizational skill, 1-2 year's membership experience 중에서 Bachelor's degree를 보기 (D)로 바꾸어 표현하였다.

03

What are the applicants required to submit?	지원자는 무엇을 제출해야 하는가?
(A) Reference letters	(A) 추천서
(B) Desired pay amounts	(B) 원하는 급여 수준
(C) Medical histories	(C) 병력
(D) Available working hours	(D) 가능한 근무 시간

풀이

지문의 마지막에서 '이력서와 원하는 희망 급여를 적은 자기소개서를 제출하라(Please mail your resumes and cover letters with salary expectations.)'라고 했는데 여기서 salary expectations를 보기 (B)가 바꾸어 표현하고 있다.

Questions 04-06 refer to the following advertisement.

애완동물을 위한 건강보험?

여러분들은 물론 본인이나 가족들을 위한 건강 보험을 가지고 있으실 겁니다. 그렇지만 애완동물의 건강에 관해서는 어떻습니까? 만약 여러분의 가족과도 같은 애완동물이 심각한 건강 상태로 인해 고통받고 있다면, 누가 그 비싼 의료비를 댈 것입니까? 한 번 생각해 보십시오. 많은 개와 고양이들은 보통 10년이나 그 이상을 삽니다. 그동안 들어가는 의료비는 여러분의 자녀들에게 들어가는 것보다 더 많을 수 있습니다! 여러분이 애완동물 의료보험료로 투자하신 돈은 나중에 본전을 뽑고도 남습니다. 심각한 병에 걸릴 경우에 대비하여 재정적 보장을 제공할 뿐만 아니라 애완동물 건강보험은 정기검진, 심지어 애견미용비에 대해서도 지원을 받으실 수 있습니다. Quality 보험에서는 1974년부터 가족과 애완동물의 건강을 책임져 왔습니다. 오늘 1-800-233-3554로 전화 주십시오.

단어

- ☐ pet 애완동물
- ☐ even 조차
- ☐ serious health condition 심각한 건강 상태
- ☐ invest in ~ ~에 투자하다
- ☐ in the event of ~의 경우를 대비하여
- ☐ regular check-up 정기검진
- ☐ health insurance 건강 보험
- ☐ be afflicted with ~ ~로 고통을 받다
- ☐ exceed 초과하다, 넘다
- ☐ in addition to 게다가
- ☐ help out 돕다

04

According to the advertisement, why should you invest in pet insurance?

(A) Pet health care is becoming increasingly popular.
(B) Families are entitled to discounts if they invest in pet insurance.
(C) Pets are more valuable if they have health insurance.
(D) Pet health costs can be more expensive than those for children.

광고에 따르면, 왜 애완동물 건강보험료에 투자를 해야 하는가?

(A) 애완동물 의료분야가 점점 인기를 얻고 있다.
(B) 애완동물 건강보험에 투자하면 할인을 받을 자격이 주어진다.
(C) 애완동물이 건강보험에 들어 있으면 더욱 소중하게 된다.
(D) 애완동물에 들어가는 의료비는 자녀들에게 들어가는 것보다 더욱 비쌀 수 있다.

풀이

애완동물 보험에 투자를 해야 하는 이유가 무엇인지를 묻고 있다. 오랜 기간 동안 함께 생활을 하는 애완동물이 심각한 건강 상태에 이르렀을 때 치료비가 아이들에게 들어가는 것보다 많을 수 있다는 During that time their medical costs can exceed those of your own children! 다음에 애완동물을 위한 보험에 투자하는 것이 좋다는 얘기가 연결되고 있으므로 (D)가 정답이 된다.

05

What assumption is made in the advertisement?

(A) The reader is healthy.
(B) The reader lives in an apartment.
(C) The reader has a pet.
(D) The reader is a woman.

광고에서는 무엇을 전제로 하는가?

(A) 독자가 건강하다.
(B) 독자가 아파트에서 산다.
(C) 독자가 애완동물을 갖고 있다.
(D) 독자가 여자다.

풀이

광고에서 전제로 하고 있는 내용이 무엇인지를 묻고 있다. 애완동물을 위한 건강 보험에 대해서 광고하는 내용이므로 이 광고를 보는 사람들은 애완동물을 기르고 있는 것을 전제로 하고 있음을 알 수 있고 또한 At Quality Insurance we have been protecting families and pets since 1974에서 가족과 애완동물을 위한 보험사임을 언급하는 부분을 근거로 (C)가 정답이 된다.

06

In which of the positions marked [1], [2], [3], and [4] does the following sentence best belonging?

"During that time their medical costs can exceed those of your own children!"

(A) [1]
(B) [2]
(C) [3]
(D) [4]

[1], [2], [3], [4]로 표시된 곳들 중에서 다음 문장이 들어가기에 가장 적절한 곳은 어디인가?

'그동안 들어가는 의료비는 여러분의 자녀들에게 들어가는 것보다 더 많을 수 있습니다!'

(A) [1]
(B) [2]
(C) [3]
(D) [4]

풀이

문장 삽입 문제로, 제시된 문장 '그동안 들어가는 의료비는 여러분의 자녀들에게 들어가는 것보다 더 많을 수 있습니다!'에서 During that time이 키워드로, 각 선택지 앞에 '그 기간 동안'이 언급된 부분을 찾으면, 10 years or more가 됨을 알 수 있다. 따라서 정답은 (B)이다.

Practice TEST 22 정답&해설

01. (D) 02. (D) 03. (D) 04. (B) 05. (C)

Question 01 refer to the following form.

AOG Travel Information System

Steven Foster의 여행 일정
날짜 : 2012년 2월 9일, 토요일
출발지: 서울 인천 국제공항
도착지: 싱가포르 창이 공항
싱가포르 항공(SQ) 883기
출발 : 오전 9시 25분 인천 국제공항 서울
도착 : 오후 2시 40분 창이 공항 싱가포르
확인번호: AKU568942

날짜 : 2012년 2월 12일 화요일
출발지 : 싱가포르 창이 공항
도착지: 서울 인천 국제공항
싱가폴 항공(SQ) 882기
출발 : 오후 11시 59분 창이 공항 싱가포르
도착 : 오전 6시 55분 + 1 인천 국제공항 서울
확인번호: AKU5421512

단어

- □ itinerary 여행일정
- □ depart 출발하다
- □ arrive 도착하다
- □ confirmation 확인

When will Steven Foster arrive back in Seoul?

(A) February 9, 2012
(B) February 10, 2012
(C) February 12, 2012
(D) February 13, 2012

Steven Foster가 언제 서울로 돌아오는가?

(A) 2012년, 2월 9일
(B) 2012년, 2월 10일
(C) 2012년, 2월 12일
(D) 2012년, 2월 13일

풀이

Steven Foster는 2002년 2월 12일 저녁 11시 59분 비행기로 싱가포르에 출발하여 다음날 아침 6시 55분에 서울에 도착한다. 지문에서 2월 13일에 도착한다고 직접 명시되어 있지는 않지만 출발시각과 도착시각을 비교해 볼 때 2월 13일에 서울에 도착한다는 것을 알 수 있다. 따라서 (D)가 정답이다.

Question 02 refer to the following form.

송장

고객 번호: 000245　　날짜: 2012년 10월 3일

청구자
썬키싱어 오렌지 농장
사서함 3854
플로리다, 미국

입금자
스타인버그 청과
사서함 7645
메인街 400번지
애틀랜타, 조지아 30357-0645 미국

제품 설명	수량	가격 (개당)	총계
Orange Grove (병)	500	$.96	$480.00
Orange Grove (대형 팩)	500	$.50	$250.00
Orange Grove (소형 팩)	500	$.42	$210.00
		소계	$1315.00
		판매세금	$131.00
		총액	$1446.00

이 송장(送狀)을 받으신 후 근무 일로 5일 이내에 전액을 일시불로 입금해 주시기 바랍니다.
질문이나 기타 궁금 사항이 있으시면 (416) 456-0303으로 연락해 주십시오.

단어

- ☐ invoice 송장(送狀)
- ☐ account number 고객 번호
- ☐ quantity 수량
- ☐ carton 대형 (음료수) 팩
- ☐ sub-total 소계(小計)
- ☐ total balance due 지불액 총계
- ☐ payment is expected in full 완불되어야 한다
- ☐ upon receipt of ~을 받자마자
- ☐ P.O. Box 우체국 사서함
- ☐ product description 제품 설명서
- ☐ orange grove 오렌지 농장
- ☐ drinking box 소형 (음료수) 팩
- ☐ sales tax 판매세
- ☐ be advised that ~ 꼭 ~ 하기 바란다
- ☐ within five business days 근무일로 닷새 내에
- ☐ concern 관심, 근심, 우려

What is the unit price for a carton of Orange Grove?

(A) $.96
(B) $480.00
(C) $500.00
(D) $.50

오렌지 그로브 대형 팩의 단가는 얼마인가?

(A) $.96
(B) $480.00
(C) $500.00
(D) $.50

풀이

Orange Grove carton의 개당 가격은 50달러이다. 따라서 (D)가 정답이다. (A)는 Orange Grove bottle의 개당 가격이고 (B)는 Orange Grove bottle의 총액이다. (C)는 본문에서 정보를 찾을 수 없다.

Questions 03-05 refer to the following invoice.

송장

CCP Inc.

사서함 4307

Carol Stream, IL

송장 # JS879	받는 곳:
날짜: 2012년 9월 4일	John's House Store
고객 번호: 38790	9450 Lockwood
지불 조건: 제품 수령 시	New York, NY

주문: 2012년 8월 28일

배달: 2012년 9월 5일

수량	수량	단위 가격	누계
5	침대 시트 (106cm) 노란색	$75.00	$375.00
3	침대 시트 (120cm) 파란색	$82.00	$246.00
20	베게 커버 파란색	$40.00	$800.00
		총액	$1,421.00
		예치금	$500.00
		지불해야 할 금액	$921.00

위 예치금은 38902번 수표로 지불되었습니다.

판매세는 송장 총액에 포함되어 있습니다.

단어

- ☐ invoice 송장(送狀)
- ☐ payment terms 지불 조건
- ☐ Qty 수량
- ☐ pillow 베개
- ☐ check 수표
- ☐ P.O. Box 우체국 사서함
- ☐ upon receipt 수령하자마자
- ☐ description 설명
- ☐ deposit 예치금
- ☐ sales tax 판매 세금

03

When was the invoice prepared?

(A) August 28, 2012

(B) August 31, 2012

(C) September 5, 2012

(D) September 4, 2012

이 송장을 언제 준비하였는가?

(A) 2012년 8월 28일

(B) 2012년 8월 31일

(C) 2012년 9월 5일

(D) 2012년 9월 4일

풀이

송장에 쓰여진 여러 날짜 중에서 송장을 쓴 날짜를 확인하고 있다. 지문에서 'Invoice #' 아래에 명시된 날짜가 송장을 쓴 날짜이다. 다른 날짜들은 제품을 주문하고 배달했던 날짜들이다.

04

How much money did John's House Store pay already?

(A) $246.00
(B) $500.00
(C) $921.00
(D) $1,421.00

John's House Store가 이미 지불한 금액은?

(A) 246.00 달러
(B) 500.00 달러
(C) 921.00 달러
(D) 1,421.00 달러

풀이

이미 지불한 금액을 묻고 있다. 송장에서 Deposit(예치금) $500가 이미 지불되었다(This deposit has been paid ~)고 하였으므로 (B)가 정답이다.

05

What is included in the total price?

(A) Handling fee
(B) Shipping cost
(C) Sales tax
(D) Packing charge

총 금액에 포함되어 있는 것은?

(A) 취급 수수료
(B) 배송비
(C) 판매세
(D) 포장비

풀이

송장의 마지막에서 Sales tax is included in the invoice total.이라고 하였으므로 (C)가 정답이다.

Practice TEST 23 정답&해설

01. (A) 02. (A) 03. (C) 04. (A) 05. (D) 06. (A) 07. (D) 08. (C) 09. (B) 10. (C)

01

Hill State is pleased to announce that we have <u>assumed</u> the management of the Crown building.	Hill State 사는 Crown 건물의 관리를 맡게 되었음을 알리게 되어 기쁩니다.
The word "assume" in this sentence is closest in the meaning to, (A) take on (B) decide (C) contact (D) understand	이 문장의 'assume'과 가장 의미가 유사한 것은? (A) 맡다 (B) 결정하다 (C) 연락하다 (D) 이해하다

단어

□ management 관리, 경영(진)
□ be pleased to ~ ~하게 되어 기쁘다

풀이

문제 유형 : 사전적 동의어 찾기 [다의어의 정확한 의미 찾기]
assume은 '추측하다(presume)', '(태도 · 임무 · 책임 따위를) 취하다, 떠맡다(take on)', '미리 가정[예상]하다, 전제로 하다' 등 다양한 의미로 사용이 되는 단어다.

문제 해결 포인트

assume은 문제와 같이 management를 목적어로 취하여 '(역할 · 임무 등을) 맡다'라는 의미로 사용이 되기도 하며 assume responsibility for의 형태로 '책임지다'라는 덩어리 표현으로도 자주 사용되기도 한다. 여기서는 '(직책, 책임)~을 맡다'라는 의미로 (A) take on이 정답이 된다.

02

Our widely used backpack is made <u>primarily</u> for travel professionals in the tourism industry.	우리의 널리 사용되는 배낭은 주로 관광산업 분야의 여행전문가들을 위해 제작되어 있습니다.
The word "primarily" in this sentence is closest in the meaning to, (A) mainly (B) regularly (C) solely (D) originally	이 문장의 'primarily'와 가장 의미가 유사한 것은? (A) 주로 (B) 규칙적으로 (C) 오로지, 단독으로 (D) 독창적으로, 원래

단어

□ widely 널리
□ backpack 배낭
□ tourism industry 관광산업

풀이

문제 유형: 사전적 동의어 찾기

primarily는 mainly와 사전적 동의어로 정기시험에서는 그 문장만 간단히 해석해 보는 것으로도 정답을 확실하게 맞출 수 있는 유형이다. 기출 문장으로는 have been working primarily on ~ (~에 대해 주로 업무를 해오다)이 있다.

문제 해결 포인트

이 문제의 정답은 (A) mainly로 '주로 여행전문가들을 위해 제작되었다'의 문맥에 가장 잘 알맞다.

03

Sarah Ball will serve as liaison between our corporate office in Seoul and our headquarters in Tokyo.	Sarah Ball 씨는 서울 지사와 도쿄의 본사 간의 연락 담당자로서 일할 것입니다.
The word "serve" in this sentence is closest in the meaning to, (A) accomplish (B) sell (C) act (D) subscribe	이 문장의 'serve'와 가장 의미가 유사한 것은? (A) 성취하다 (B) 판매하다 (C) 활동하다, 일하다 (D) 구독하다

단어

□ liaison 연락 담당자 □ headquarter 본사

풀이

문제 유형 : 사전적 동의어 찾기 [1:1 짝꿍 찾기]

serve는 음식이나 음료(술)와 함께 쓰여서 '음식을 내놓다'라는 의미를 가지고 있으며 '손님의 시중을 들다'라는 의미, '도움이 되다', '제공하다', '일하다' 등 다양한 의미를 가지고 있는 동사로 명사도 같은 형태를 취하는 단어이다.

문제 해결 포인트

자격을 나타내는 전치사 as와 쓰일 때 serve는 '~로서 일하다, ~로 활동하다'라는 의미로 특히 직장이나 특별한 기관, 혹은 나라를 위해 일하는 것을 의미할 때 사용되는 단어이다. 따라서 '활동하다'라는 의미로 act as(~로 활동하다)의 형태로 사용되는 (C) act가 정답이 된다.

04

One winner will be drawn randomly at Plaza Hotel, within two business days of competition closing.	한 명의 우승자가 경쟁이 마감된 지 영업일 이틀 내에 Plaza Hotel에서 무작위로 뽑히게 될 것입니다.
The word "randomly" in this sentence is closest in the meaning to, (A) irregularly (B) curiously (C) mostly (D) markedly	이 문장의 'randomly'와 가장 의미가 유사한 것은? (A) 불규칙하게, 일정하게 않게 (B) 이상하게도 (C) 주로, 일반적으로 (D) 현저하게, 두드러지게

단어

☐ winner 우승자
☐ competition 경쟁
☐ be drawn 뽑히다

풀이

문제 유형 : 문맥적 동의어 찾기

randomly는 어떤 일이 발생하거나 어떤 것을 선택할 때 특정한 목적이나, 계획, 뚜렷한 경향이 없이 이루어지는 것을 나타내며 형용사인 random은 at random의 형태로 자주 사용된다. 또한 chose, select, pick 등의 동사와 잘 어울려 사용된다.

문제 해결 포인트

부사 randomly는 '무작위로, 순서 없이'라는 의미로, 우승자의 선발 기준에 어떤 규칙이 없다는 내용이므로 '규칙적으로, 정기적으로'의 의미를 갖는 regularly의 반대인 (A) irregularly가 문맥상 가장 유사한 의미를 가지고 있어 문제의 정답이 된다.

05

Many successful business owners believe that reducing employee absences and enhancing staff productivity can help maintain the long-standing reputation.	많은 성공적인 기업가들은 직원 결근을 줄이고 생산성을 향상시키는 것이 오랫동안 유지해온 명성을 유지하는데 도움을 줄 수 있다고 믿고 있다.
The word "maintain" in this sentence is closest in the meaning to, (A) look out (B) declare (C) defend (D) keep up	이 문장의 'maintain'과 가장 의미가 유사한 것은? (A) 내다보다, 살펴보다 (B) 신고하다, 선언하다 (C) 방어하다 (D) 유지하다

단어

☐ business owner 기업가
☐ employee absence 직원 결근
☐ staff productivity 직원 생산성
☐ the long-standing reputation 오랫동안 유지해온 명성

풀이

문제 유형 : 사전적 동의어 찾기

maintain은 어떤 것을 이전과 같은 상태로 만드는 것(to make something continue in the same way or at the same standard as before)으로 자연스러운 우리말로 바꾸면 '(상태를)유지하다'라는 의미가 되며 maintain that ~의 형태로 쓰일 때는 주로 '주장하다'라는 의미로 자신이 사실이라 믿고 있는 것을 강력하게 전달하고자 할 때 사용이 된다.

문제 해결 포인트

maintain은 '유지하다, 지속하다, 지키다'라는 의미로 위 문장에서는 '명성을 유지하다'라는 의미의 문장으로 maintain이 담고 있는 continue의 개념을 공통적으로 가지고 있는 (D) keep up(유지하다)이 정답이 되며 balance, control, interest, level, momentum, position, quality, standard 등의 명사와 자주 어울려 사용되고 keep up with의 형태로 '~에 뒤지지 않고 따라 가다'의 의미로도 시험에 자주 출제되었다.

06

A $100 late-payment fee will be charged if the rented equipment and supplied parts are not returned before the date mentioned on the front of this agreement.	만약 임대 장비와 제공된 부품들이 이 계약서에 명시된 날짜 이내에 반환되지 않으면 100달러의 연체 비용이 부과될 것입니다.

The word "charged" in this sentence is closest in the meaning to,
(A) demanded
(B) appointed
(C) admitted
(D) sent

이 문장의 'charged'와 가장 의미가 유사한 것은?
(A) 요청하다
(B) 지정하다
(C) 허용하다
(D) 보내다

단어

□ late-payment fee 연체료
□ rented equipment 임대 장비
□ be charged 부과되다
□ before the date mentioned 언급된 날짜 전까지

풀이

문제 유형: 문맥적 동의어 찾기
charge는 기본적으로 '청구하다'라는 의미로 to ask someone for a particular amount of money의 의미로 팔고 있는 물건에 대한 '대금을 청구하다'는 의미와 함께 fee, interest, rent 등의 명사와 어울려서 사용이 되며 '비난하다, 고발하다, 충전하다, 돌격하다' 등의 다양한 의미를 가지고 있다.

문제 해결 포인트

문장에서 charge는 돈이 부과된다는 의미 즉 ask for의 의미를 담고 있는데 문맥상 돈을 지불하도록 요청을 받는 것을 근거로 바로 (A) demand가 정답이 되며 영영 사전식 의미를 참조해 보면 charge가 가지고 있는 ask for의 의미를 담고 있다. 명사도 demand의 형태로 시험에서는 demand for(~에 대한 요구)의 형태로 자주 출제가 되었던 어휘이다.

07

Louise Banks has worked as the Chief Executive Officer for ten years and also participated in the product development project for older and disabled people.

루이스 뱅스는 10년 동안 CEO로서 일해 왔으며, 또한 노인들과 장애인들을 위한 제품 개발 프로젝트에도 참여했다.

The word "participated" in this sentence is closest in the meaning to,
(A) permitted
(B) completed
(C) waited on
(D) taken part in

이 문장의 'participated'와 가장 의미가 유사한 것은?
(A) 허가하다
(B) 완료하다
(C) 기다리다
(D) 참여하다

단어

□ work as ~ ~로 일하다
□ participate in ~ ~에 참여하다
□ Chief Executive Officer 최고 경영자
□ disabled people 장애인

풀이

문제 유형: 사전적 동의어 찾기
participate의 영영 사전식 의미를 보면 to take part in an activity or event로 활동이나 행사에 참여하는 것을 나타내며 전치사 in을 동반하여 사용되는 자동사이다.

문제 해결 포인트

'참여하다, 참석하다'라는 의미를 가지는 동사 participate와 가장 유사한 의미를 가지는 단어는 (D) taken part in으로 영영 사전식으로는 to be involved in an activity, sport, event etc with other people의 의미를 가지고 있다. 시험에 자주 출제되는 attend도 '참석하다'라는 의미를 가지고 있지만 '~에 가다'라는 to go의 의미를 가지고 있으므로 주의하자.

08

If the topic you sent out is covered during the time management seminar, please contact me as soon as possible.	당신이 보내 준 그 주제들이 시간 관리 세미나에서 논의된다면, 저에게 바로 연락을 주시기 바랍니다.
The word "covered" in this sentence is closest in the meaning to, (A) substituted (B) encouraged (C) discussed (D) protected	이 문장의 'covered'와 가장 의미가 유사한 것은? (A) 대리하다, 대신하다 (B) 격려하다, 권하다 (C) 논의하다 (D) 보호하다

단어

☐ send out 보내다 ☐ be covered 포함되다
☐ contact A A에게 연락하다

풀이

문제 유형 : 문맥적 동의어 찾기
cover는 어떤 대상을 숨기거나, 닫거나, 보호를 하기 위해서 '가리다, 막다, 싸다'라는 의미를 가지며 이때는 cover A with B(A를 B로 덮다)의 형태로 쓰여 '특정한 주제를 다루거나, 포함한다'는 의미와, 돈과 같이 사용하게 되면 '지불할 만큼 충분하다'는 의미도 가지고 있다.

문제 해결 포인트

이 문제에서 cover는 보내진 주제가 다뤄진다(deal with, include)의 의미로 주제가 세미나에서 다뤄진다는 의미는 세미나에서 해당 주제가 논의된다는 내용이므로 '논의하다'의 의미를 갖는 discuss가 문맥상 가장 적절하다.

09

Candidates wishing to receive serious consideration must have at least 2 years related experience and ability to work independently.	진지한 검토 대상이 되고 싶은 후보자들은 반드시 관련 분야에서 최소 2년의 경력과 독자적으로 업무를 수행할 수 있는 능력을 가지고 있어야 한다.
The word "consideration" in this sentence is closest in the meaning to, (A) kindness (B) attention (C) solicitation (D) business	이 문장의 'consideration'과 가장 의미가 유사한 것은? (A) 친절 (B) 주의, 배려, 고려 (C) 간원, 간청 (D) 사업

단어

☐ candidate 후보자, 지원자 ☐ wish to V ~하고 싶어 하다
☐ at least 적어도 ☐ related experience 관련 경력
☐ ability to work independently 독자적인 업무 수행 능력

풀이

문제 유형 : 사전적 동의어 찾기

consideration은 careful thought and attention의 의미로 우리말로는 '고려, 고찰, 고려의 대상'이라는 의미를 가지고 있으며 특히 공식적이거나 중요한 결정을 내리기 전의 상황(especially before making an official or important decision)에서 사용이 된다. 시험에서는 take A into consideration(A를 고려하다)등의 덩어리 표현으로 등장한 바 있으므로 기억해 두자.

문제 해결 포인트

문맥으로 보면 '고려'의 대상이 갖추어야 할 능력을 언급하는 내용으로 이 문제의 정답은 (B) attention이 되는데 attention은 '주의, 유의'라는 의미를 기본으로 하여 carefully listen to, look at, or think about someone or something의 영영 사전식 의미에서 알 수 있듯이 consideration과 유사한 의미를 가지고 있다.

10

October 25, last Friday was a landmark occasion for graduate students across the United States who would like to live and work in Japan.	지난 금요일인 10월 25일은 일본에 살면서 일하고 싶어 하는 미국 전역의 대학 졸업생들에게 중요한 날이었다.
The word "landmark" in this sentence is closest in the meaning to, (A) typical (B) objective (C) important (D) boundary	이 문장의 'landmark'와 가장 의미가 유사한 것은? (A) 전형적인 (B) 객관적인 (C) 중요한 (D) 경계

단어

- □ graduate student 졸업생
- □ across the United States 미국 전역의
- □ would like to V ~하고 싶다

풀이

문제 유형 : 문맥적 동의어 찾기

landmark는 명사로 사용되는 단어로 자기 자신이 어디에 있는지를 판단할 수 있는 근거가 되는 쉽게 알아볼 수 있는 건물이나 장소를 나타내는 의미가 있으며 어떤 사람이나 사물에 영향을 준 가장 중요한 일이나 변화, 사건들 중에 하나를 의미하기도 하며 decision, case 등의 명사와 어울려 복합명사를 이루어 사용된다.

문제 해결 포인트

landmark의 영영사전식 의미인 'one of the most important events, changes, or discoveries that influences someone or something'에서 알 수 있듯이 중요한(important)의 의미를 갖는다는 것을 문맥적으로 파악할 수 있다.

Practice TEST 24 정답&해설

01. (C) 02. (D) 03. (B) 04. (D) 05. (C) 06. (B)

Questions 01-02 refer to the following text message chain.

Jenny Hill 9:28 A.M.
Wolfgang 씨, New York Bakery 사의 Cho 씨가 마케팅 프로젝트를 점검하기 위해 전화를 걸어왔습니다. 그리고 다시 그녀에게 전화를 해야 합니다.

Wolfgang Schauble 9:31 A.M.
저도 알아요. 그녀는 우리 영업팀과 회의를 계획하고 있습니다.

Jenny Hill 9:32 A.M.
다 끝내셨나요?

Wolfgang Schauble 9:35 A.M.
아니오... 못 끝냈습니다. 마케팅 계획에 대해 수정 중입니다. Cho 씨에게 전화를 걸어서 그녀에게 알려주실 수 있나요?

Jenny Hil 9:37 A.M.
문제없어요. 언제 끝나게 될까요?

Wolfgang Schauble 9:40 A.M.
감사합니다. 그렇다면 저는 오늘까지는 마무리되도록 준비하겠습니다.

단어

□ call back 다시 전화를 하다
□ sales team 영업팀
□ schedule 일정을 잡다
□ revision 수정

01

At 9:37 A.M., what does Ms. Hill most likely mean when she writes, "No problem."?

(A) She will extend the deadline.
(B) She will help Mr. Schauble for the plan.
(C) She will contact Ms. Cho.
(D) She will visit the New York Bakery.

오전 9시 37분에 Hill 씨가 '문제없어요.'라고 말한 의도는 무엇인가?

(A) 그녀는 마감기한을 연장할 것이다.
(B) 그녀는 그 계획을 위해 Schauble 씨를 도울 것이다.
(C) 그녀는 Cho 씨에게 연락을 할 것이다.
(D) 그녀는 New York Bakery에 방문할 것이다.

풀이

9시 35분에 받은 메시지 Making some revisions to the marketing plan now. Would you like to call Ms. Cho to let her know?(지금 마케팅 계획을 수정 중이라, 대신 전화를 해주실 수 있나요?)에 대한 응답이므로 Hill 씨가 Schauble 씨를 대신해서 전화를 할 것임을 알 수 있다. 따라서 (C)가 정답이다.

02

What does Mr. Schauble say he's doing now?

(A) Rescheduling transportation
(B) Calling an office
(C) Making an order
(D) Making some changes to the plan

Schauble 씨는 지금 무엇을 하고 있다고 말하는가?

(A) 운송수단 일정을 변경하는 것
(B) 사무실에 전화를 거는 것
(C) 주문을 하는 것
(D) 그 계획에 대해 약간의 수정을 하는 것

풀이

9시 35분에 Making some revisions to the marketing plan now(지금 마케팅 계획을 수정 중이다)라고 한 것으로 보아 (D)가 정답이다.

Questions 03-06 refer to the following online chat.

Edie Brickell [10:19 A.M.] Steve 씨, 저는 우리 회사가 곧 출시하게 될 새 스포츠카에 대해 걱정이 됩니다. 우리는 아직 그것에 대한 이름을 선택하지 못했거든요.

Steve Martin [10:19 A.M.] 우리가 오늘 오후에 있을 회의에서 그 일을 다루는 것은 어떤가요?

James Corden [10:20 A.M.] 저는 찬성합니다. 제가 사무실에 있는 디자이너들에게 이야기해봤는데, 몇몇 제안된 이름을 가지고 있습니다. 제가 회의에서 함께 볼 수 있도록 목록을 준비해보겠습니다.

Steve Martin [10:22 A.M.] 좋아요. 그렇게 하면, 우리는 다양한 견해를 들어볼 기회를 가질 수 있을 거예요.

Edie Brickell [10:23 A.M.] 좋은 생각입니다. 우리는 가능한 한 빨리 이름을 선정해야 합니다. 그 차 광고를 3월 1일에 시작할 것이거든요.

단어

- ☐ be concerned about ~을 걱정하다
- ☐ address (문제를) 다루다
- ☐ prepare 준비하다
- ☐ a variety of 다양한
- ☐ as soon as possible 가능한 한 빨리
- ☐ launch 출시하다, 시작하다
- ☐ suggested 제안된
- ☐ share 공유하다
- ☐ select 선정하다

03

Where does Mr. Corden work?	Corden 씨는 어디에서 일하는가?
(A) In Sales	(A) 영업부서
(B) In Design	(B) 디자인부서
(C) In Human Resources	(C) 인사부서
(D) In Advertising	(C) 광고부서

풀이

10시 20분에 I spoke to designers in my office(내 사무실에 있는 디자이너들에게 이야기했다)라고 말한 것으로 보아 디자인 부서에서 일한다는 것으로 추측할 수 있으므로 (B)가 가장 적절한 선택이다.

04

According to the chat, what is suggested about the company?	채팅에 따르면, 회사에 대해 무엇이 제시되어 있는가?
(A) It plans to ask other marketing firm to give some ideas.	(A) 회사는 다른 마케팅 회사들에게 아이디어를 내도록 요청할 것이다.
(B) It failed to utilize data from the design department.	(B) 회사는 디자인 부서의 데이터를 활용하지 못했다.
(C) It will choose a advertising company for the new product.	(C) 회사는 신제품을 위해 광고 회사를 선정할 것이다.
(D) It needs to rush to meet the deadline for advertising.	(D) 회사는 광고를 위한 마감기한을 맞추기 위해 서두를 필요가 있다.

풀이

10시 23분에 We have to select a name as soon as possible. We will start advertising the car on March 1.(우리는 가능한 한 빨리 이름을 선정해야 한다. 광고를 3월 1일에 시작할 것이다.)로 한 것으로 보아 광고 시작 예정일에 시간이 쫓기고 있음을 알 수 있으므로 (D)가 가장 적절한 선택이다.

05

At 10:22, what does Mr. Martin mean when he writes, "That way"?	오전 10시 22분에 Martin 씨가 '그 방법으로'라고 말한 의도는 무엇인가?
(A) He hopes to conduct a survey.	(A) 그는 설문을 시행하기를 바란다.
(B) He believes that the advertisement will be more helpful than expected.	(B) 그는 광고가 기대보다 더 도움이 될 것이라고 생각한다.
(C) He wants to take advantage of the list at the discussion.	(C) 그는 회의에서 그 목록을 이용하고 싶어 한다.
(D) He plans to ask his supervisor about the name.	(D) 그는 상관에게 그 이름에 관해서 물어볼 것을 계획하고 있다.

풀이

That way(그 방법)는 10시 20분에 Let me prepare a list to share at the meeting(제가 회의에서 함께 보기 위해 목록을 준비하겠습니다)을 말하는 것으로, 준비해온 목록을 보며 회의를 하겠다는 것을 의미한다. 따라서 (C)가 정답이다.

06

What will Mr. Corden most likely do next?

(A) Hold a meeting
(B) Narrow down the opinions
(C) Delay the launch of the new car
(D) Call the advertising company

Corden 씨는 다음에 무엇을 할 것인가?

(A) 회의를 열기
(B) 의견들을 정리하기
(C) 신차의 출시를 연기하기
(D) 광고 회사에 전화하기

풀이

10시 20분에 'got several suggested names. Let me prepare a list to share'(여러 가지 제안된 이름을 받았고, 함께 공유하기 위해 목록을 준비하겠다)라고 하는 것은 여러 명에게 받은 의견을 정리하겠다는 것을 의미하므로 (B)가 가장 적절한 선택이다.

Practice TEST 25 정답&해설

01. (B) 02. (D) 03. (A) 04. (B) 05. (C) 06. (D) 07. (C) 08. (A) 09. (D) 10. (B)

Questions 01-05 refer to the following article and e-mail.

Jonathan Edwards가 3월호에서 작성한 '세계의 물 공급'에서 발췌한 글

지구 표면의 90% 이상을 덮고 있는 물은 필수적인 자원이다. 하지만 불행히도 97%의 지구의 물이 소금물(바닷물)이므로 인류는 이용할 수 없다. 단지 지구에 있는 3%만의 물이 실제로는 인류에게 사용 가능하다.

게다가 인류는 물의 이용 가능성을 충분히 활용해 왔다. 사람들은 농업, 취사, 세탁, 조경과 같은 일련의 일들에 대해서도 물을 이용한다. 지속적으로 증가하는 인구와 관련한 작업들이 지구의 수자원 시스템에 대해서 압박을 했다.

지구의 물에 대한 수질과 양이 위험에 처한 반면에 앞으로 물 공급의 부족은 물 이용의 변화를 통해 다루어질 수 있다.

단어

- □ resource 자원, 출처
- □ take advantage of ~을 이용하다
- □ an array of 일련의
- □ landscaping 조경
- □ population 인구
- □ saltwater 소금물, 바닷물
- □ accessibility 접근성
- □ agriculture 농업
- □ continuously 계속해서, 끊임없이
- □ deficiency 부족

수신인 jedwards@globalissues.net
발신인 shawna@hmail.net
날짜 3월 30일
제목 물

저는 Global Issues Magazine 3월호에서 당신의 기사를 읽었습니다. 저는 지구의 물에 대해 대중들에게 알리려고 하는 당신의 노고에 존경을 표합니다. 하지만 저는 당신의 몇몇 정보에 대해서는 의견을 달리해야 할 것 같습니다.

우선 당신이 제시한 수치가 정확하지 않습니다. 실제로 지구의 70%가 물로 덮여 있으며 당신이 기사에서 언급했듯이 90%가 물로 덮여 있는 게 아닙니다. 지구의 물의 양에 관련해서, 대략 물의 97%가 사용할 수 없는 소금물(바닷물)입니다. 그 97%에 덧붙여서 2% 이상이 빙하 안에서 얼린 물입니다. 결과적으로는 단지 약 1%의 물을 인류가 이용할 수 있습니다. 당신이 언급한 3%가 아닙니다.

추가적으로 농업, 요리, 세탁, 조경은 말할 것도 없고 산업과 제조업 또한 청소, 생산 그리고 다른 여러 가지의 과정들을 위해 깨끗한 물이 필요합니다. 하지만 그 사용 양은 산업마다 다릅니다.

결론적으로 저는 우리의 수자원 공급을 유지하기 위해서 우리의 습관을 변화시켜야 한다는데 동의합니다. 관개(물을 대는 것)와 운하의 발전이 보존을 위해서 필수적이라고 봅니다. 더 많은 물을 절약하는 기술들이 앞으로도 물을 보존하려는 우리의 노력에 상당한 영향력을 끼칠 것입니다.

저는 다음 호를 기대하겠습니다.
진심으로
Shawn Andrews

단어

- □ article 기사
- □ effort 노력
- □ foremost 맨 먼저
- □ in relation to ~에 관하여
- □ ice cap 빙하
- □ about 대략, ~에 관하여
- □ previously 이전에
- □ require 요구하다
- □ process 공정, 처리
- □ irrigation 관개
- □ crucial 중요한
- □ respect 존경하다
- □ disagree with ~에 반대하다
- □ accurate 정확한
- □ approximately 대략
- □ consequently 그 결과
- □ be accessible to ~를 이용하다, 접근하다
- □ aside from ~을 제외하고, ~이외에도
- □ miscellaneous 잡다한, 혼합된
- □ in conclusion 끝으로, 결론적으로
- □ canal 운하
- □ have an influence on ~에 영향을 끼치다

01

What is not mentioned as a use of water in the article?

(A) Farming
(B) Manufacturing
(C) Gardening
(D) Culinary

기사에서 물의 사용으로 언급이 되지 않은 것은 무엇인가?

(A) 농업
(B) 제조업
(C) 조경
(D) 요리

풀이

기사문 People use water for an array of jobs such as agriculture, cooking, washing, and landscaping에서 물은 농업, 요리, 조경에 이용된다고 한다. 하지만 Shawn Andrews의 이메일 Additionally, aside from agriculture, cooking, washing, and landscaping, industry and manufacturing also require freshwater for cleaning, production, and other miscellaneous processes에서 제조업에도 물이 이용된다고 한다. 문제는 기사문에서 언급한 정보만을 물어보고 있으므로 (B)가 정답이다.

02

In the article, the word “stressed” in paragraph 2, line 3 is closest in meaning to:

(A) emphasized
(B) lengthened
(C) worried
(D) overburdened

이 기사에서 두 번째 문단의 세 번째 줄에 있는 ‘압박을 주어왔다’이라는 단어와 가장 가까운 의미는?

(A) 강조했다
(B) 길게 했다
(C) 걱정시켰다
(D) 부담을 주었다

풀이

‘(처리할 수 있는 능력 그 이상의 일로)부담 시키다’라는 의미를 가지는 (D) overburdened는 stress의 완벽한 동의어는 아니지만 문맥상 가장 적절하다. 따라서 (D)가 정답이다.

03

What is the main reason for the email?	이 이메일의 주된 이유는 무엇인가?
(A) To oppose the arguments in the article	(A) 기사 안에 있는 주장에 반박하기 위해서
(B) To announce analysis on the research	(B) 이 연구에 대한 분석을 발표하기 위해서
(C) To talk about agricultural advances	(C) 농업 발전에 대해서 얘기하기 위해서
(D) To request the reprint of the article	(D) 기사의 증쇄를 요청하기 위해서

풀이

Shawn Andrews의 이메일 However, I need to disagree with some of your information에서 article의 일부 정보에 대하여 동의하지 않는다는 것을 알 수 있으며 기사에서 제공된 정보에 대한 반박이 구체적으로 전개된다. 따라서 (A)가 정답이다.

04

What can be inferred from Jonathan Edwards and Shawn Andrews?	Jonathan Edwards와 Shawn Andrews로부터 추론될 수 있는 것은 무엇인가?
(A) They attended the same university.	(A) 그들은 똑같은 대학교에 다녔다.
(B) The Global Issues Magazine is printed monthly.	(B) The Global Issues Magazine은 월간으로 출판된다.
(C) Jonathan Edwards is the new chief editor at the Global Issues Magazine.	(C) Jonathan Edwards는 Global Issues Magazine의 새로운 선임 편집장이다.
(D) The Global Issues Magazine keeps track of their water use.	(D) Global Issues Magazine은 그들의 물 사용을 계속적으로 추적[기록]해 왔다.

풀이

Shawn Andrews의 이메일 I read your article in March's Global Issues Magazine.에서 Shawn Andrews는 March's Global Issues Magazine 3월호를 읽었다고 한다. 여기서 Global Issues Magazine은 매달 발행한다는 사실을 추측할 수 있으므로 (B)가 정답이다.

05

What would Jonathan Edwards and Shawn Andrews most likely agree on?	Jonathan Edwards와 Shawn Andrews가 가장 동의를 할 것 같은 부분은 무엇인가?
(A) More than 90% of the Earth is covered by water.	(A) 지구의 90% 이상이 물로 덮여 있다.
(B) Advances in irrigation are a great way to conserve water.	(B) 관개(물을 대는 것)와 관련한 발전이 물을 보존하는 최고의 방법이다.
(C) Humans need to change the water use habits.	(C) 인류는 물을 사용하는 습관을 바꿀 필요가 있다.
(D) Agriculture is the most important way water is used.	(D) 농업은 물이 사용되는 가장 중요한 방법이다.

풀이

Jonathan Edwards의 기사 deficiency of the water supply in the future can be treated through a change in use of the water에서 물 보존을 위해서는 물의 이용 방법을 바꿔야 한다고 한다. 그리고 Shawn Andrews의 이메일 I concur that we have to change our habits with using water to maintain our water supply에서도 물 보존을 위해서 물의 이용 방법을 바꿔야 하는데 동의를 표현했다. 따라서 Jonathan Edwards와 Shawn Andrews의 의견이 같으므로 (C)가 정답이다.

Questions 06-10 refer to the following two e-mail messages.

받는 사람	Mary Quota <mquota@jen&jan.com>
보내는 사람	Clark M. Ball <amball@jen&jan.com>
제목	인터넷 접속 문제
날짜	11월 1일

친애하는 Ms. Quota

나는 며칠 전에 인터넷에 문제가 있었습니다. 오늘 아침에는 작동이 잘 되었습니다. 그러나, 점심 이후 회사 네트워크 이외의 타 웹사이트에는 접속할 수 없었습니다. 나는 즉시 기술 지원 담당자에게 전화했으나, 아직 응답을 받지 못했습니다. 그 후, 나는 동료인 Adrian Good에게 이러한 상황을 말했습니다. 그는 당신이 예전에 기술적인 문제들에 대해서 그에게 도움을 주었다고 내게 알려주었고, 당신에게 연락해 볼 것을 제안했습니다.

나는 이것이 회사 네트워크 전체의 문제인지 아니면 단지 내 컴퓨터만 그런 것인지 알고 싶습니다.

당신의 도움을 감사히 생각할 것입니다.

단어

☐ have trouble with ~에 어려움이 있다
☐ be unable to do ~할 수 없다
☐ immediately 즉시
☐ colleague 동료
☐ technical 기술적인
☐ workstation 근무 장소, 일하는 공간
☐ however 그러나
☐ reach 연결하다
☐ response 응답
☐ inform 사람 that ~에게 ~을 알리다
☐ throughout 도처에, 완전히
☐ appreciate 고맙게 생각하다

받는 사람	Clark M. Ball <amball@jen&jan.com>
보내는 사람	Mary Quota <mquota@jen&jan.com>
제목	답장: 인터넷 접속 문제
날짜	11월 1일

당신의 불편함에 대해서 깊이 사과를 드립니다. 기술 지원 담당자인 John Morrison이 인터넷 문제들에 대해서 책임을 맡고 있습니다. 그러나 그는 월요일까지 그의 사무실에 없을 것입니다. 그러한 문제점들은 지금 현재 불규칙적으로 발생하는 것처럼 보입니다. 몇몇 직원들이 어려움 없이 인터넷을 사용해 오고 있지만, 당신의 컴퓨터가 연결 상의 문제들이 갖고 있는 몇 안 되는 제품들 중 하나인 것으로 보입니다. 나는 시스템 담당자에게 이메일을 보내 문제의 원인을 조사 판단하고 재발을 방지하라고 했습니다. 나는 한 시간 안에 문제가 해결되기를 기대합니다.

당신의 컴퓨터의 인터넷 임시 파일이 당신 문제의 원인이 될 수도 있습니다. 그 파일들이 어떤 식으로든 손상되어 곧 문제를 더 커지게 할 수 있습니다. 이를 해결하기 위하여, 당신의 임시 인터넷 파일들을 삭제해 주십시오. 그러한 파일 삭제에 대한 안내서가 직원 지침서에 있습니다.

나는 오늘 오후 4시에 퇴근할 것입니다. 만약 더 많은 조언이 필요하다면, 나의 비서인 Ronaldo Chavez에게 연락 주십시오.

Mary Quota
기술지원부서

단어

- □ apologize for ~에 대해 사과하다
- □ in charge of ~에 책임이 있는
- □ occur 일어나다, 발생하다
- □ forward 사물 to 사람 ~을 ~에게 전송하다
- □ investigate 조사하다
- □ resolve 복구하다
- □ augment 증가하다
- □ inconvenience 불편함
- □ be out of office 부재중이다
- □ at this point 이번 경우에
- □ administrator 관리자
- □ prevent A from B A를 B로부터 예방하다
- □ corrupt 오류를 일으키다, 타락하다, 타락시키다
- □ settle 해결하다

06

What is true about Clark Ball's computer problem?

(A) It started in the morning.
(B) The problem is confined to his workstation.
(C) The problem is due to a certain program.
(D) The cause of the problem is unknown.

Clark Ball의 컴퓨터 문제에 대해 옳은 것은 무엇인가?

(A) 아침부터 문제가 있었다.
(B) 그 문제는 그의 컴퓨터에만 해당한다.
(C) 그 문제는 특정 프로그램 때문에 생겼다.
(D) 그 문제의 원인은 알 수 없다.

풀이

Clark Ball의 이메일 I'm wondering if this is a problem throughout the company's network or if it is just my workstation.에서 그는 회사 네트워크의 문제인지 그의 컴퓨터의 문제인지 궁금해 한다는 것을 알 수 있다. 그리고 Clark Ball의 이메일에서 전체적으로 문제 해결을 못해서 여기저기 문의하는 것을 확인할 수 있으므로 (D)가 정답이다.

07

Who was the person Clark Ball first contacted?

(A) Ronaldo Chavez
(B) Mary Quota
(C) John Morrison
(D) Audrian Good

Clark Ball이 처음 연락한 사람은 누구인가?

(A) Ronaldo Chavez
(B) Mary Quota
(C) John Morrison
(D) Audrian Good

풀이

Clark Ball의 이메일 I immediately called the technical support manager, but there hasn't been a response yet.에서 Clark Ball이 제일 먼저 연락 사람은 technical support manager라는 것을 알 수 있다. 그리고 Mary의 이메일 John Morrison, the technical support manager, is in charge of Internet difficulties but he will be out of his office until Monday.에서 John Morrison이 technical support manager 임을 확인할 수 있다. 따라서 (C)가 정답이다.

08

In the second e-mail, the word "randomly" in paragraph 1, line 3 is closet in meaning to

(A) irregularly
(B) casually
(C) carelessly
(D) accidentally

두 번째 이메일, 첫 번째 문단, 셋째 줄의 'randomly'와 가장 가까운 의미의 단어는?

(A) 불규칙적으로
(B) 우연히
(C) 부주의하게
(D) 우연히

풀이

지문에서 It seems that the problem is occurring randomly at this point. Some of the employees have been able to use the Internet without difficulty는 '문제점들은 지금 현재 불규칙적으로 발생하는 것처럼 보입니다.'라는 의미이다. 여기서 randomly는 '불규칙적으로, 무작위로'의 의미로 사용되었다. '규칙적으로, 정기적으로'의 의미를 갖는 regularly와 반대되는 의미를 갖는 (A) irregularly가 문맥상 가장 유사한 의미를 가지고 있어 문제의 정답이 된다.

09

What is Mary supposed to do?	Mary는 무엇을 하게 될 것인가?
(A) Check with an instruction manual	(A) 설명 지침서를 확인
(B) Purchase a new security program	(B) 새로운 보안 프로그램 구매
(C) Arrange a technical service	(C) 기술 지원 서비스 요청
(D) Consult a system administrator	(D) 시스템 담당자와의 상의

풀이

Mary의 이메일 I have forwarded your e-mail to system administrators to investigate and determine the cause of the problem and to prevent it from reoccurring.에서 system administrators에게 이메일을 보내 문제에 대한 조치를 이야기했다는 것을 알 수 있다. 지문의 forwarded your e-mail to system administrators를 보기에서 Consult a system administrator로 바꿔서 표현했다. 따라서 (D)가 정답이다.

10

What is Clark Ball instructed to do?	Clark Ball이 지시받은 것은 무엇인가?
(A) Use a computer at a different workstation	(A) 다른 네트워크의 컴퓨터 사용해라
(B) Delete some Internet files	(B) 몇 개의 인터넷 파일 삭제해라
(C) Inform the problem to another department	(C) 문제를 다른 부서에 통보해라
(D) Shut down his computer	(D) 컴퓨터의 전원을 꺼라

풀이

Mary의 이메일 To settle this trouble, you should delete your temporary Internet files.에서 Mary는 문제의 원인이 인터넷 임시 파일 때문일 수 있으므로 몇 개의 파일을 삭제하라고 Clark Ball에게 요청한다는 것을 알 수 있다. 따라서 (B)가 정답이다.

Practice TEST 26 정답&해설

1. (D) 2. (A) 3. (C) 4. (B) 5. (A) 6. (B) 7. (C) 8. (C) 9. (D) 10. (B)

Questions 01-05 refer to the following letter and e-mail.

5월 15일
Howard Johnson
Music and Arts Magazine

친애하는 Mr. Johnson,
저는 최근에 '국제 피아노 경연 대회'에 참석했습니다. 제가 그곳에 있는 동안에 몇 가지 사진들을 찍었는데, 그것들이 귀사의 잡지에 잘 맞을 것이라고 믿습니다. 이 편지에 사진들을 동봉했으며 제목과 간단한 설명을 준비했습니다. 귀하의 편의를 위해 개요를 작성했습니다. 저는 저의 사진들이 귀사의 다음 글에서 실리길 희망합니다.

진심으로
Regina Carter
독립 사진작가

단어

- ☐ recently 최근에
- ☐ be suited for ~에 적합하다
- ☐ convenient 편리한
- ☐ appear 나타나다
- ☐ be present at ~에 참석하다
- ☐ be attached 첨부되다
- ☐ synopsis 개요
- ☐ editorial 사설

국제 피아노 경연대회에서의 사진들

사진 촬영 Regina Carter

이름	개요
2등 수상자	이 대회의 2등 우승자
Sebastian A	John Sebastian 마지막 우승 곡을 연주하는 1등 수상자
Sebastian B	상을 받고 있는 Sebastian
Sebastian C	이 대회의 담당자인 Alex Walsh와 악수를 하고 있는 Sebastian
심사위원들	대회 이후 우승자를 호명하는 심사위원들

단어

- □ receive award 상을 받다
- □ coordinator 담당자, 조정자
- □ exchange handshake 악수를 하다
- □ confer 수여하다, 주다

수신인 RCphotos@photobank.com
발신인 hjohnson@musicartmag.com
날짜 5월17일

친애하는 Ms. Carter,

귀하의 사진을 제출해 주셔서 정말 감사합니다. 다른 편집자들과 저는 귀하의 작품을 검토했으며 당사는 'Sebastian C'를 당사의 표지 사진으로 선택하고 싶습니다. 또한 'Sebastian A' 와 '심사위원들'을 다음 기사에 사용하고 싶습니다.

사진 당 우리의 기준 비용은 250달러입니다. 만약에 이 보상금에 있어서 어떤 문제가 있다면, 우리들에게 알려 주십시오. 그렇지 않다면, 우리는 당신의 서명을 받기 위해서 사진 공개 동의서를 보내드리겠습니다.

안부를 전하면서,
Howard Johnson

단어

- □ submit 제출하다
- □ review 검토하다, 평가하다, 비평하다
- □ upcoming 다가오는
- □ compensation 배상, 보수, 봉급
- □ agreement 동의서
- □ the rest of the editors 다른 편집자들
- □ would like to do ~하고 싶다
- □ rate 요금
- □ otherwise ~하지 않으면

01

Why did Ms. Carter write a letter to Mr. Johnson?

(A) To apply for entry to a contest
(B) To ask for subscription to a magazine
(C) To take pictures for an upcoming event
(D) To offer her work for sale

Carter 씨는 왜 Johnson 씨에게 편지를 썼는가?

(A) 대회에 대한 참가를 신청하기 위해서
(B) 잡지에 대한 구독을 요청하기 위해서
(C) 다가오는 행사에 대한 사진을 찍기 위해서
(D) 그녀의 작품을 팔기 위해서

풀이

첫 번째 지문과 세 번째 지문의 연계 문제로, Carter 씨의 편지 I hope that my photographs will appear in your upcoming editorial.에서 Carter 씨는 Music and Arts Magazine에 사진이 사용되기를 희망하고 있으며 Johnson 씨의 이메일 Our standard rate per picture is $250.에서 사진 한 장당 $250라는 것을 알 수 있다. 따라서 Carter 씨는 Johnson 씨에게 그녀가 찍은 사진을 팔기 위해서 편지를 썼다고 정리할 수 있으므로 (D)가 정답이다.

02

What was included in Ms. Carter's letter?	Carter 씨의 편지에는 무엇이 포함되었는가?
(A) Samples of her recent work	(A) 그녀의 작품의 견본들
(B) Schedules for the upcoming competitions	(B) 다가오는 대회들에 대한 일정
(C) List of the concert performers	(C) 콘서트 공연자들에 대한 목록
(D) Concert tickets	(D) 콘서트 표들

풀이

첫 번째 지문 Carter 씨의 편지 The photographs are attached to this letter and are provided with a title and short summary.에서 사진과 제목 그리고 간략한 설명을 첨부한 것을 알 수 있다. 따라서 (A)가 정답이다.

03

What would Mr. Johnson like to use on the cover page?	Johnson 씨는 표지에 무엇을 사용하고 싶어 하는가?
(A) The picture of Sebastian playing at the concert	(A) 콘서트에서 연주하는 Sebastian의 사진
(B) The picture of the judges	(B) 심사위원들의 사진
(C) The picture of Sebastian with Mr. Walsh	(C) Walsh 씨와 같이 있는 Sebastian의 사진
(D) The picture of the runner-up	(D) 2등의 사진

풀이

두 번째 지문과 세 번째 지문의 연계 문제로, 세 번째 지문 Johnson 씨의 이메일 we would like to have "Sebastian C" as our cover page photograph.에서 Sebastian C를 표지로 사용하고 싶다는 것을 알 수 있다. 그리고 두 번째 지문 첨부 문서에서 Sebastian C의 사진은 이 대회의 담당자인 Alex Walsh와 악수를 하고 있는 Sebastian의 사진이라는 것을 알 수 있다. 정리하면 Johnson 씨가 표지에 사용하고 싶은 사진은 Alex Walsh와 악수를 하고 있는 Sebastian의 사진이다. 따라서 (C)가 정답이다.

04

What is inferred about Mr. Johnson in the e-mail?	이메일에서 Johnson 씨에 대해서 추론할 수 있는 것은?
(A) He submitted an article about the contest.	(A) 그는 이 대회에 대한 기사를 제출했다.
(B) He is working with a team of editors.	(B) 그는 한 팀의 편집자들과 같이 일을 하고 있다.
(C) He was one of the judges at the contest.	(C) 그는 대회의 심사위원들 중의 하나였다.
(D) He has recently been hired to work for the magazine company.	(D) 그는 최근에 잡지 회사에 일하도록 고용되었다.

풀이

세 번째 지문 Johnson 씨의 이메일 The rest of the editors and I have reviewed your work에서 다른 편집자들과 Carter 씨의 사진을 검토했다고 한다. 여기에서 Johnson 씨는 편집자들과 같이 일을 하고 있음을 추측할 수 있다. 따라서 (B)가 정답이다.

05

What does Mr. Johnson probably want Ms. Carter to do next?	Johnson 씨는 Carter 씨에게 아마도 다음에 무엇을 하기를 원하는가?
(A) See if the offered pay is acceptable	(A) 제안된 급여가 받아들여질 수 있는가를 보는 것
(B) Contact the magazine company immediately	(B) 잡지 회사로 즉시 연락하는 것
(C) Obtain more information on a musician	(C) 한 음악가에 대한 더 많은 정보를 획득하는 것
(D) Photograph another upcoming contest	(D) 또 다른 다가오는 대회를 사진 촬영 하는 것

풀이

세 번째 지문 Johnson 씨의 이메일 Our standard rate per picture is $250. If there is any problem in the compensation, please let us know; otherwise, we will send you our photograph release agreement for your signature.에서 사진 한 장당 $250이며 이 금액에 대한 수락 여부를 요청하고 있음을 알 수 있다. 따라서 (A)가 정답이다.

Questions 06-10 refer to the following news letter, schedule and notice.

받는 사람 : Stewart Inc. 직원들
보내는 사람 : 인사부장

친애하는 동료 직원 여러분,

Stewart Inc.는 직원을 위해 우수한 헬스장을 유지하는 것이 중요하다는 것을 알고 있습니다. 최근 수년간 우리는 이 헬스장의 품질을 개선하려고 노력했습니다. 그래서, 우리는 새로운 운동기구를 구매했고 라커룸을 수리했습니다. 그리고 'The Beginner'라 불리는 새로운 안전훈련 교육을 제공할 것입니다.

한 달 전, 우리는 여러분들에게 헬스장에 관한 조사를 했습니다. 여러분의 의견에 기초하여 우리는 곧 몇 가지 변경을 계획하고 있습니다. 이러한 변경은 11월 22일부터 유효할 것입니다. 우선, 헬스장은 월요일에서 금요일까지 운영시간을 3시간 연장할 것입니다. 게다가 새로운 단체 운동 프로그램도 생길 것입니다. 끝으로, 장기 회원들은 Jacob Soares가 이 헬스장의 매니저로 승진되었다는 것을 듣게 되어 반가울 것입니다.

우리는 더 많은 동료 직원들이 우리의 시설과 제공되는 모든 것을 이용하길 장려합니다. 우리는 회원비를 낮추려고 노력하며 여전히 이용료를 월 $20로 유지하고 있습니다. 덧붙여 우리는 한정된 기간 동안 새로운 멤버들에게 특별 요금을 제공할 것입니다. 12월 7일 전에 등록하는 사람들은 6개월 동안 한 달에 $15로 이용할 것입니다. 관심 있는 직원들은 특별 할인을 위해 Jacob Soares에게 연락하여 주십시오.

단어

- ☐ acknowledge 인정하다, 인식하다
- ☐ maintain 유지하다
- ☐ improve 개선하다, 향상시키다
- ☐ renovate 개조하다
- ☐ survey 설문조사
- ☐ make changes 변경하다, 바꾸다
- ☐ foremost 먼저, 우선
- ☐ additionally 게다가
- ☐ be promoted to 직책 ~로 승진되다
- ☐ colleague 동료
- ☐ keep 목적어 형용사 ~를 ~한 상태로 유지하다
- ☐ significance 중요성
- ☐ exceptional 우수한
- ☐ facility 시설, 설비
- ☐ respond to ~에 응답하다
- ☐ based on ~를 기반으로 한
- ☐ take effect 효과가 나타나다, 발효하다
- ☐ extend 연장하다
- ☐ be pleased to do ~해서 기쁘다
- ☐ encourage 사람 to do ~에게 ~하는 것을 권하다
- ☐ utilize 이용하다
- ☐ sign up 등록하다

Stewart Inc. 헬스장 스케줄

운영시간		그룹수업	
월	7:00 A.M. - 8:00 P.M.	복싱	12:00 P.M. - 1:00 P.M.
화	7:00 A.M. - 8:00 P.M.	에어로빅(그룹)	6:00 P.M. - 7:00 P.M
수	7:00 A.M. - 8:00 P.M.	사이클링	12:00 P.M. - 1:00 P.M.
목	7:00 A.M. - 8:00 P.M.	요가(그룹)	6:00 P.M. - 7:00 P.M.
금	7:00 A.M. - 8:00 P.M.	댄싱(그룹)	7:00 A.M. - 8:30 A.M.
토	7:00 A.M. - 8:00 P.M.	웨이트	9:00 A.M. - 10:30 A.M.
일	휴 무		휴 무

*(Group)은 새로운 단체 운동 프로그램

단어

□ operation 운영

모든 회원들에게 알립니다

- 다른 손님이 기다리고 있다면 사용시간을 30분으로 제한해주세요.
- 방문 시 한 명을 동행하실 수 있습니다. 18세 이하의 손님은 회원과 동행해야 합니다.
- 단체 수업에서 등록은 필수적이지 않습니다. 그러나 수업 규모는 20명으로 제한되므로 자리를 확보하기 위해 일찍 오세요.
- 교실에서 공간을 최대화하기 위해 소지품은 라커룸에 보관하세요.
- 신입 그룹 프로그램 회원들은 시설물을 이용하기 전 'The Beginner'를 들어야 합니다.
- 헬스장에서는 회원카드를 항상 소지해주세요.

단어

□ patron 손님
□ be accompanied by ~ ~와 동반하다
□ ensure 안전하게하다, 확보하다
□ maximize 최대화하다
□ at all times 항상
□ limit 제한하다
□ registration 등록
□ belonging 소지품
□ take a class 수업을 듣다

06

What is the purpose of the letter?

(A) To announce the opening of a new facility
(B) To notify employees of the changes at the facility
(C) To ask for recommendations to improve the facility
(D) To address the problems about the facility

편지의 목적은 무엇인가?

(A) 새로 개장한 시설을 알리기 위해서
(B) 직원들에게 시설물의 변화를 알리기 위해서
(C) 시설물을 개선하기 위한 추천 사항을 요청하기 위해서
(D) 시설물에 관한 문제를 알리기 위해서

풀이

첫 번째 지문 we have bought new exercise equipment, renovated locker rooms, and are offering a new safety-training course called "The Beginner"에서 새 운동기구를 구입하고, 라커룸을 개조하는 등 새로운 시설을 확충했음을 알 수 있다. 그리고 구체적인 세부내용이 전개되고 있으므로 (B)가 정답이다.

07

What can be inferred from the letter?	편지에서 무엇을 추론할 수 있는가?
(A) Jacob Soares is the training course coordinator.	(A) Jacob Soares는 트레이닝 과정 담당자이다.
(B) The company introduced a new employee of the facility.	(B) 회사는 시설물의 새로운 직원을 소개했다.
(C) Employees requested extended hours of operation at the facility.	(C) 직원들은 시설물의 운영시간 연장을 요청했다.
(D) Employees may share free fitness classes.	(D) 직원들은 무료 운동 강좌를 공유할 수 있다.

풀이

첫 번째 지문 Based on your comments, we plan on making changes soon에서 의견에 기초하여 변동 사항을 계획했고 the fitness facility will extend its daily hours Monday through Friday by three hours에서 운영시간을 3시간 연장하기로 했다는 것을 알 수 있다. 즉, 직원들이 운영시간 연장을 요청해서 운영시간을 3시간 연장했다고 볼 수 있으므로 (C)가 정답이다.

08

Which class will start from November 22?	11월 22일에 어떤 수업이 시작되는가?
(A) Boxing	(A) 복싱
(B) Cycling	(B) 사이클링
(C) Dancing	(C) 댄싱
(D) Weights	(D) 웨이트

풀이

첫 번째 지문과 두 번째 지문의 연계 문제로, 첫 번째 지문의 These changes will take effect on November 22.에서 11월 22일에는 변경사항이 시행될 것이며 there will be new group exercise programs에서 새 단체 운동 프로그램이 있을 것이라고 한다. 두 번째 헬스장 스케줄을 보면 그룹 운동에는 에어로빅, 요가, 댄싱이 있는데, 선택지에 댄싱이 있으므로 (C)가 정답이다.

09

What is not asked to use this facility?	이 시설물을 이용하기 위해 요구되지 않는 것은?
(A) Bear a membership card	(A) 회원카드를 소지하는 것
(B) Use the equipment as much as they want	(B) 마음껏 시설물을 이용하는 것
(C) Leave for class early	(C) 수업에 일찍 오는 것
(D) Bring belongings into classrooms	(D) 교실로 소지품을 가져오는 것

풀이

두 번째 지문 Please leave belongings in lockers to maximize space in the classroom.에서 교실이 좁기 때문에 개인 소지품을 라커에 보관하라는 것을 알 수 있으므로 (D)가 정답이다.

10

What must a new Yoga program member do in order to use the facility?	시설을 이용하기 위해 새로운 요가 프로그램 멤버들이 무엇을 해야 하는가?
(A) Get a physical examination	(A) 신체검사를 받는 것
(B) Attend the safety training course first	(B) 안전 훈련 수업을 먼저 듣는 것
(C) Fill out an application form	(C) 신청서를 작성하는 것
(D) Issue a membership card	(D) 회원 카드를 발행하는 것

풀이

세 지문 연계 문제로, 두 번째 지문에서 요가 프로그램이 그룹 프로그램인 것을 알 수 있고, 세 번째 지문의 New comers who attend the group program are required to take the "The Beginner" before using the facility.에서 요가 프로그램 참여자가 The Beginner를 들어야 함을 알 수 있다. 첫 번째 지문의 The Beginner는 a new safety-training course에서 '새로 생긴 안전 훈련 과정'임을 알 수 있다. 따라서 (B)가 정답이다.

MEMO

딱! 한 권

TOEIC

스타트